Grundlagen der Sportmotorik im Bachelorstudium (Band 1)

Kerstin Witte

Grundlagen der Sportmotorik im Bachelorstudium (Band 1)

Kerstin Witte
Institut III: Philologie, Philosophie und
Sportwissenschaft
Otto-von-Guericke-Universität Magdeburg
Magdeburg, Sachsen-Anhalt, Deutschland

ISBN 978-3-662-57867-4   ISBN 978-3-662-57868-1 (eBook)
https://doi.org/10.1007/978-3-662-57868-1

Die Deutsche Nationalbibliothek verzeichnet diese Publikation in der Deutschen Nationalbibliografie; detaillierte bibliografische Daten sind im Internet über http://dnb.d-nb.de abrufbar.

Springer Spektrum
© Springer-Verlag GmbH Deutschland, ein Teil von Springer Nature 2018
Das Werk einschließlich aller seiner Teile ist urheberrechtlich geschützt. Jede Verwertung, die nicht ausdrücklich vom Urheberrechtsgesetz zugelassen ist, bedarf der vorherigen Zustimmung des Verlags. Das gilt insbesondere für Vervielfältigungen, Bearbeitungen, Übersetzungen, Mikroverfilmungen und die Einspeicherung und Verarbeitung in elektronischen Systemen.
Die Wiedergabe von Gebrauchsnamen, Handelsnamen, Warenbezeichnungen usw. in diesem Werk berechtigt auch ohne besondere Kennzeichnung nicht zu der Annahme, dass solche Namen im Sinne der Warenzeichen- und Markenschutz-Gesetzgebung als frei zu betrachten wären und daher von jedermann benutzt werden dürften.
Der Verlag, die Autoren und die Herausgeber gehen davon aus, dass die Angaben und Informationen in diesem Werk zum Zeitpunkt der Veröffentlichung vollständig und korrekt sind. Weder der Verlag noch die Autoren oder die Herausgeber übernehmen, ausdrücklich oder implizit, Gewähr für den Inhalt des Werkes, etwaige Fehler oder Äußerungen. Der Verlag bleibt im Hinblick auf geografische Zuordnungen und Gebietsbezeichnungen in veröffentlichten Karten und Institutionsadressen neutral.

Verantwortlich im Verlag: Marion Krämer

Springer Spektrum ist ein Imprint der eingetragenen Gesellschaft Springer-Verlag GmbH, DE und ist ein Teil von Springer Nature
Die Anschrift der Gesellschaft ist: Heidelberger Platz 3, 14197 Berlin, Germany

Vorwort

Der vorliegende erste Band der Lehrbuchreihe zur Sportmotorik wendet sich an alle sportwissenschaftlichen Bachelorstudiengänge und Ausbildungsberufe in den Bereichen Sport, Therapie und Gesundheit. Weiterhin seien aber auch Weiterbildungen für Trainer und Übungsleiter angesprochen.

Da es im Bereich der Motorik/Bewegungswissenschaft viel Literatur gibt, fällt es den Lernenden schwer, aus der Vielzahl der Einzelthemen, die für das Allgemeinverständnis wichtigsten Grundlagen herauszufiltern und sich diese effektiv anzueignen. Deshalb ist es das Ziel des vorliegenden ersten Bandes, die Grundlagen der Sportmotorik für die Studierenden und Lernenden zu Beginn ihres Studiums bzw. ihrer Ausbildung verständlich darzustellen, also den Leserinnen und Lesern einen „roten Faden" an die Hand zu geben. Darauf aufbauend werden ihnen in den nächsten beiden Bänden ausgewählte spezifische Themen der Sportmotorik und angewandte statistische Verfahren in der Bewegungswissenschaft nahegebracht.

Schwerpunkte des vorliegenden ersten Bandes zu Grundlagen der Sportmotorik in den sport- und bewegungswissenschaftlichen Bachelorstudiengängen sind folgende Themengebiete: Betrachtungsweisen sportlicher Bewegungen, physiologische Grundlagen (sensorische Systeme, Neurophysiologie), Bewegungswahrnehmung, Bewegungsvorstellung, motorische Entwicklung, motorisches Lernen, Bewegungskoordination, spezielle Untersuchungsmethoden und Krankheitsbilder.

In den einzelnen Kapiteln wird der Leser eine Vielzahl von Hinweisen auf die Anwendung der Grundlagen in der Sportpraxis finden. Dies ist eine bewusst gewählte Vorgehensweise, um von Beginn an theoretische Sachverhalte so anschaulich wie möglich zu erläutern. Dabei kann ich auf eine Vielzahl von Erfahrungen der Anwendungen in Theorie und Praxis auf der Grundlage von Forschungsprojekten zurückgreifen. Die Lehrbuchreihe zur Sportmotorik resultiert weiterhin maßgeblich aus meinen jahrelangen Lehrerfahrungen in Vorlesungen, Seminaren und Praktika. Die vielen Diskussionen mit Studierenden zu Problemen beim Wissenserwerb und der Aufarbeitung des Lehrstoffes fließen deshalb auch in diese Lehrbücher mit ein.

Jedes Kapitel enthält in der Randspalte eine Zusammenfassung, wodurch ich versucht habe, eine bessere Übersichtlichkeit zu erzielen. Studierende, die weitere vertiefende Informationen haben möchten, finden diese in den Kästchen „Erweitertes Wissen". Jedes Kapitel schließt mit Literaturhinweisen ab, die einerseits als Referenzen der dargestellten Inhalte dienen und andererseits auch zum Weiterlesen motivieren sollen. Dabei wurde sich weitestgehend auf Literatur aus dem deutschsprachigen Raum bezogen.

Jedes Kapitel enthält zum Abschluss „Fragen und Aufgaben zur Vertiefung". Sie sind dazu gedacht, dass die Studierenden selbstständig das theoretische Wissen auf praktische Problemstellungen anwenden und gleichzeitig überprüfen können, ob sie alles verstanden haben. Weiterhin gibt es „Kontrollfragen zur Prüfung". Dadurch ist es möglich, sich auf das Wesentliche in jedem Kapitel prüfungsnah zu konzentrieren. Die „Belegaufgaben" dienen dazu, sich intensiv mit dem Stoff auseinanderzusetzen. Hier werden auch Hilfen gegeben, um bspw. kleinere Untersuchungen selbst durchzuführen.

Eine Reihe von Schemata und Bildmaterial soll das Verständnis der oft recht komplizierten Zusammenhänge verbessern. An der Erstellung der Abbildungen war maßgeblich Frau Elise Reichert, die momentan das Masterstudium Sport und Technik an unserer Universität absolviert, beteiligt. Mit viel Geduld hat sie dieses Buchprojekt unterstützt, wofür ich ihr sehr dankbar bin.

Auf Grund der besseren Lesbarkeit wurde auf die weibliche Form verzichtet.

Ich hoffe, dass ich mit diesem Buch einen Beitrag dazu leisten konnte, Studierenden das Phänomen der sportlichen Beweg näherzubringen.

Kerstin Witte
Magdeburg
im März 2018

Inhaltsverzeichnis

1	**Einführung in die Sportmotorik und Betrachtungsweisen sportlicher Bewegungen**	**1**
1.1	Einleitung	2
1.2	Historischer Abriss der Bewegungswissenschaft	4
1.3	Definition und Einordnung der Sportmotorik	7
1.4	Betrachtungsweisen	9
1.4.1	Morphologische Betrachtungsweise	10
1.4.2	Funktionale Betrachtungsweise	13
1.4.3	Fähigkeitsorientierte Betrachtungsweise	14
	Literatur	18
2	**Physiologische Grundlagen**	**19**
2.1	Sensorische Systeme	20
2.1.1	Das visuelle System	22
2.1.2	Das vestibuläre System	29
2.1.3	Das somatosensorische System	30
2.2	Neurophysiologische Grundlagen	33
2.2.1	Das Nervensystem	33
2.2.2	Die Informationsleitung	37
2.2.3	Willkürliche und unwillkürliche Motorik	40
2.2.4	Aufbau und Struktur des Gehirns	43
2.3	Zusammenspiel zwischen Sensoren, Muskeln und ZNS	49
2.3.1	Dehnungs- und Spannungsreflexe	50
2.3.2	Stützmotorik	51
2.3.3	Zielmotorik	52
	Literatur	57
3	**Bewegungswahrnehmung**	**59**
3.1	Einführung	60
3.2	Grundlagen der Wahrnehmung und deren Bewusstsein	61
3.3	Sportbezogene Leistungen des visuellen Systems	66
3.4	Unbewusste Wahrnehmungsfunktionen bei der Bewegungsregulation	68
3.5	Kurzer Exkurs: Embodiment	69
	Literatur	74
4	**Bewegungsvorstellung**	**75**
4.1	Grundlagen	76
4.2	Neurophysiologische Aspekte der Bewegungsvorstellung	79
4.3	Mentales Training	81
4.4	Wie kann Bewegungsvorstellung untersucht werden?	82
	Literatur	86

5	**Motorische Entwicklung**	87
5.1	Gegenstandsbereich	88
5.2	Motorische Entwicklung in der Lebensspanne	90
5.3	Trainingsgünstige Zeiträume	93
5.4	Entwicklung ausgewählter motorischer Fähigkeiten und Fertigkeiten	94
5.5	Welche Faktoren beeinflussen die motorische Entwicklung?	95
5.6	Motorische Leistungsfähigkeit im fortgeschrittenen Alter	97
	Literatur	102
6	**Motorisches Lernen**	105
6.1	Einführung	106
6.2	Grundstruktur des motorischen Lernens	108
6.3	Lernen im Bereich der Sensorik und Koordination	114
6.4	Motorisches Gedächtnis	116
6.5	Theoretische Ansätze	118
6.5.1	Behavioristische Lerntheorien: Klassisches und operantes Konditionieren	119
6.5.2	Lerntheorien des Informationsverarbeitungs-Ansatzes: Die Closed-Loop-Theorie und die Schema-Theorie	119
6.5.3	Systemdynamische Ansätze	121
6.5.4	Phasenmodelle	122
6.6	Differenzielles Lernen	123
	Literatur	126
7	**Bewegungskoordination**	129
7.1	Grundlagen	130
7.2	Systematik koordinativer Fähigkeiten	132
7.2.1	Ostdeutsche Systematik: Koordinative Fähigkeiten nach Blume und Hirtz	133
7.2.2	Westdeutsche Systematik: Modelle von Roth, Neumaier und Mechling	135
7.3	Entwicklung der Koordination im Kindes- und Jugendalter	136
7.4	Tests zur Erfassung koordinativer Fähigkeiten	138
7.4.1	Allgemeines zu sportmotorischen Tests	139
7.4.2	Beispiele für koordinative Tests	143
	Literatur	147
8	**Diagnostische Verfahren zur Bestimmung der Gehirnaktivität**	149
8.1	Einführung	150
8.2	Elektroenzephalographie	151
8.2.1	Messverfahren	151
8.2.2	EEG-Signale	155
8.2.3	Ereigniskorrelierte Potenziale	156
8.2.4	EEG und Bewegungswissenschaft	158
8.3	Funktionelle Magnetresonanztomographie	161
8.3.1	Physikalische Grundlagen	161
8.3.2	Spezielle Funktionsweise der fMRT	164
8.3.3	fMRT in der Bewegungswissenschaft	165
	Literatur	166

9	**Motorik, Diagnostik und Intervention bei ausgewählten Krankheitsbildern mit Bewegungsstörungen**............................	169
9.1	**Morbus Parkinson**...	170
9.1.1	Einleitung und Einordnung...	170
9.1.2	Physiologische Ursachen der Erkrankung	171
9.1.3	Motorische Beeinträchtigungen, Therapien und Interventionen	173
9.2	**Schlaganfall**..	175
9.2.1	Grundlagen der Erkrankungen und ihre Vielfalt...................................	175
9.2.2	Motorische Beeinträchtigungen	176
9.2.3	Therapien und Interventionsansätze	177
9.3	**Themen für Referate**	179
9.3.1	Morbus Parkinson	179
9.3.2	Schlaganfall...	180
9.3.3	Multiple Sklerose (MS)	180
	Literatur	181

Serviceteil

Sachverzeichnis 185

Einführung in die Sportmotorik und Betrachtungsweisen sportlicher Bewegungen

1.1 Einleitung – 2

1.2 Historischer Abriss der Bewegungswissenschaft – 4

1.3 Definition und Einordnung der Sportmotorik – 7

1.4 Betrachtungsweisen – 9

Literatur – 18

Bewegungen zu verstehen hilft Bewegungen zu erlernen und zu trainieren. Die Sportmotorik gehört wie die Sportbiomechanik zur Bewegungswissenschaft und ist eine naturwissenschaftlich geprägte Teildisziplin der Sportwissenschaft. Sie ist aber auch eng verknüpft mit der Psychologie, Anatomie und Physiologie und speziell der Neurophysiologie des Menschen und ist die Grundlage für viele trainingswissenschaftliche und trainingspraktische Aspekte.

1.1 Einleitung

> Die Sportmotorik gehört wie die Sportbiomechanik zur Bewegungswissenschaft.

Die Sportmotorik ist neben der Sportbiomechanik eine Teildisziplin der Bewegungswissenschaft. Der Gegenstand der Bewegungswissenschaft ist die Bewegung des Menschen. Dieser kommt im Sport eine zentrale Bedeutung zu. Doch nicht nur im Sport ist Bewegung zu finden (siehe nebenstehendes Kästchen), denn durch Bewegung gelangt der Mensch Zugang zur Welt und kann seine Umgebung gestalten. So gilt der aufrechte Gang als das entscheidende Merkmal der Menschenartigen in der Evolutionsbiologie.

Bewegung ist auch, betrachtet man Gestik, Sprache und Schrift, eine Form der Kommunikation. Weiterhin finden wir Bewegung aber auch bei vielen Arbeitsprozessen und in der Kunst.

Beispiele für Formen der Bewegung des Menschen

Alltagsbewegung
Bewegung im alltäglichen Leben (Gehen, Laufen, Treppensteigen, Tragen, Heben, Schreiben, Greifen usw. …)

Arbeitsbewegung
Bewegungen unter den Bedingungen des Arbeitens (Schieben, Stoßen, Packen, Sägen, Schlagen, PC-Tätigkeit, …)

Ausdrucksbewegung
Bewegungen zur Kommunikation (nonverbal) oder sprachunterstützend (mimische Bewegungen, Gestik)

Sportliche Bewegung
Bewegungen unter den Bedingungen des Sports (sportliches Gehen, Lauf, Weitsprung, Kugelstoßen, …)

Sich mit der Bewegung zu beschäftigen, ist immer wieder faszinierend und es gibt viele Zugänge und Ansätze, um sie zu beschreiben und zu verstehen. Dies wird schon deutlich, wenn man sich mit dem Begriff der Bewegung auseinandersetzt.

1.1 · Einleitung

So kann Bewegung (allgemein) als die Veränderung eines Objektes, einer Erscheinung oder eines Zustandes im Verlauf der Zeit verstanden werden. Unter physikalisch-mechanischem Aspekt ist Bewegung eine Ortsveränderung eines Körpers mit fortschreitender Zeit in Bezug zu einem Koordinatensystem. Unter biologisch-mechanischem Ansatz verstehen Wiemann und Jöllenbeck (1998/1999) Bewegung (als eine motorische Fertigkeit) als ein aktives Verhalten des Organismus, in dessen Verlauf der Gesamtkörper durch zweckbestimmte Aktionen einzelner Körperabschnitte von einer Ausgangsstellung, -lage oder -bewegung in eine Zielstellung, -lage oder -bewegung kommt.

Generell kann man zwischen willkürlichen und unwillkürlichen Bewegungen unterscheiden. Während eine Willkürbewegung eine spontane oder auf eine Wahrnehmung hin willentlich und bewusst ausgeführte Bewegung (z. B.: Ballwurf zum Tor) ist, können unwillkürliche Bewegungen spontane Reaktionen (Reaktionsbewegungen auf Täuschungen) oder Reflexbewegungen (z. B.: Lidschlag, Knie-Sehnen-Reflex) sein.

Synonym zum Begriff der Bewegungswissenschaft findet man auch oft den Begriff der Bewegungslehre, die in der Sportwissenschaft eine große Tradition hat. Als Vater der Bewegungslehre kann man Kurt Meinel ansehen. Er schrieb 1960 das Buch „Bewegungslehre. Versuch einer Theorie der sportlichen Bewegung unter pädagogischem Aspekt", dem bis heute, immer wieder aktualisiert und mit Co-Autoren, viele Auflagen folgten. So finden wir bei Meinel (1962) folgende Definition der Bewegung:

» Die reale Bewegung, die wir erleben und sinnlich wahrnehmen, kann erst verstanden werden, wenn wir ihren Sinn, ihre inneren Zusammenhänge, die Bedingungen ihres Entstehens kennen … (Meinel 1962, S. 105).

Kurt Meinel (1898–1973)
- Geb. 1898 in Steindöbra (Vogtland)
- 1922–1927 Studium in Leipzig: Philosophie, Geschichte, Geographie und Turnen mit Abschluss für Lehramt an höheren Schulen
- Ab 1927 Assistent und Dozent am Pädagogischen Institut für Lehrerbildung in Leipzig
- Ab 1950 an der neu gegründeten Hochschule für Körperkultur in Leipzig als Sportlehrer, Dozent und Professor
- 1964 Emeritierung

1.2 Historischer Abriss der Bewegungswissenschaft

Die aktuelle Bewegungsforschung ist durch immer genauere Messmethoden und der Möglichkeit der Verarbeitung großer Datenmengen geprägt. Tiefere Einsicht in die Funktionsweise des Gehirns sowie eine ganzheitliche Betrachtungsweise erlauben ein immer besseres Verständnis der motorischen Kontrolle.

Die Geschichte der Bewegungswissenschaft erstreckt sich von der griechischen Antike bis in die Gegenwart. Sie kann in Anlehnung an Wollny (2007) und Mechling (2003) in fünf Hauptrichtungen eingeteilt werden:
— Vorchristliche philosophische Perspektive
— Mittelalterliche Perspektive
— Neuzeitliche naturwissenschaftliche Perspektive zu Beginn des 20. Jahrhunderts
— Bewegung als ganzheitliches Phänomen
— Bewegungsforschung im 21. Jahrhundert

Vorchristliche Perspektive

Die Beschäftigung mit sportlichen Bewegungen basiert schon auf den sportlichen Wettkämpfen in der Antike. Dabei sind die Olympischen Spiele, die auf der Grundlage archäologischer Zeugnisse 776 v. Chr. begannen, am bedeutendsten. Zeichnungen auf Vasen und anderen Gegenständen zeigen bspw. Wagenrennen, Boxen, Ringen und Läufe.

Das „Gymnasion" des antiken Griechenlands diente der körperlichen, charakterlichen und intellektuellen Erziehung der männlichen Jugend. Hier gab es schon Trainer und Sportlehrer, die ihr spezifisches Wissen weitergaben.

Anfänge der Bewegungsforschung sind schon in der griechischen Philosophie zu finden (Mechling 2003). So sieht Platon (427–347 v. Chr.) als alleinige Bewegungsursache die unsichtbare, nicht materiale „Individualseele" an und spricht dem Körper (als „Kerker der Seele") eine passive Rolle zu. Dieses Seele-Körper-Verhältnis bleibt bis zum späten Mittelalter erhalten. Hervorzuheben ist allerdings die Ansicht eines Schülers von Platon, Aristoteles (348–322 v. Chr.), der Leib und Seele als Einheit darstellt. Aus heutiger Sicht ist insbesondere interessant, welche Bedeutung er der Wahrnehmung und dem daraus entstehenden Wissen beimisst. Zunehmend entwickelt sich aber auch die Medizin als eigenständige Wissenschaftsdisziplin. Der bedeutendste Arzt der Antike und Vertreter einer empirischen Medizin, Galenus von Pergamon (129 oder 131 – 205 oder 215 n. Chr.), beschreibt auf der Basis von Tierversuchen den Zusammenhang zwischen Nervenimpulsen und Muskelkontraktion. Obwohl er bereits zwischen Empfindungs- und Bewegungsnerven unterscheidet, kann er nicht verstehen, was von diesen „dünnen Röhren" (gemeint sind die Nerven) übertragen wird.

1.2 · Historischer Abriss der Bewegungswissenschaft

■ **Mittelalterliche anatomische Perspektive**

Mit dem bekanntesten Philosophen des Mittelalters, Thomas von Aquin (1224–1274), gewinnt eine ganzheitliche Sichtweise zunehmend an Bedeutung, indem er den Leib als materielle Wirklichkeit der Seele beschreibt. Auch die realistischen Darstellungsweisen in der Kunst, bspw. durch Leonardo da Vinci (1452–1519), der Bewegungsstudien von Tieren und Reitern, aber auch anatomische Studien des Skeletts durchführt, und Albrecht Dürer (1471–1528) zeigen eine wachsende objektive wissenschaftliche Betrachtungsweise.

Während die Naturwissenschaft nun zunehmend durch das Interesse an physikalisch-naturwissenschaftlichen Zusammenhängen geprägt ist (Mechling 2003), steht zunächst die mechanische Betrachtungsweise im Vordergrund. Die physikalische Mechanik wurde durch die Impetustheorie beherrscht. Buridan (1295–1358) geht bei der Erklärung von Würfen davon aus, dass der einmal erteilte Impetus durch die Widerstände der umgebenden Medien allmählich aufgebraucht wird (Schreier et al. 1988). Zu den bekanntesten Vertretern der Astronomie und Physik zählen Kopernikus (1473–1543), Galilei (1564–1641/1642) und Kepler (1571–1630). Die grundlegende mechanistische Weltanschauung führte aber auch zu Überlegungen zum Verhältnis von Materie und Bewegung, Notwendigkeit und Zufall sowie Ursache und Wirkung.

Ähnlich wie Descartes (1596–1650) die Tiere als Maschinen betrachtet hat, beschreibt La Mettrie (1709–1751) den Menschen als vortreffliche Maschine (Schreier et al. 1988). Diese Betrachtungsweise interpretiert die Bewegung des Menschen aus mechanischer Sicht. So beschäftigt sich Giovanni Borelli (1608–1679) mit der Hebelwirkung der Muskulatur und bestimmt den Körperschwerpunkt des Menschen (Wollny 2007).

■ **Neuzeitliche naturwissenschaftliche Perspektive im 19. Jahrhundert/Beginn des 20. Jahrhunderts**

Ende des 19. Jahrhunderts differenzieren sich die Natur- und Ingenieurwissenschaften weiter aus. Auch gibt es zunehmend mehr Interesse am Sport, an Erkenntnissen über die Körperhaltung sowie an der Bewegung und Motorik des Menschen. Hervorzuheben ist der multidisziplinäre Zugang von Hermann Ludwig Ferdinand von Helmholtz (1821–1894), Begründer der physikalischen Physiologie und Elektrophysiologie. Er betont bereits die Verbindung zwischen Wahrnehmung und Handlung als Grundlage für die motorische Kontrolle (Mechling 2003). Er beschäftigt sich mit der Messung der Nervenleitgeschwindigkeit und den unbewussten Vorgängen der Wahrnehmung. Immer mehr rückt das Interesse an der Erforschung der Steuerung von

Willkürbewegungen in den Vordergrund. Sherrington (1857–1952) isoliert die motorische Einheit. Langsam werden auch die Grenzen der „Reflexphysiologie" überwunden und psychologische und physiologische Verhaltensforschung gelangen in den Vordergrund (Mechling 2003). Führte bereits Galvani (1737–1798) Untersuchungen zur Kontraktion des Froschschenkelmuskels durch, können durch Hans Berger (1873–1941) Hirnströme als Elektroenzephalogramm (EEG) registriert werden. Kurt Wachholder (1893–1961) gelingt es erstmalig, Aktionsströme in den Muskeln zu messen und Untersuchungen zur Koordination der Muskulatur durchzuführen.

Durch fotografische Verfahren (1887 von Muybridge und 1904 von Braune und Fischer) sowie Kraftmessverfahren erweitert sich das Gebiet der Bewegungsforschung, insbesondere durch die Entwicklung neuer biomechanischer Messverfahren.

- **Bewegung als ganzheitliches Phänomen**

Zu Beginn des 20. Jahrhunderts rückt aber bereits mehr und mehr der Ganzheitscharakter der menschlichen Bewegung in den Vordergrund. So hat die Ganzheitspsychologie ihre Wurzeln in der Leipziger Schule um Otto Klemm (1884–1939). Zusammen mit Felix Krüger (1874–1948) gibt er verschiedene Bände zu neuen psychologischen Studien heraus, die die „Dominanz des Ganzen" und das „Eigenleben der motorischen Gestalten" zum Inhalt haben. Besonders sei hier die ganzheitliche zeitliche Betrachtungsweise des Hammerschlags von Drill (1933) hervorzuheben. Die Berliner Schule der Gestaltpsychologie, mit ihren Vertretern Max Wertheimer (1880–1943), Wolfgang Köhler (1887–1967) und Kurt Koffka (1886–1941), geht davon aus, dass durch die Gestalt der Zusammenhang zwischen Subjekt und Umwelt hergestellt wird. Damit ergibt sich das bis heute nicht vollständig geklärte widersprüchliche Phänomen der hochgradigen Stabilität des Ganzen gegenüber der Fluktuation und Variation der konstituierenden Teile.

Im direkten Bezug zur menschlichen Bewegung sind die innovativen Forschungen des russischen Physiologen und Biomechanikers Nikolai A. Bernstein (1896–1966) hervorzuheben, der die Motorik als einen ganzheitlich selbstorganisierenden Kontrollprozess beschreibt. Als bahnbrechend sind seine umfangreichen Untersuchungen zum Phänomen der Variabilität der Bewegung auf der Grundlage kinematischer und dynamischer biomechanischer Parameter zu betrachten. Seine Arbeiten haben Jahrzehnte Einfluss auf die Entwicklung der Bewegungswissenschaft im deutschsprachigen Raum (Kurt

Meinel [1998–1973] und Günter Schnabel [1927–]). Weiterführende Theorien im angloamerikanischen Bereich sind in den informationsverarbeitenden Ansätzen (motor approaches) (Vertreter R. A. Schmidt [1941–2015]) und action approaches (u. a. James J. Gibson [1904–1979], Michael T. Turvey [1942–]) zu finden.

- **Bewegungsforschung im 21. Jahrhundert**

Aktuell sind in der Bewegungswissenschaft zwei Strategien zu finden: Spezialisierung in den einzelnen Forschungsdisziplinen und die systemischen Betrachtungsweisen. Der zunehmende technologische Fortschritt bietet immer genauere Messverfahren und große Datenmengen können durch die Computertechnik verarbeitet werden. So gelangt man zu tieferen Erkenntnissen über die Funktionen der einzelnen Hirnabschnitte mittels funktioneller Resonanztomographie. Es gelingt Gehirnsignale abzuleiten, um Prothesen zu steuern, und die Netzhaut zu stimulieren. Gehörprothesen (Cochlea-Implantat) ermöglichen wieder das Hören. Roboter werden entwickelt, die sich wie Menschen bewegen. Kognition und Bewegung scheinen somit direkt miteinander verbunden zu sein.

Systemische Betrachtungsweisen ermöglichen nun aber auch mittels neuer mathematischer Verfahren und theoretischer Zugänge die Bewegung in ihrer Komplexität zu betrachten (Witte 2002). Chaostheorie und Synergetik (Hermann Haken [1927–]) erlauben eine vollständig neue Sichtweise auf die Motorik des Menschen (Birklbauer 2006).

1.3 Definition und Einordnung der Sportmotorik

Während die Bewegung des Menschen generell als Gegenstand der Bewegungswissenschaft aufzufassen ist, beschäftigt sich das Teilgebiet der Sportbiomechanik mit der Ortsveränderung des Körpers bzw. einzelner Körpersegmente. Die Sportmotorik betrachtet alle organismischen Teilsysteme und -prozesse, die die (mechanisch verstandene) Bewegung des Menschen auslösen und kontrollieren (Olivier et al. 2013). Dies lässt sich am Beispiel des Weitsprungs folgendermaßen verdeutlichen. Aus biomechanischer Sicht wird die Bewegung durch die Veränderung der Körpersegmente, Körperwinkel, Bahngeschwindigkeit des Körperschwerpunktes, Bodenreaktionskraft in der Absprungphase und Muskelaktivitäten in den verschiedenen Bewegungsphasen beschrieben. Die Sportmotorik untersucht dagegen die Wahrnehmungsprozesse des

> Gegenstand der Sportmotorik sind die Prozesse der motorischen Kontrolle beim Lernen und Trainieren sportlicher Bewegungsabläufe.

Sportlers (z. B. visuelle Wahrnehmung des Absprungbalkens), die Verarbeitung aller zentralnervösen Prozesse, die für den Sprung wichtig sind und Feedbackwirkungen bspw. durch den Trainer sowie Lernprozesse.

> „Gegenstand der Sportmotorik ist die wissenschaftliche Bearbeitung von Fragestellungen und Problemlagen motorischer Kontrolle des Menschen als einem aktiv handelnden gesellschaftlichen Subjekt" (Deutsche Vereinigung für Sportwissenschaft, Sektion Sportmotorik 2017).

Die Motorik allgemein hat aber noch andere Anwendungsfelder: Alltagsbewegung, die unterschiedlichen Arbeitsbereiche und die Ausdruckskunst. Folgende Spezialgebiete der Motorik können unterschieden werden:
- Sensomotorik (auch Sensumotorik) untersucht die komplexen Prozesse von Wahrnehmungen, nervalen Reiztransporten und Bewegung.
- Psychomotorik untersucht wie psychische Vorgänge und Persönlichkeitsstruktur die Bewegung beeinflussen.
- Motologie entstand aus der Psychomotorik und beschäftigt sich mit besonders lern- und verhaltensauffälligen Kindern.

Zu den Forschungsmethoden der Sportmotorik zählen wir:
- Quantifizierung von physikalischen Parametern durch raum-zeitliche Verläufe von Bewegungen,
- Einschätzung der erreichten Leistung auf der Grundlage biomechanischer Kennlinien und Kennwerte,
- Messung (neuro-)physiologischer Korrelate von Bewegungen (z. B. Elektromyographie, Elektroenzephalographie, funktionelle Magnetresonanztomographie),
- Verhaltensbeobachtung und -bewertung durch externe Beobachter,
- Erfassung des subjektiven Erlebens des Bewegungsausführenden (durch Befragung, Interview, subjektive Beschreibung).

Zu den Teilgebieten der Sportmotorik an den meisten sportwissenschaftlichen Institutionen im deutschsprachigen Raum gehören: Sensomotorik, Bewegungswahrnehmung und -vorstellung, motorisches Lernen, motorische Entwicklung sowie Bewegungsanalyse und -einschätzung.

1.4 Betrachtungsweisen

Zur Bearbeitung der vielfältigen Problembereiche der menschlichen Bewegung und Motorik sind verschiedene Betrachtungsweisen entstanden (Roth und Willimczik 1999). Entsprechend dem Erklärungsanspruch orientiert sich die jeweilige Betrachtungsweise an naturwissenschaftlichen, psychologischen und behavioristischen, phänomenologischen oder ganzheitlichen Konzepten. Im deutschsprachigen Raum ist die prinzipielle Einteilung nach Roth und Willimczik 1999 in vier Betrachtungsweisen üblich, die aus unterschiedlichen Sichtweisen sportliche Bewegungsphänomene beschreiben (vgl. ◘ Abb. 1.1). So versteht man unter der biomechanischen Betrachtungsweise (hier der äußere Ansatz) die Bewegungsbeschreibung auf der Grundlage der Gesetze der Mechanik unter den anatomisch-physiologischen Bedingungen. Autoren der funktionalen Betrachtungsweisen sehen sportliche Bewegungen als zielgerichtete Handlungen an, zerlegen diese in einzelne Phasen, denen entsprechende Funktionen

Entsprechend der Fokussierung des Aufgabengebiets und der zugehörigen Literaturvertreter existieren in der Bewegungswissenschaft unterschiedliche Betrachtungsweisen. Hier soll insbesondere auf die morphologische, die funktionale und die fähigkeitsorientierte Betrachtungsweisen eingegangen werden.

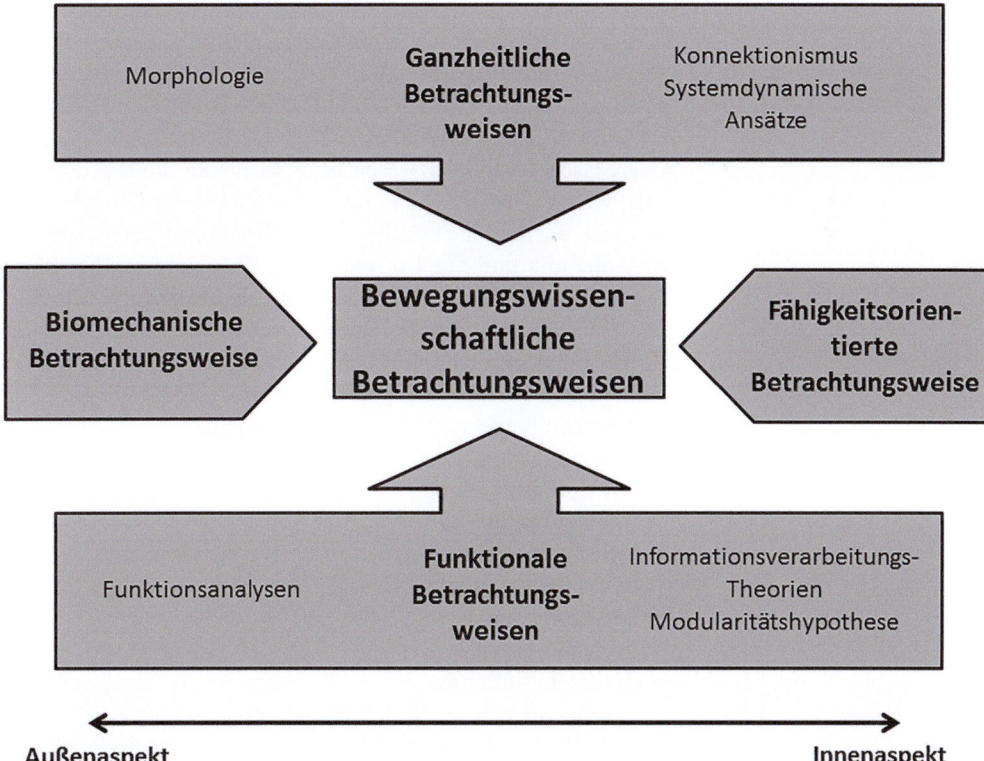

◘ Abb. 1.1 Betrachtungsweisen der Bewegungswissenschaft des Sports. (Mod. nach Roth und Willimczik 1999, in Wollny 2007)

zugeordnet werden. Die fähigkeitsorientierte Betrachtungsweise bezieht sich auf innere Aspekte der Bewegung, die sich in den motorischen Basisfähigkeiten Ausdauer, Kraft, Schnelligkeit, Beweglichkeit und koordinative Fähigkeiten ausdrücken. Ganzheitliche Betrachtungsweisen zerlegen die Bewegung nicht in ihre Einzelteile, sondern gehen von einer zielgerichteten Geordnetheit aller an der Bewegung beteiligten Teilprozesse aus.

Nachfolgend sollen drei Betrachtungsweisen, die insbesondere in der Sportpraxis und im Sportunterricht bisher breite Anwendungsfelder fanden und finden, etwas ausführlicher besprochen werden.

1.4.1 Morphologische Betrachtungsweise

Die morphologische Betrachtungsweise sportlicher Bewegungen gehört, wie es die ◘ Abb. 1.1 zeigt, zu den ganzheitlichen Betrachtungsweisen. Entsprechend der Begriffsbedeutung der Morphologie (griechisch: Gestalt- oder Formlehre) geht es bei der morphologischen Bewegungsanalyse um die Analyse von Bewegungsmerkmalen, die vom Trainer bzw. Lehrer äußerlich sichtbar sind. Im Unterschied dazu können biomechanische Merkmale, wie sie bspw. Inhalt in den biomechanischen Prinzipien sind (Drehimpulse, Bremskraftstoß, Beschleunigungsverhalten u. a.), kaum äußerlich ohne weitere technische Hilfsmittel bestimmt werden. Die morphologische Betrachtungsweise ist pädagogisch orientiert; wesentliche Elemente sind bereits bei GutsMuths (1759–1839) zu finden. Das Ziel dieser Betrachtungsweise ist es, dem Lehrenden alle notwendigen Informationen zur Anleitung und zur Korrektur von Bewegungsausführungen zu gegeben (Olivier et al. 2013). Erstmals beschäftigt sich Kurt Meinel (1960) mit morphologischen Bewegungsmerkmalen, die allgemein bekannt sind und deren umfangreiche Darstellung bei Meinel und Schnabel (2007) zu finden ist:
- Bewegungsstruktur (Phasen der Bewegung)
- Bewegungsrhythmus
- Bewegungskopplung
- Bewegungsfluss
- Bewegungspräzision
- Bewegungskonstanz
- Bewegungsstärke
- Bewegungstempo
- Bewegungsumfang

Mit Hilfe dieser morphologischen Bewegungsmerkmale ist es möglich, sportliche Bewegungen durch direkt wahrnehmbare Merkmale, die die äußere Form bzw. Gestalt der Bewegung betreffen, zu analysieren.

1.4 · Betrachtungsweisen

- **Bewegungsstruktur (Phasen der Bewegung)**

Generell werden Bewegungen in azyklische und zyklische Bewegungen unterteilt.

Azyklische Bewegungen (z. B.: Sprünge, Würfe) lassen sich in verschiedene Bewegungsabschnitte einteilen, die jeweils für das Gelingen der Bewegung eine unverzichtbare Funktion haben (◘ Abb. 1.2).

Die Vorbereitungsphase (z. B. für den Speerwurf in ◘ Abb. 1.2: Impulsschritt aus dem 5-Schritt-Rhythmus, Einnehmen der Körperrücklage) dient der Erzeugung einer maximalen Vorspannung, Anfangskraft o. Ä. Während der Hauptphase wird die Bewegungsaufgabe direkt gelöst, also beim Speerwurf die eigentliche Wurfbewegung mit Koordination des Stemmbeines, der Rumpfbewegung und der Bewegung des Wurfarmes. Die Funktion der Endphase besteht oft in der Stabilisierung des Gleichgewichts (z. B. Abfangen des Körpers). Wie die Pfeile in der ◘ Abb. 1.2 zeigen, stehen die Teilphasen in unmittelbarem Zusammenhang: das Ergebnis der einen Phase beeinflusst die nächste Phase.

Zyklische Bewegungen sind durch die sich ständig wiederholenden Bewegungsabläufe gekennzeichnet. Beispiele sind Gehen, Laufen, Rudern und Schwimmen. Sie bestehen aus einer Hauptphase und Zwischenphasen, die vor der Hauptphase eine einleitende Funktion haben und nach der Hauptphase diese beenden und mit der neuen einleitenden Phase im nächsten Zyklus verschmelzen (vgl. ◘ Abb. 1.3).

Bei alternierenden (wechselnden) zyklischen Bewegungen ist es vorteilhaft, jede Körperseite extra zu betrachten, da

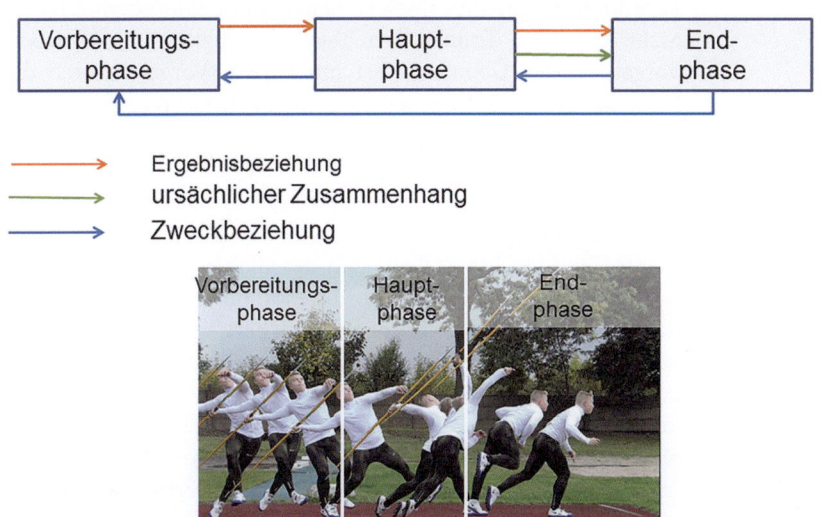

◘ **Abb. 1.2** Grundstruktur einer azyklischen Bewegung, dargestellt am Beispiel des Speerwurfes. (Nach Meinel und Schnabel 2007)

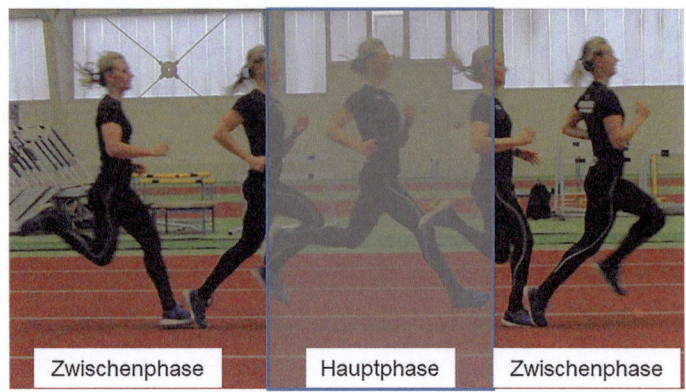

☐ **Abb. 1.3** Grundstruktur einer zyklischen Bewegung, dargestellt am Beispiel des Laufens: Hier wird die Hauptphase als Flugphase und die jeweilige Stützphase als Zwischenphase definiert

die Hauptphase der einen Körperseite mit der Zwischenphase der anderen Körperseite gleichzeitig oder zeitlich etwas versetzt auftritt. Dies lässt sich besonders beim Kraulschwimmen beobachten. Beim Brustschwimmen ist es dagegen üblich, Arm- und Beinbewegungen getrennt voneinander zu betrachten und in die Phasen einzuteilen.

- **Bewegungsrhythmus**

Der Bewegungsrhythmus beschreibt die zeitliche Ordnung einer sportlichen Bewegung und ist Ausdruck der „äußeren", aber besonders der „inneren" Prozesse der Bewegungskoordination (Meinel und Schnabel 2007). Aus methodischer Sicht kann der Trainer den Bewegungsrhythmus von außen vorgeben. Der Übende selbst muss diese Vorgabe durch die Muskelanspannung in einen inneren Rhythmus umsetzen.

- **Bewegungskopplung**

Die Bewegungskopplung betrachtet die Kopplung aller an der Bewegung beteiligten Teilbewegungen der einzelnen Körpersegmente (Rumpf, Arme, Beine). In der Biomechanik kennen wir das Prinzip der zeitlichen Koordination der Einzelbewegungen, das bspw. bei Wurfbewegungen die Übertragung des Impulses von den Beinen über den Rumpf auf den Wurfarm und zuletzt auf das Wurfgerät beinhaltet. Weitere Formen der Bewegungskopplung finden wir bei Schwungbewegungen. Besonders ist aber die Steuerfunktion des Kopfes hervorzuheben, die sich auf die Kopplung der Kopf- und Rumpfbewegung bezieht. So werden bspw. alle Rollbewegungen durch die Kopfhaltung oder -bewegung gesteuert (Meinel und Schnabel 2007). Durch die Bewegung des Kopfes zur Brust wird eine Beugebewegung

1.4 · Betrachtungsweisen

und durch die Bewegung des Kopfes zum Nacken eine Streckbewegung des Rumpfes erzeugt. Dies lässt sich durch Reflexe erklären, die von Rezeptoren in der Halsmuskulatur ausgelöst werden und zu einer Spannungserhöhung in funktionell zusammengehörenden Muskelgruppen führt. Bei Rotationen um die Längsachse ist eher die optische Orientierung entscheidend. Die neue Richtung des Bewegungsablaufes wird erst „ins Auge gefasst" und dann erfolgt die Richtungsänderung der Bewegung (z. B.: Blickorientierung im Kunst- und Turmspringen oder Tanzen).

Da Bewegungsstruktur, Bewegungsrhythmus und Bewegungskopplung jeweils mehrere Aspekte der Bewegung beschreiben, werden sie auch als komplexe Bewegungsmerkmale bezeichnet. Dagegen kennzeichnen die anderen Bewegungsmerkmale nur einen Aspekt und werden deshalb auch eindimensionale morphologische Bewegungsmerkmale genannt. In der ◘ Tab. 1.1 werden diese Bewegungsmerkmale charakterisiert und dazu Beispiele angegeben.

1.4.2 Funktionale Betrachtungsweise

Eine funktionale Betrachtungsweise der Bewegung ist insbesondere bei Göhner (1992) zu finden. Sie ist vorwiegend unterrichtspraktisch. Dabei wird nicht die real ausgeführte sportliche Bewegung betrachtet, sondern ihre abstrahierte Form. Diese liegt in Form von theoretischen Beschreibungen vor.

◘ Tab. 1.1 Eindimensionale morphologische Bewegungsmerkmale. (Nach Meinel und Schnabel 2007)

Merkmal	Charakteristik	Beispiele
Bewegungsfluss	Maß der Kontinuität des Ablaufs der Bewegung	Wurf- und Sprungbewegung: Kopplung von Anlauf und Abwurf bzw. Absprung
Bewegungspräzision	Maß der Übereinstimmung der Bewegung mit dem geplanten Ziel bzw. Verlauf	Treffergenauigkeit, Verlaufspräzision bei turnerischen Übungen
Bewegungskonstanz	Grad der Übereinstimmung von wiederholten Bewegungen	Bewegungszyklen von automatisierten Bewegungen sind unter gleichen Bedingungen ähnlich
Bewegungsstärke	Krafteinsatz während der Bewegung	Stärke des Armabdrucks beim Schwimmen
Bewegungsumfang	Räumliche Ausdehnung der Bewegung	Ausholbewegungen, Reaktionsbewegungen, turnerische Elemente (Optimum ist abhängig von der konkreten motorischen Aufgabe)
Bewegungstempo	Schnelligkeit der Teilbewegungen bzw. der Gesamtbewegung, Frequenz	Anlauf, Trittfrequenz, Start und Wende beim Schwimmen

Wichtig dabei ist, dass die Lösungsmöglichkeit der Bewegungsaufgabe betrachtet wird. Somit wird die Bewegung in funktional abhängige und unabhängige Phasen eingeteilt. Dabei wird eine Phase als funktional abhängig festgelegt, wenn sich ihre Funktion auf eine weitere Phase bezieht. Beispielsweise besteht eine funktionale Abhängigkeit zwischen dem Anlauf und dem eigentlichen Absprung beim Weitsprung. Funktional unabhängige Phasen sind dagegen Hauptfunktionsphasen. Im Unterschied zur Phaseneinteilung von Meinel und Schnabel (2007) haben azyklische Bewegungen nicht die gleiche Phasenstruktur. Für mehrere funktional abhängige Phasen wird der Begriff der Hilfsfunktionsphasen verwendet. Hier unterteilt man in vorbereitende Hilfsfunktionsphasen (zum Erreichen bestimmter Orte, Lagen und Positionen bzw. Bewegungszustände), unterstützende Hilfsfunktionsphasen (direkt und indirekt) und überleitende Hilfsfunktionsphasen (zielansteuernd, Überleitung zu weiteren Hilfsfunktionsphasen).

Weiterhin zählt die handlungstheoretische Betrachtungsweise zu den funktionalen Betrachtungsweisen. Dabei wird die Bewegung als Handlung (subjektiv bedeutsames und psychologisch aktives Geschehen) betrachtet, die ziel- und zweckgerichtet ist und auch der subjektiven Bedürfnisbefriedigung dienen kann. So ergeben sich nach Nitsch (2004) folgende Ereignisstadien: Situation, Handlung, Ergebnis, Folgen. Dabei werden die Phasen Antizipation, Realisierung und Interpretation durchlaufen (Nitsch 2004). Handlungstheoretische Betrachtungsweisen sind im Wesentlichen auf der psychologischen Ebene angesiedelt.

1.4.3 Fähigkeitsorientierte Betrachtungsweise

Die fähigkeitsorientierte Betrachtungsweise bezieht sich im Wesentlichen auf die Innensicht. Motorische Fertigkeiten stehen dagegen in Relation zur Außensicht. Man unterscheidet zwischen Basisfähigkeiten und komplexen Fähigkeiten bzw. zwischen Basisfertigkeiten und komplexen Fertigkeiten (siehe ◘ Tab. 1.2).

Diese Betrachtungsweise wird oft im Lehr- und Lernprozess praktiziert. Für die Diagnostik der Basisfähigkeiten Kraft, Ausdauer, Schnelligkeit, Beweglichkeit und koordinative Fähigkeiten wurde bspw. von Bös (2001) eine Vielzahl von motorischen Tests entwickelt.

? Fragen und Aufgaben zur Vertiefung
1. Erläutern Sie die morphologischen Bewegungsmerkmale nach Meinel und Schnabel! Welche Vor- und Nachteile bestehen in Bezug zu einer quantitativen biomechanischen Bewegungsanalyse?

1.4 · Betrachtungsweisen

Tab. 1.2 Sportmotorische Fähigkeiten und Fertigkeiten. (Modifiziert nach Bös 2001)

Motorische Fähigkeiten		Motorische Fertigkeiten	
Basisfähigkeiten	Komplexe Fähigkeiten	Basisfertigkeiten	Komplexe Fertigkeiten
– Kraft – Ausdauer – Schnelligkeit – Beweglichkeit – Koordination	– Maximalkraft – Kraftausdauer – Aerobe und anaerobe Ausdauer – Aktionsschnelligkeit – Reaktionsschnelligkeit – Koordination unter Zeit und/ oder Präzisionsdruck	– Laufen – Springen – Werfen – Klettern	– Dribbeln – Schwimmen – Balancieren

2. Präsentieren Sie in Form eines Videos ein Beispiel für eine Bewegung! Schätzen Sie daran die morphologischen Bewegungsmerkmale ein und geben Sie aus Ihrer Sicht Hinweise für den Trainierenden!
3. Erläutern Sie am Beispiel einer azyklischen Bewegung die Phaseneinteilung: Vorbereitungsphase – Hauptphase – Endphase! Nutzen Sie dabei Foto- und Videomaterial!

❓ Kontrollfragen zur Vorbereitung auf die Prüfung

1. Was verstehen Sie unter sportlicher Bewegung? Grenzen Sie diesen Begriff zu anderen Bewegungsbegriffen ab!
2. Skizzieren Sie die historische Entwicklung der Bewegungswissenschaft im 20./21. Jahrhundert!
3. Womit beschäftigt sich die Sportmotorik, welche Abgrenzung und welche Verbindung gibt es zur Sportbiomechanik?
4. Erläutern Sie die morphologische Bewegungsanalyse und erklären Sie die morphologischen Bewegungsmerkmale nach Meinel und Schnabel!
5. Erläutern Sie die funktionale Bewegungsphaseneinteilung nach Göhner im Unterschied zu der von Meinel und Schnabel!

❓ Belegaufgabe: Morphologische Bewegungsanalyse
Aufgabe

Zeichnen Sie mit einer Videokamera von zwei Probanden eine sportliche Bewegung Ihrer Wahl auf! Führen Sie qualitative Bewegungsanalysen nach Meinel und Schnabel sowie nach Göhner durch! Schätzen Sie auf dieser Grundlage die Bewegungsqualität ein! Vergleichen Sie die Bewegungen beider Athleten miteinander! Protokollieren Sie Ihre Analysen! Das Protokoll sollte folgende Gliederungspunkte enthalten: Deckblatt (mit Namen, Untersuchungsort und Zeit, …), Aufgabe, Theoretische Grundlagen, Methodik (verwendete

Messmethodik), Messergebnisse, Diskussion und Zusammenfassung.

Methodik

Wählen Sie vorzugsweise eine Wurf- oder Sprungbewegung oder eine Übung aus dem Gerätturnen aus.

Probanden

Entsprechend der Auswahl der Probanden lässt sich die Aufgabenstellung spezifizieren: Vergleich zwischen Anfänger und Experten, Größe der Probanden, Alter, Geschlecht, …

Achten Sie auf eine ausreichende Erwärmung Ihrer Probanden vor der Videoaufnahme. Lassen Sie sich das Einverständnis der Probanden schriftlich bestätigen. Dies sollten Sie immer berücksichtigen, sobald Sie Untersuchungen mit Menschen durchführen.

Geräte/Versuchsaufbau

Wählen Sie eine Videokamera aus. Bedenken Sie, dass diese eine ausreichende Bildaufnahmefrequenz und Shutterfrequenz besitzen muss. Machen Sie sich mit den technischen Details der Kamera vertraut.

Achten Sie auf eine optimale Beleuchtung und einen neutralen Hintergrund.

Überlegen Sie sich von welcher Seite es sinnvoll ist, die Bewegung mit der Videokamera aufzunehmen. Verwenden Sie ein Stativ. Bevor Sie die eigentlichen Aufnahmen starten, sollten Sie überprüfen, ob die Bewegung vollständig aufgezeichnet wird und die Bildqualität gut genug ist. Danach sollten die Einstellungen an der Kamera nicht mehr verändert werden.

Durchführung

Nehmen Sie von jedem Probanden folgende Angaben (können auch variieren) auf: Name, Geburtsdatum, Geschlecht, Sportart, Trainingsumfang, Größe, Körpermasse, …

Lassen Sie von jedem Probanden die Bewegung mindestens dreimal durchführen und bitten Sie um eine Selbsteinschätzung.

Zeichnen Sie alle Bewegungen mit der Videokamera auf, wobei Sie die Bewegungen nummerieren (per Sprache oder Nummer in das Bild einblenden). Protokollieren Sie eventuelle Besonderheiten.

Ergebnisse

Schauen Sie sich die Bewegungen für jeden Probanden an. Entscheiden Sie, welche Bewegungen (Anzahl 3) von Ihnen ausgewertet werden.

Morphologische Bewegungsanalyse (nach Meinel und Schnabel)

Da es sich in der Regel um eine azyklische Bewegung handeln wird, teilen Sie die Bewegung in Vorbereitungsphase, Hauptphase und Endphase ein! Begründen Sie Ihre Entscheidung!

1.4 · Betrachtungsweisen

Fertigen Sie für jeden Probanden eine Tabelle an (siehe ◘ Tab. 1.3).

Verallgemeinern Sie Ihre Einschätzung über alle drei Versuche eines Probanden und stellen Sie einen Vergleich zwischen den beiden Probanden an. Die ◘ Tab. 1.4 kann dabei eine Hilfe sein.

Funktionale Betrachtungsweise nach Göhner

Teilen Sie die Bewegung, für jeden Probanden getrennt, in die funktionalen Bewegungsphasen ein. Verwenden Sie hierfür das Video, das für die Bewegung des Probanden charakteristisch ist. Überlegen Sie genau, welches Ziel die Bewegung hat und wie die einzelnen Hilfsfunktionsphasen die Teilziele unterstützen. Beispiele finden Sie bei Göhner (1992). Verwenden Sie hierzu die ◘ Tab. 1.5.

Vergleichen Sie die Phaseneinteilungen beider Probanden miteinander. Welche Gemeinsamkeiten und Unterschiede stellen Sie fest?

Diskussion

Diskutieren Sie die Ergebnisse beider Schwerpunkte. Nutzen Sie Ihr theoretisches Wissen. Diskutieren Sie abschließend die

◘ **Tab. 1.3** Morphologische Bewegungsanalyse des Probanden…

Bewegungsmerkmal	Versuch 1	Versuch 2	Versuch 3
Bewegungsrhythmus			
…			
Subjektive Bewegungseinschätzung des Probanden			

◘ **Tab. 1.4** Vergleich der Bewegungsmerkmale zwischen den Probanden

Bewegungsmerkmal	Proband A	Proband B	Vergleich: Unterschiede, Gemeinsamkeiten
Bewegungsrhythmus			
…			

◘ **Tab. 1.5** Funktionale Phaseneinteilung der Bewegung von Proband …

Bezeichnung der Phase	Beschreibung der Bewegung/Teilbewegung	Funktion der Phase

Gemeinsamkeiten und Unterschiede der Bewegungen beider Probanden auf Grund der spezifizierten Aufgabenstellung. Welche Unterschiede gab es ggf. zwischen den drei Versuchen eines Probanden?
Könnten die Videoaufnahmen noch optimiert werden oder waren sie für die Aufgabenstellung ausreichend?
Schätzen Sie die Methoden der morphologischen Bewegungsanalyse kritisch ein! Welche Vor- und Nachteile ergeben sich in Bezug auf eine biomechanische Untersuchung. Welche zusätzlichen Informationen hätte eine biomechanische Untersuchung erbracht?
Zusammenfassung
Fassen Sie die wesentlichen Ergebnisse Ihrer Untersuchungen zusammen und ziehen Sie eine Schlussfolgerung für eventuell weitere Untersuchungen.

Literatur

Birklbauer, J. (2006). *Modelle der Motorik*. Aachen: Meyer & Meyer.
Bös, K. (2001). *Handbuch Motorische Tests*. Göttingen: Hogrefe.
Deutsche Vereinigung für Sportwissenschaft, Sektion Sportmotorik. (2017). ► http://www.sportwissenschaft.de/index.php?id=661. Zugegriffen: 7. Apr. 2017.
Göhner, U. (1992). *Einführung in die Bewegungslehre des Sports. Teil 1: Die sportlichen Bewegungen*. Schorndorf: Hofmann.
Mechling, H. (2003). Zu Gegenstand und Geschichte der Bewegungswissenschaft. In H. Mechling & J. Munzert (Hrsg.), *Handbuch der Bewegungswissenschaft – Bewegungslehre*. Hofmann: Schorndorf.
Meinel, K., & Schnabel, G. (2007). *Bewegungslehre Sportmotorik* (11, überarbeitete u. erweiterte Aufl.). Aachen: Meyer & Meyer.
Meinel, K. (1962). *Bewegungslehre. Versuch einer Theorie der sportlichen Bewegung unter pädagogischem Aspekt*. Berlin: Volk und Wissen.
Nitsch, J. R. (2004). Die handlungstheoretische Perspektive: Ein Rahmenkonzept für die sportpsychologische Forschung und Intervention. *Zeitschrift für Sportpsychologie, 11*(1), 10–23.
Olivier, N., Rockmann, U., & Krause, D. (2013). *Grundlagen der Bewegungswissenschaft und -lehre* (2, überarbeitete u. erweiterte Aufl.). Schorndorf: Hofmann.
Roth, K., & Willimczik, K. (1999). *Bewegungswissenschaft*. Reinbek: Rowohlt.
Schreier, W. (Hrsg.). (1988). *Geschichte der Physik*. Berlin: VEB Deutscher Verlag der Wissenschaften.
Wiemann, K., & Jöllenbeck, T. (1998/1999). *Grundlagen der Bewegungslehre und Biomechanik* (6. Aufl.). Bergische: Universität Wuppertal.
Witte, K. (2002). *Stabilitäts- und Variabilitätserscheinungen der Motorik des Sportlers unter nichtlinearem Aspekt*. Aachen: Shaker.
Wollny, R. (2007). *Bewegungswissenschaft. Ein Lehrbuch in 12 Lektionen*. Aachen: Meyer & Meyer.

Physiologische Grundlagen

2.1 Sensorische Systeme – 20

2.2 Neurophysiologische Grundlagen – 33

2.3 Zusammenspiel zwischen Sensoren, Muskeln und ZNS – 49

Literatur – 57

© Springer-Verlag GmbH Deutschland, ein Teil von Springer Nature 2018
K. Witte, *Grundlagen der Sportmotorik im Bachelorstudium (Band 1)*,
https://doi.org/10.1007/978-3-662-57868-1_2

Welche biologischen Prozesse ermöglichen das Ausführen und Steuern von Bewegungen? Um diese Frage beantworten zu können, müssen wir uns mit den neuro-physiologischen Grundlagen beschäftigen. Dabei geht es einerseits um die Verarbeitung sensorischer Reize aus der Umwelt, aber auch aus dem eigenen Körper durch das Nervensystem. Wir lernen die unterschiedlichen Regelungs- und Steuerungsmechanismen von willkürlichen und unwillkürlichen Bewegungen kennen, aber auch die unterschiedlichen Funktionen der einzelnen Gehirnareale.

2.1 Sensorische Systeme

Als Sensoren (oder auch Detektoren) werden Messaufnehmer oder Messfühler bezeichnet, die physikalische Eigenschaften, Größen oder auch stoffliche Beschaffenheit der Umwelt qualitativ oder quantitativ erfassen können. Diese Größen werden unter Nutzung physikalischer oder chemischer Effekte in elektrische Signale umgewandelt und können so weiterverarbeitet werden. Technische Sensoren können bspw. Temperatur, Druck, Feuchtigkeit und Beschleunigung erfassen und elektronisch speichern bzw. anzeigen.

Sensorische Systeme des Menschen haben die Aufgabe, Informationen über körperäußere und körperinnere Prozesse sowie Relationen des Körpers zur Umwelt aufzunehmen und in unterschiedlichen Instanzen zu verarbeiten. Körperäußere Prozesse können bspw. Zurufe des Trainers oder taktile Wahrnehmung des Balles sein. Körperinnere Prozesse beziehen sich bspw. auf die Wahrnehmung der Position und Lage des eigenen Körpers und der Muskelspannung.

Sensorische Systeme (oder auch Sinnessysteme) sind nicht nur durch ihre Sensoren, sondern auch durch das zugehörige gesamte zentralnervöse System charakterisiert (Schmidt und Schaible 2006). Sensorische Systeme bestehen generell aus drei Komponenten: Rezeptoren (Sensoren), afferente Nervenfasern und dem zentralen Nervensystem (ZNS). In den Rezeptoren werden physikochemische Reize in bioelektrische Signale umgewandelt. Diese werden durch afferente Nervenfasern an das ZNS weitergeleitet und dort von spezifischen Neuronengruppen verarbeitet. Sensorische Signale können so verarbeitet werden, dass bspw. motorische Reaktionen entstehen. Damit stehen sensorisches und motorisches System in einem engen Zusammenhang (◘ Abb. 2.1).

Sensorische Informationen können unterschiedliche Quellen haben: exterozeptiv und interozeptiv. Während Exterozeption die Außenwahrnehmung beschreibt, bedeutet Interozeption die Innenwahrnehmung. Die Exterozeption umfasst die Aufnahme und Verarbeitung von Reizen aus der Umwelt, wie mechanische,

> Sensorische Systeme bestehen aus den Sensoren, afferenten Nervenfasern und dem zentralen Nervensystem.

2.1 · Sensorische Systeme

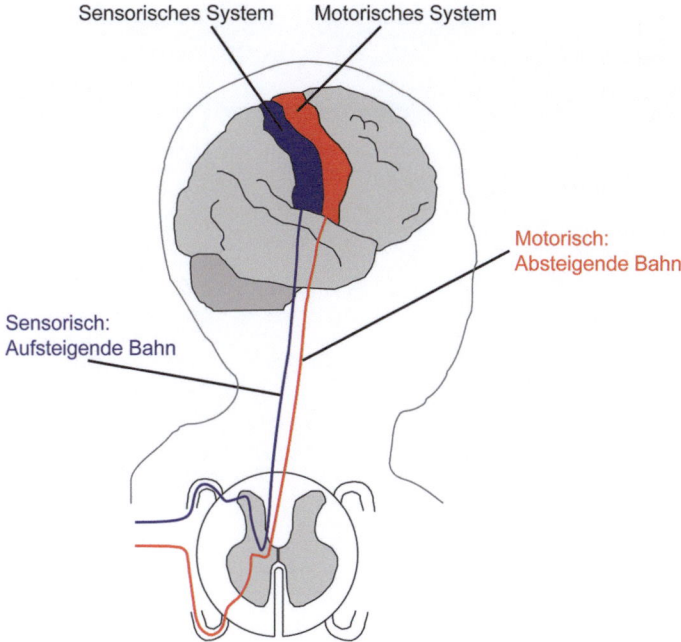

Abb. 2.1 Motorisches und sensorisches System

thermische, optische, akustische, olfaktive (Gerüche) und gustative (Geschmack) Reize. Zur Interozeption gehört die Propriozeption (Wahrnehmung des eigenen Körpers) sowie die Viszerozeption (Wahrnehmung der Organtätigkeiten). Eine Übersicht über die verschiedenen Wahrnehmungsarten ist in der Tab. 2.1 enthalten. Als übergeordnet kann die propriozeptive oder kinästhetische Wahrnehmung, die für den Sport sehr wichtig ist, verstanden werden. Unter propriozeptiver Wahrnehmung versteht man allgemein die Wahrnehmung der Lage, Position und Bewegung des eignen Körpers bzw. einzelner Körpersegmente, wozu die somatosensorische (Muskelspindeln, Golgi-Sehnen-Apparat, Sensoren in den Gelenken, Druck- und Temperatursensoren in der Haut) und die vestibuläre Wahrnehmung gehören. Schmerzen werden durch Nozizeptoren (freie sensorische Nervenendigungen) insbesondere auch im Körperinneren wahrgenommen. Diese Rezeptoren melden mittels elektrischer Signale Gewebeschädigungen bzw. Verletzungen durch thermische, chemische oder mechanische Noxen (=Stoff oder Umstand, der eine schädigende Wirkung auf den Körper hat) an das ZNS weiter.

Nachfolgend soll auf einige sensorische Systeme, die für den Sport besondere Relevanz haben, eingegangen werden.

Tab. 2.1 Übersicht über die Formen der menschlichen Wahrnehmung

Wahrnehmung	Organ	Reiz
Visuell (Sehen)	Auge	Licht
Auditiv (Hören)	Ohr	Schall
Olfaktorisch (Geruch)	Nase	Chemische Stoffe
Gustatorisch (Geschmack)	Zunge, Mundraum	Chemische Stoffe
Vestibulär (Gleichgewicht)	Innenohr (Vestibularorgan)	Gravitationsfeld, Beschleunigung des Kopfes
Taktil (Druck, Berührung, Vibration)	Haut	Mechanischer Druck
Propriozeptiv/somatosensorisch (Lage und Bewegung des Körpers)	Tiefensensibilität, Vestibularorgan	Beschleunigungen, Längenänderungen, Spannung
Propriozeptiv/somatosensorisch: Kraft, Spannung	Muskeln, Sehnen	Mechanische Spannung
Temperatur	Wärmerezeptoren in der Haut	Temperatur

2.1.1 Das visuelle System

Auf der Grundlage der physiologischen Prozesse des visuellen Systems können die für den Sport wichtigen Phänomene wie das Bewegungssehen und das periphere Sehen erklärt werden. Blickbewegungen können mit einem Eyetracking-System analysiert werden.

Das visuelle System, zu dem das Auge mit Netzhaut (Retina), der Sehnerv, Teile des Thalamus und des Hirnstamms sowie die Sehrinde gehören, wandelt elektromagnetische Wellen (im Wellenlängenbereich von 400 bis 750 nm) in bioelektrische Signale um und verarbeitet diese entsprechend weiter.

Wie in der ◘ Abb. 2.2 zu sehen ist, wird durch den sogenannten optischen Apparat des Auges (durchsichtige Hornhaut, Pupille, Iris, Linse, Glaskörper) auf der Netzhaut ein umgekehrtes und seitenverkehrtes Bild des originalen Gegenstandes erzeugt. Die Netzhaut besteht aus mehreren Schichten: den Photorezeptoren, den bipolaren Zellen und den Ganglienzellen, Amakrinzellen und Horizontalzellen. Man unterscheidet zwei unterschiedliche sensorische Systeme in der Netzhaut: Es gibt ca. 120 Mio. Stäbchenzellen, die das Nachtsehen ermöglichen und ca. 6 Mio. Zapfenzellen, die für das scharfe Sehen sowie das Tages- und Farbsehen verantwortlich sind und verschiedene Sehfarbstoffe enthalten (Schmidt und Schaible 2006). Die Netzhautzellen sind nicht gleichmäßig verteilt. So ist die

2.1 · Sensorische Systeme

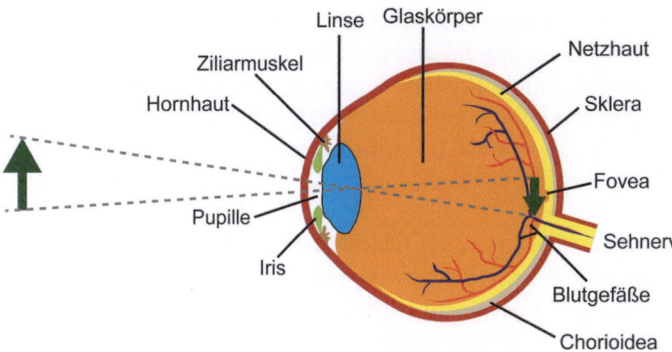

◘ Abb. 2.2 Längsschnitt durch das menschliche Auge

Zapfendichte in der Netzhautgrube (Fovea centralis) am größten, wodurch dort das schärfste Sehen möglich ist. Die größte Stäbchendichte findet man dagegen in der retinalen Peripherie.

Bei hohem Lichteinfall kontrahiert der Ringmuskel der Iris und verengt die Pupille. Bei geringem Lichteinfall kontrahiert der Radialmuskel der Iris und öffnet die Pupille. Das Scharfsehen bzw. die Fixation auf einen Punkt oder Gegenstand wird durch folgende Mechanismen ermöglicht:

1. Akkomodation: Im „Ruhezustand" wirkt der Innendruck des Augapfels als Zug über die Zonulafasern auf die Linse und flacht diese ab: Das Auge ist auf Entfernungssehen eingestellt. Für das Nahesehen kontrahiert der Ziliarmuskel gegen den Innendruck des Augapfels. Dadurch werden die Zonulafasern entspannt, und die Linse rundet sich auf Grund ihres Innendruckes ab.
2. Konvergenz: Ausrichtung der Sehachsen beider Augen zum betrachteten Objekt.

Um Gegenstände auch bei Eigenbewegung scharf zu sehen, bzw. bewegte Gegenstände zu fixieren, sind folgende Prozesse notwendig:

1. Augenfolgebewegung: Ausrichtung der Sehachsen zum Ausgleich von Kopfbewegungen oder bei der Verfolgung von bewegten Objekten. Bewegte Objekte werden während der Fixationen mit den Augen verfolgt, damit die vom Objekt ausgehenden Lichtstrahlen während der Fixationsperioden stets in die Sehgrube fallen. Nur Objekte, die sich deutlich langsamer als 10°/s in Bezug zum Auge bewegen, werden scharf abgebildet.
2. Sakkaden: rasche, ruckartige Augenbewegungen. Eine Sakkade, die etwa 80 ms dauert und maximal eine Amplitude von 20° überstreicht, dient dazu, dass sich das Auge so dreht, dass die von einem Objekt ausgehenden Lichtstrahlen

in die Sehgrube, die Stelle des schärfsten Sehens, fallen. Kurz vor, während und nach der Sakkade ist die visuelle Informationsaufnahme für mindestens 150 ms stark eingeschränkt oder gar unterdrückt. Eine Fixationsperiode, in der die visuelle Informationsaufnahme erfolgt, dauert mindestens 150 ms.

Nicht nur bei bewegten Objekten (z. B. Flug eines Balls), sondern auch bei der Eigenbewegung sind Augenbewegungen notwendig. So ist bei einem Lauf durch das Gelände der vorliegende Weg, der sich immer wieder bspw. durch Unebenheiten (Steine, Grasnarben, Anstiege, Pfützen) ändert, zu fixieren. Aber auch die Bewegung des Kopfes (Drehungen, vertikale Beschleunigung durch das Auftreffen und Abdrücken beim Lauf) sind durch die Augenbewegungen auszugleichen.

Um Blickbewegungen zur erfassen, kommen Eytracking-Systeme zum Einsatz (siehe ◘ Abb. 2.3).

Nach Definitionen von sogenannten „Areas of Interest" können diesbezügliche Fixationszeiten, aber auch Sakkaden und Regressionen (Zurückführen des Blicks bspw. beim Lesen zur Erkennung der Satzstruktur) bestimmt werden. So ist es möglich, herauszufinden, welche Punkte, Gegenstände, Sportler oder

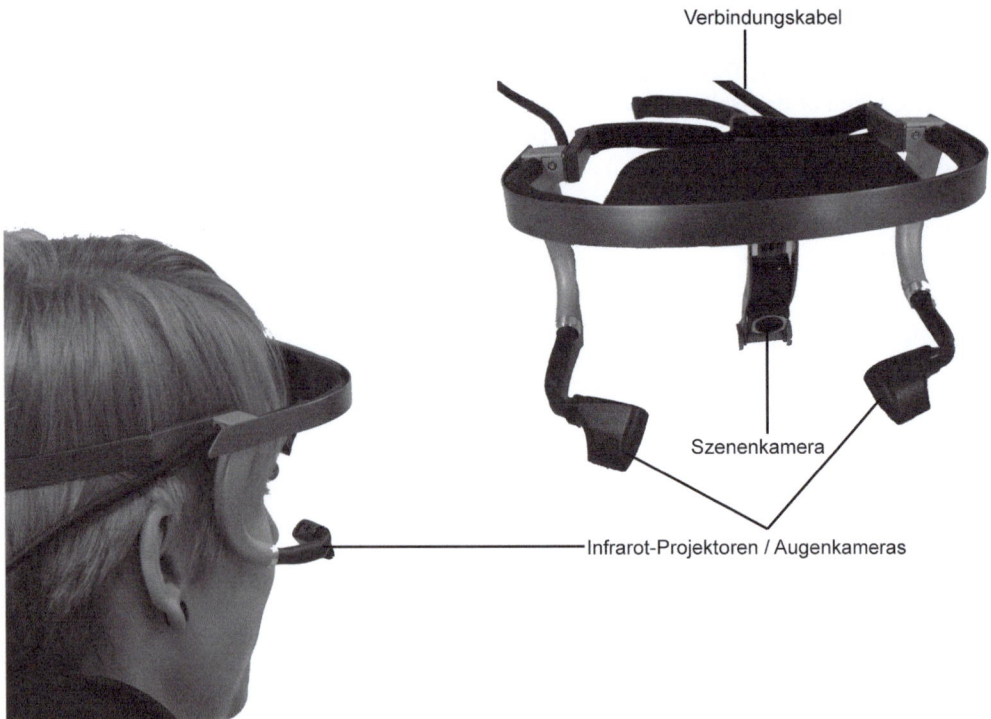

◘ **Abb. 2.3** Aufbau einer Eyetracking-Brille. Die Szenenkamera nimmt das betrachtete Objekt auf. Die Augenkameras zeichnen die Pupillenbewegung auf

Körperteile des Gegners für den Athleten besonders interessant waren (siehe ◘ Abb. 2.4).

Angewendet wird das Eyetracking auch in vielen anderen Bereichen: Neurowissenschaften, Psychologie, Marktforschung und Mensch-Maschine-Interaktion.

Aus den oben genannten physiologischen Prozessen des Sehens ergeben sich Schlussfolgerungen für das zeitliche und

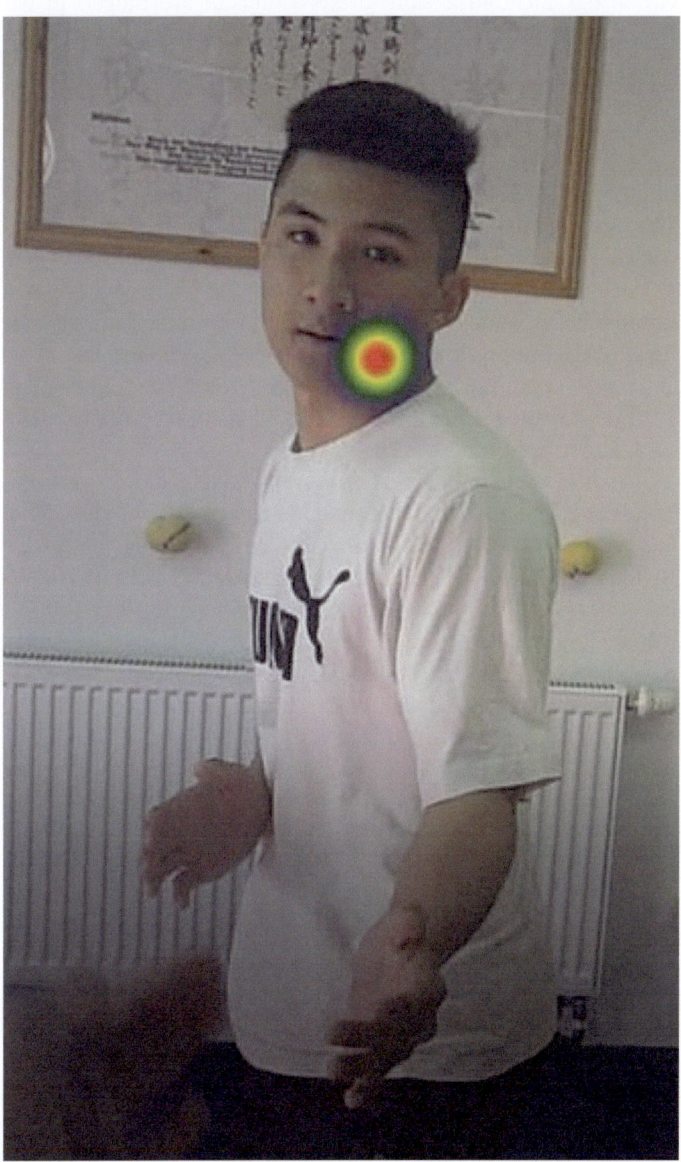

◘ **Abb. 2.4** Visualisierung einer Eyetracking-Untersuchung des Gegners beim Karate-Kumite-Training. Der Gegner konzentriert sich auf den unteren Bereich des Kopfes. Damit sind peripher auch Veränderungen im Schulterbereich wahrnehmbar

räumliche Auflösungsvermögen, die dynamische Sehschärfe, das periphere Sehen und das räumliche Sehen.

Das *zeitliche Auflösungsvermögen* ist die Fähigkeit, kurz hintereinander auf die Netzhaut treffende Lichtsignale (noch) getrennt wahrnehmen zu können. Die Grenze, bei der Einzelblitze verschmelzen (Flimmerfusionsgrenze oder Flimmerverschmelzungsfrequenz), beträgt etwa 20 Hz. Bei optimaler Größe der Lichtblitze kann dieses Auflösungsvermögen in der Fovea centralis bis zu 70 Hz betragen. Diese Werte gelten allerdings nur bei einfachen Lichtsignalen. Komplexe Bilder können dagegen nur bei einem zeitlichen Abstand von 180 ms (entspricht einer Frequenz von ca. 5 Hz) noch als getrennte Bilder wahrgenommen werden. Die Flimmerverschmelzungsfrequenz nimmt mit zunehmendem Alter ab und dient den Arbeitsphysiologen zur Beurteilung der Ermüdung bei körperlicher und geistiger Tätigkeit.

Das *räumliche Auflösungsvermögen* ist ein Maß für den minimalen Abstand zwischen zwei Lichtpunkten, die gerade noch getrennt wahrgenommen werden können. Diese ist abhängig vom Auftreffpunkt auf der Netzhaut. Sie beträgt 1 Winkelminute (1') im Zentrum der Sehgrube und nimmt dann nach außen kontinuierlich ab.

Wichtig bei der täglichen Arbeit des Trainers ist das Bewegungssehen. Damit kommen wir zum Begriff der *dynamischen Sehschärfe.* Bewegungen können unter optimalen Bedingungen bei Winkelgeschwindigkeiten zwischen 1/60 °/s bis 400 °/s (mit Erkennen der Bewegungsrichtung) bzw. 600 °/s (ohne Richtungserkennung) erkannt werden. Das bedeutet, dass 10 m entfernte Objekte maximal eine Geschwindigkeit von 100 m/s (=380 km/h) haben dürfen, wenn sie in ihrer Bewegung noch erkannt werden sollen. Aber bereits bei einer Geschwindigkeit von 3 m/s können 10 m entfernte Objekte nicht mehr scharf wahrgenommen werden. Bezogen auf die Winkelgeschwindigkeit bedeutet dies, dass Objekte, die sich mit 10°/s bewegen, nicht mehr völlig scharf gesehen werden (Wiemann und Jöllenbeck 1998/1999) (◘ Abb. 2.5).

Weitere Beispiele von Winkelgeschwindigkeiten bzgl. Athleten, die einen Abstand von 10 m zum Trainer (Beobachter) haben, sind: Weitspringer in der Flugphase: 42°/s, Sprinter: 45°/s, Füße des Reckturners bei der Riesenfelge: 60°/s und Hand des 80-m-Speerwerfers: 70°/s (Wiemann und Jöllenbeck 1998/1999).

Für den Sport ist weiterhin das *periphere Sehen* von Bedeutung. Im Gegensatz zum fovealen Sehen (Aufmerksamkeit ist auf die zentrale Stelle der Netzhaut, also die Fovea, gerichtet), bei dem die Gesichtslinie des Auges exakt auf das gewünschte Objekt ausgerichtet ist, um die maximale zentrale Sehschärfe auszunutzen, liefert das periphere Sehen nur grobe unscharfe und optisch verzerrte Seheindrücke außerhalb eines festen

2.1 · Sensorische Systeme

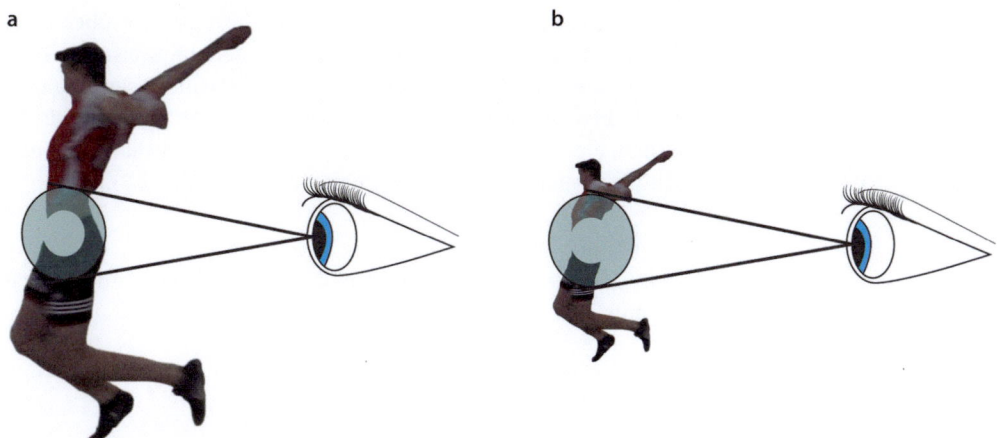

Abb. 2.5 Darstellung der fovealen Abbildung eines Trainers, der in unterschiedlichen Abständen zu seinem Athleten steht (Beispiel: Weitsprung). In der linken Abbildung (a) befindet sich der Trainer in einer geringeren Entfernung zum Athleten als in der rechten Abbildung (b). Der jeweils helle Kreis ist das Gebiet des fovealen Sehens, also der scharfen Abbildung. Der äußere Kreis wird dagegen unscharf wahrgenommen. Deutlich wird, dass bei geringen Entfernungen die Bewegung großer Körperbereiche nicht oder nur sehr verschwommen vom Trainer wahrgenommen wird

Fixationspunktes. Diese Wahrnehmung erfolgt durch extrafoveale Areale. Im Unterschied zum fovealen Sehen kann aber eine viel höhere zeitliche Auflösung (100 Hz) erzielt werden. Damit ist das periphere Sehen sehr effizient für die Wahrnehmung von Bewegungen. Da in diesen Netzhautarealen vorwiegend die hell-dunkel empfindlichen Stäbchen liegen, ist das periphere Sehen auch bei geringer Helligkeit (bspw. in der Dämmerung oder Nacht) möglich. Da allerdings die Farbwahrnehmung deutlich vermindert ist, blinken bspw. auffällige Verkehrssignale oder besitzen einen starken Kontrast (schwarz-gelb).

Das periphere System deckt mehr als 99,9 % des Gesichtsfeldes ab, aber für seine Informationsverarbeitung stehen nur rund 50 % des Sehnervs sowie etwa 50 % der Fläche des Sehzentrums (visueller Kortex) zur Verfügung. In Bezug zu unserem Anwendungsfeld Sport gilt, dass über das periphere Sehen der Sportler bspw. im Mannschaftsspiel die Informationen über die Positionen und Bewegungen seiner Mitspieler und Gegner mit seinen eigenen Bewegungen koordinieren muss.

Am Ende dieses Abschnitts soll noch auf das *räumliche Sehen* auch *Tiefensehen* eingegangen werden, da es in vielen Sportarten leistungsbeeinflussend ist. Das gilt bspw. für das richtige Abschätzen von Entfernungen (Distanz zur Slalomstange oder zum Weitsprungbalken oder zum Gegner im Kampfsport).

Obwohl Bilder auf unserer Netzhaut zweidimensional ankommen, haben wir einen guten „Blick" für drei Dimensionen. Dies liegt an den zusätzlichen Auswertungen von Informationen, die das visuelle System vornimmt – etwa Schatten,

Überlagerungen von Objekten und Erfahrungswerte über Größen von Gegenständen und Personen. Weitere Hinweise zur Tiefe des Raumes erhält das Gehirn über die Position der Augäpfel beim Fixieren eines Punktes sowie durch das stereoskopische Sehen, also die Tatsache, dass im Gehirn die zwei Bilder aus den Augen zu einem zusammen gefügt werden (◘ Abb. 2.6).

- **Titmus-Test**

Das räumliche Sehvermögen lässt sich bspw. durch den Titmus-Test überprüfen (◘ Abb. 2.7).

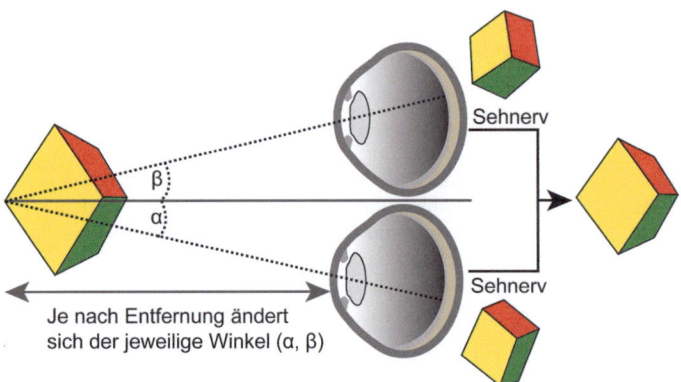

◘ **Abb. 2.6** Prinzip des stereoskopischen Sehens. Das stereoskopische Sehen basiert darauf, dass beide Augen synchron sehen, wobei die Winkel α und β fast identisch sind

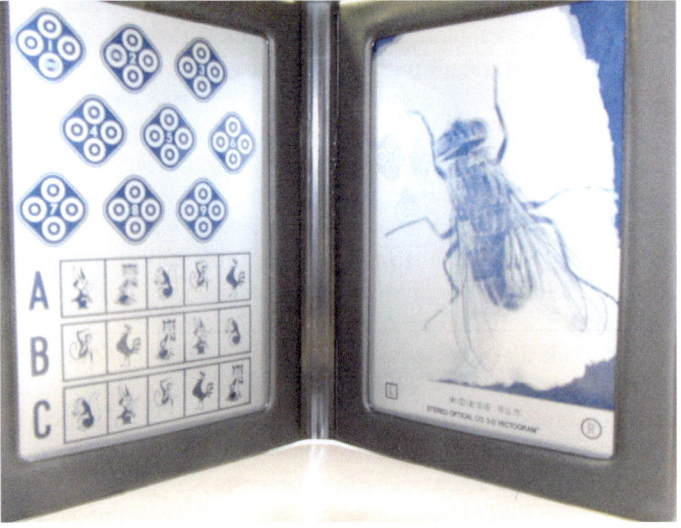

◘ **Abb. 2.7** Titmus-Test zur Überprüfung des räumlichen Sehvermögens. Die teilweise unscharfe Darstellung resultiert aus der zweidimensionalen Grafik der dreidimensionalen Darstellung. Erläuterungen siehe Text

2.1 · Sensorische Systeme

Werden Kinder hinsichtlich ihres räumlichen Sehvermögens getestet, sind die Fliege oder die Tiere auf dem Bild links unten (vgl. ◘ Abb. 2.7) zu verwenden. Kleine Kinder wollen nach der Fliege greifen oder haben Angst. Größere Kinder können in den drei Reihen A–C erkennen, dass eins der Bilder räumlich ist, d. h. scheinbar nach „vorn" kommt. Das Gleiche gilt auch für die Zylindergruppen oben. Jeweils einer der vier Zylinder in jedem Quadrat scheint weiter „vorn" als die anderen drei Zylinder zu liegen. Da mit jedem Quadrat der Unterschied kleiner wird, kann mit diesem Test auch die Leistungsfähigkeit des räumlichen Sehens beurteilt werden.

2.1.2 Das vestibuläre System

Das vestibuläre System ist für die Aufrechterhaltung des Gleichgewichts notwendig. Ohne dieses System wären wir nicht in der Lage aufrecht zu gehen oder zu sitzen.

Der Vestibularapparat befindet sich neben der Cochlea (Hörschnecke) im Innenohr und kann durch Sinneshaarzellen translatorische und rotatorische Beschleunigungen des Kopfes in bioelektrische Signale umwandeln. Er besteht aus fünf Organen: drei Bogengangsorgane (für Rotationsbeschleunigungen des Kopfes) und zwei Maculaorgane, Sacculus und Utriculus, (für Translationsbeschleunigungen des Kopfes). In beiden Organtypen führen die jeweiligen Beschleunigungen zur Auslenkung von Haarzellen (vgl. ◘ Abb. 2.8). Diese werden über den afferenten Vestibularisnerv in das Rückenmark geleitet, wo sie zusammen mit Signalen des visuellen und des propriozeptiven Systems verarbeitet werden. Die Verschaltung des Vestibularapparates mit den Augenmuskeln ist wichtig für ein scharfes stabiles Sehen bei gleichzeitiger Kopfbewegung. Weiterhin wird durch die

> Der Vestibularapparat ist für die Aufrechterhaltung des Gleichgewichts zuständig. Er besteht aus fünf Organen: drei Bogengangsorgane (für Rotationsbeschleunigungen des Kopfes) und zwei Maculaorgane (für Rotationsbeschleunigungen des Kopfes).

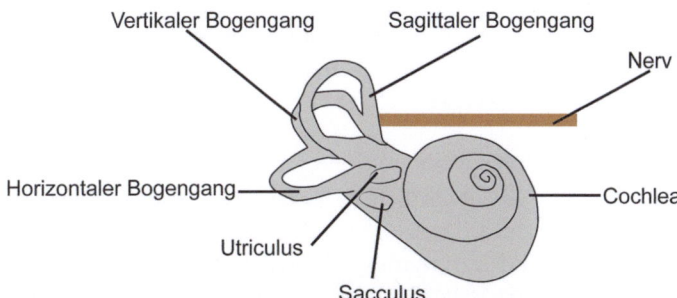

◘ **Abb. 2.8** Vestibularapparat im Innenohr. Die mit einer speziellen Flüssigkeit gefüllten drei senkrecht aufeinanderstehenden Bogengänge erfassen die drei Komponenten der Rotationsbeschleunigung des Kopfes. Sacculus und Utriculus, die ebenfalls senkrecht aufeinanderstehen, erfassen die translatorische Beschleunigung des Körpers im Raum

Verschaltung des vestibulären Systems mit dem visuellen System und den somatosensorischen Systemen das Halten des Gleichgewichts im Stand als auch in der Bewegung möglich. So löst beim aufrechten Stand die Erdbeschleunigung spezifische Signale in den Maculaorganen aus. Diese Information über die Lage des Kopfes wird ergänzt durch visuelle Informationen und Informationen der Muskelspindeln der Hals- und Rumpfmuskeln sowie der Muskeln der unteren Extremitäten, wodurch eine kontinuierliche Haltungskontrolle gewährleistet wird.

Zur Überprüfung der Gleichgewichtsfähigkeit können unterschiedliche Tests bzw. Untersuchungsverfahren eingesetzt werden:

- Motorische Tests, wie bspw. der Gleichgewichtstest (GGT) nach Wydra (1993) und Berg-Balance-Scale nach Berg et al. (1989) bei denen mit Hilfe von mehreren Teiltests die Gleichgewichtsfähigkeit unter verschiedenen Bedingungen untersucht wird.
- Untersuchungen auf der Kraftmessplatte (Aufzeichnung der Trajektorien des center or pressure (COP) des Standes unter verschiedenen Bedingungen mit verschiedenen mathematisch-statistischen Auswertemethoden).
- Verwendung von computerbasierten Gleichgewichtsgeräten, wie bspw. Balance Master der Firma NeuroCom.

2.1.3 Das somatosensorische System

> Das somatosensorische System ermöglicht eine Unterscheidung von mechanischen Reizen nach ihrer Lokalisation, Entstehung und Beschaffenheit. Die Sensoren und freien Nervenendigungen finden wir in der Haut, in den Sehnen und in den Gelenken.

Das somatosensorische System (griech. soma = Körper, latein. sensus = Sinn) besteht aus über das gesamte Körpergewebe verteilten Rezeptoren, aus afferenten Nervenfasern (die in das ZNS eintretenden Nervenfasern) und aus den verarbeitenden Zentren des Gehirns. Es ermöglicht eine Unterscheidung von mechanischen Reizen nach ihrer Lokalisation, Entstehung und Beschaffenheit. Die Rezeptoren und auch freie Nervenendigungen finden wir in der Haut, in den Sehnen und in den Gelenken. Nachfolgend sollen diese verschiedenen Rezeptoren kurz besprochen werden.

- **Muskellängensystem**

Die hierfür verantwortlichen Rezeptoren werden Muskelspindeln genannt, welche parallel zu den Muskelfasern angeordnet sind. So werden Muskellänge und deren Änderung in bioelektrische Signale übersetzt und durch afferente Nervenfasern an die zuständigen Areale des ZNS weitergeleitet (◘ Abb. 2.9). Muskelspindeln schützen Muskeln auch vor Überdehnung. Wird ein Muskel plötzlich überdehnt, lösen sie den so genannten Dehnungsreflex aus, wodurch sich der Muskel wieder zusammenzieht (z. B.: Patellarsehnenreflex).

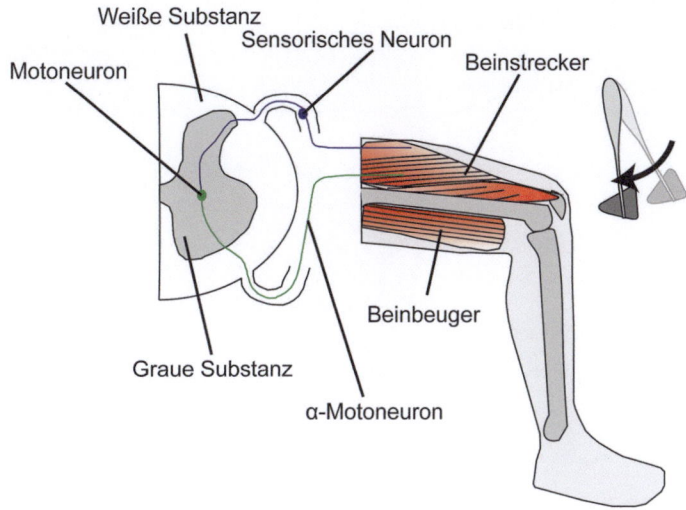

Abb. 2.9 Funktionsweise des Muskellängensystems am Beispiel des Patellarsehnenreflexes

- **Golgi-Sehnenorgan**

Das Golgi-Sehnenorgan wurde 1898 nach seinem Entdecker, dem italienischen Pathologen Camillo Golgi, benannt. Dieses System (auch Golgi-Sehnensystem) ist eine Art Nervengeflecht, das der Messung und Regelung der Muskelspannung dient. Es befindet sich am Übergang zwischen Muskel und Sehne und ist zusammen mit den Muskelspindeln für die Wahrnehmung der Muskulatur zuständig (siehe Abb. 2.10). Eine Erhöhung der Muskelspannung bewirkt eine Anspannung der Sehne. Dadurch werden die Nervenfaserenden, welche die Sehnenfasern durchziehen, komprimiert und ein Aktionspotenzial ausgelöst. Dieses wird über Ib-Nervenfasern ins Rückenmark übermittelt, wo es auf mehrere Interneurone im Vorderhorn des Rückenmarks übertragen wird. Diese Interneurone hemmen die Aktivität des Motoneurons des Muskels (autogene Hemmung) und steigern diejenige des Antagonisten. Ziel dieses Reflexes ist es, die Spannung des Muskels in einem optimalen Bereich zu halten. In Extremsituationen schützt er den Muskel vor Überlastung.

- **Gelenkrezeptoren**

Gelenkrezeptoren erfassen Stellung, Bewegung und Belastung von Gelenken, wobei es verschiedene Typen gibt, die sich in der Gelenkkapsel, in den Gelenkbändern und im Gelenkknorpel befinden. Beispielsweise liegen Ruffini-Rezeptoren in der Gelenkkapsel und messen die Gelenkstellung. Aber auch Muskelspindeln tragen zur Ermittlung des Bewegungssinns bei. Interessant ist, dass die Lage der Gelenke im Körper und die

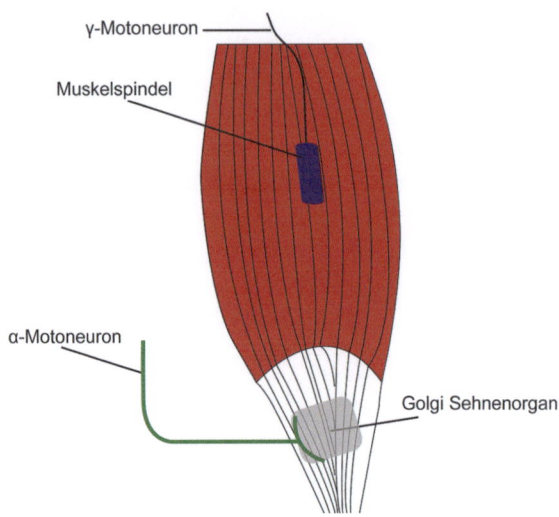

Abb. 2.10 Zusammenwirken von Muskelspindel und Golgi-Sehnenorgan

Schnelligkeit der Bewegung die Genauigkeit der Gelenkwinkelbestimmung beeinflussen: Sehr schnelle und sehr langsame Gelenkbewegungen werden ungenauer gemessen als mittelschnelle. Langandauernde und sehr kurzdauernde Bewegungen werden ungenauer gemessen als mittellange Bewegungen. Beugebewegungen werden genauer gemessen als Streckbewegungen. Bewegungen in der Nähe der Körpermitte werden genauer registriert als Bewegungen an der Peripherie des Körpers. Aktive Bewegungen können präziser bestimmt werden als passive, und Bewegungen vor dem Rumpf genauer als neben oder hinter dem Rumpf. Auch der „Kraftsinn" ist eine Leistung der Gelenkrezeptoren; so können Gewichtskräfte mit einem Unterschied von 10 % „erkannt" werden, wobei körpernahe (proximale) Gelenke Kräfte genauer messen als körperferne (distale) Gelenke an Armen und Beinen.

- **Mechanorezeptoren in der Haut**

In der Haut befinden sich unterschiedliche Rezeptoren für die Aufnahme von mechanischen Reizen, wie Druck, leichte Berührung, Dehnung und Vibration:
- SA-I-Rezeptoren reagieren auf lang andauernden Reiz (z. B.: Gewicht).
- SA-II-Rezeptoren reagieren auf langsame Reize, insbesondere auf Dehnung.
- RA-Rezeptoren reagieren nur auf Bewegungen bzw. Veränderungen der Reizstärke.

- PC-Rezeptoren reagieren am schnellsten, insbesondere auf Geschwindigkeitsänderungen (Beschleunigungen).

Die Dichte der Mechanorezeptoren ist an der Hautoberfläche sehr unterschiedlich. Während die Größe des rezeptiven Feldes auf der Haut der Fingerkuppe ca. 1,5 mm² beträgt, ist diese auf dem Rücken mehrere Quadratzentimeter. Das bedeutet für die räumliche Auflösung mechanischer Reize, dass zwei Reize an der Fingerkuppe bei einem Abstand von 1–2 mm noch getrennt wahrgenommen werden können, auf dem Rücken ist dies nur bei einem Abstand von 7 cm der Fall (Wiemann und Jöllenbeck 1998/1999). Es muss bemerkt werden, dass es noch weitere Sensoren für den Tastsinn gibt, die auch morphologisch beschreibbar sind, aber nicht eindeutig einer Funktion zugeordnet werden können (Schmidt und Schaible 2006).

- **Thermorezeptoren oder Warm- und Kaltsensoren**

Zur Wahrnehmung der Temperatur gibt es Thermorezeptoren in der Haut (Registrierung der Umgebungstemperatur) und im Körperinneren (Registrierung der körpereigenen Temperatur). Man unterscheidet Wärmerezeptoren, bei denen die Frequenz des Aktionspotenzials mit Erhöhung der Temperatur steigt, und Kälterezeptoren, bei denen die Frequenz mit dem Absinken der Temperatur steigt.

Wenn die Hauttemperatur über 42 °C steigt oder die Temperatur unter 20 °C sinkt, werden Nozizeptoren aktiviert. Diese vermitteln uns die Empfindung „schmerzhaft heiß" bzw. „schmerzhaft kalt" (Schmidt und Schaible 2006).

2.2 Neurophysiologische Grundlagen

2.2.1 Das Nervensystem

Die strukturelle und funktionelle Grundeinheit des Nervensystems ist die Nervenzelle, die von Heinrich W. G. Waldeyer (1836–1921) als Neuron bezeichnet wurde. Das Neuron wird als eine auf Erregungsleitung und Erregungsübertragung spezialisierte Zelle verstanden und kommt nahezu in allen vielzelligen Lebewesen vor. Die Gesamtheit aller Nervenzellen eines Lebewesens wird als Nervensystem bezeichnet. Bezüglich ihrer Funktion können Neurone in drei Gruppen eingeteilt werden:

a) Sensorische Neurone (afferente Nervenzellen) leiten die Informationen aus den unterschiedlichen Sensoren an das Gehirn bzw. Rückenmark.

> Es gibt generell drei verschiedene Typen von Nervenzellen: sensorische Neurone, Motoneurone und Interneurone. Entsprechend der anatomischen Gliederung unterscheidet man zwischen dem zentralen und dem peripheren Nervensystem.

b) Motoneurone (motorische oder efferente Nervenzellen) erhalten ihre Impulse vom Gehirn oder Rückenmark und leiten diese weiter an die Muskeln oder an Drüsen zur Ausschüttung von Sekreten und Hormonen.
c) Interneurone (auch Schaltneurone oder Zwischenneurone genannt) verarbeiten Informationen in lokalen „Schaltkreisen", wodurch Signale über größere Distanzen an andere Bereiche des Gehirns bzw. Körpers übertragen werden können.

Allgemein hat ein typisches Neuron (vgl. Abb. 2.11) eines Säugetiers einen Zellkörper und zwei verschiedene Zellfortsätze: Dendriten und Neuriten (auch Axone). Die oft stark verzweigten Dendriten nehmen die Erregung anderer Zellen auf, durch die Neurite erfolgt die Fortleitung zu anderen Nervenzellen. Dabei kann der Neurit von Gliazellen umhüllt sein (Axon).

Gliazellen

Gliazellen grenzen sich strukturell und funktionell von den Nervenzellen ab. Sie umhüllen die Axone und dienen sowohl als Stützgerüst der Nervenzellen als auch der elektrischen Isolation. Im Gehirn sind sie am Stofftransport, Flüssigkeitsaustausch und an der Aufrechterhaltung der Homöostase (Gleichgewichtszustand) beteiligt. Weiterhin wirken sie aber auch bei der Signalverarbeitung, -speicherung und -weiterleitung mit. Aktuell kann aber die Bedeutung, bspw. für zelluläre Lernprozesse, noch nicht vollständig abgeschätzt werden. Gliazellen sind meist kleiner als Neurone und es befinden sich mehr Gliazellen als Neurone im Gehirn.

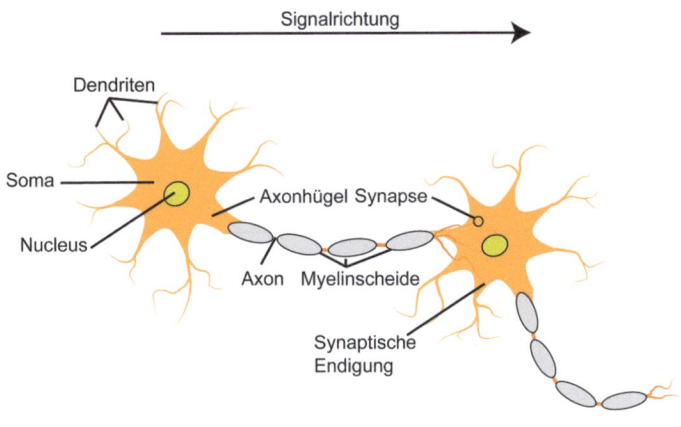

Abb. 2.11 Signalübertragung zwischen zwei Neuronen

2.2 · Neurophysiologische Grundlagen

Die Enden des Axons stehen über Synapsen im Kontakt zu anderen Nervenzellen, Muskelzellen oder Drüsenzellen. Die Übertragung erfolgt mittels Botenstoffen (Neurotransmittern). Die Weiterleitung an einen Muskel ist in der ◘ Abb. 2.12 dargestellt. Dabei wird der funktionelle Verbund zwischen einem im Vorderhorn des Rückenmarks gelegenen motorischen Neurons und der von ihm innervierten (=angeregten, mit Nervenreizen versorgten) Muskelfasern als motorische Einheit bezeichnet. Die Anzahl der innervierten Muskelfasern richtet sich danach, ob es sich um eine feinabgestufte und kleinräumige Bewegung (kleine motorische Einheit mit 3–10 Muskelfasern pro α-Motoneuron, Beispiel: Steuerung der Augen und Fingermuskulatur) handelt oder ob der Muskel größere grob abgestufte Kräfte großräumig entwickeln soll (große motorische Einheit mit 2000 Muskelfasern pro α-Motoneuron, Beispiel: Oberschenkel- oder Rückenstrecker). Dabei reguliert die Entladungsfrequenz des Motoneurons (Frequentierung) die weitere Feinabstufung der Bewegung. Die Steuerung der motorischen

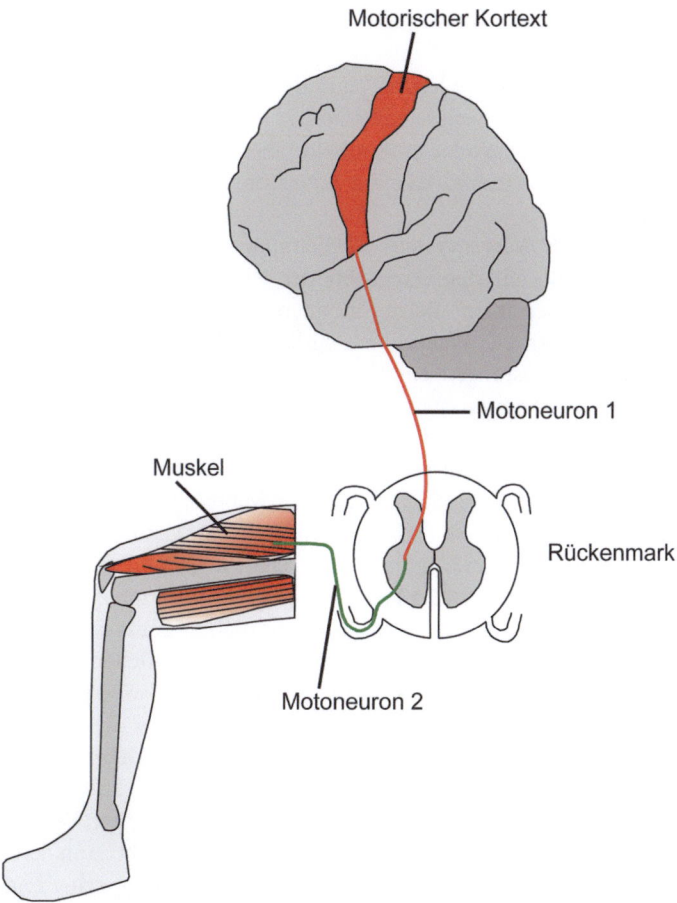

◘ **Abb. 2.12** Motorische Einheit und Signalübertragung an den Muskel

Einheiten zur Grobstufung der muskulären Koordination wird als Rekrutierung bezeichnet.

- **Motoneurone**

α-Motoneurone innervieren Skelettmuskelfasern außerhalb der Muskelspindeln (extrafusal). Große α-Motoneurone können sich auf Grund ihres größeren Axondurchmessers und hoher Erregungsgeschwindigkeiten schnell an eine Erregung anpassen. Kleinere α-Motoneurone mit geringerem Axondurchmesser innervieren dagegen die langsam kontrahierenden Muskelfasern.

γ-Motoneurone sind kleiner als α-Motoneurone und innervieren die Muskelfasern in den Muskelspindeln (intrafusal). Durch die Aktivität der γ-Motoneurone kontrahieren die Muskelspindel-Enden, wodurch die Muskelspindeln gleichermaßen sensitiv für passive Dehnungen bei Muskelverkürzungen bleiben.

β-Motoneurone innervieren die Muskelfasern sowohl außerhalb als auch innerhalb der Muskelspindeln.

Das Nervensystem lässt sich unter zwei verschiedenen Aspekten gliedern:
- Anatomische Gliederung: zentrales Nervensystem (ZNS) und peripheres Nervensystem (PNS)
- Physiologische oder funktionelle Gliederung: somatisches Nervensystem und vegetatives Nervensystem

Das **zentrale Nervensystem (ZNS)** umfasst das Gehirn und das Rückenmark. Zu den Aufgaben des ZNS gehört die Integration aller „sensiblen" Reize, die afferent von innen oder außen zugeleitet werden. Weiterhin koordiniert das ZNS alle motorischen Eigenleistungen des Organismus und reguliert alle dabei ablaufenden innerorganischen Abstimmungsvorgänge. Dies betrifft sowohl die Organe, Organteile als auch den hormonellen Austausch. Konkret ausgedrückt bedeutet dies bspw. die Kontrolle von Körperhaltung und Bewegung, die Koordination aller lebensnotwendigen Prozesse (z. B.: Atmung, Schlaf), Verarbeitung aller Reize von außen und innen (z. B. visuelle Reize), alle kognitiven Funktionen (Sprache, Denken, ...), aber auch Emotionen.

In Bezug auf das Gewebe unterteilt man in graue und weiße Substanz. Die graue Substanz besteht im Wesentlichen aus den Nervenzellkörpern und befindet sich im Gehirn außen und im Rückenmark innen. Zur weißen Substanz gehören die Nervenzellfasern (Dendriten und Axone). Sie sind im Gehirn innen und im Rückenmark außen lokalisiert.

Allgemein kann gesagt werden, dass das **periphere Nervensystem (PNS)** alle Nervenfasern umfasst, die nicht zum ZNS gehören. Allerdings ist eine strikte Abgrenzung schwierig, da motorische und vegetative Neurone ihren Zellkörper im ZNS haben, deren Fortsätze aber bis ins PNS reichen. Sensible

2.2 · Neurophysiologische Grundlagen

Neurone haben dagegen ihre Zellkörper fast ausnahmslos in Ganglien (Nervenknoten) außerhalb des ZNS, wobei ihre Fortsätze bis ins ZNS reichen können.

Das *somatische Nervensystem* regelt die Funktionen, die der Beziehung zur Außenwelt dienen, also der willkürlichen und reflektorischen Motorik und der Oberflächen- und Tiefensensibilität.

Das *autonome (vegetative) Nervensystem* kontrolliert die „Vitalfunktionen", wie Herzschlag, Atmung, Blutdruck, Verdauung und Stoffwechsel. Außerdem werden Sexualorgane und das Blutgefäßsystem vom autonomen Nervensystem beeinflusst.

2.2.2 Die Informationsleitung

Die Informationsverarbeitung im Nervensystem ist vereinfacht im nachfolgenden Schema (◘ Abb. 2.13) dargestellt.

Das menschliche Gehirn besteht aus 100 Mrd. Nervenzellen, wobei jede Nervenzelle mit mehr als 1000 anderen Nervenzellen verbunden ist.

Über afferente Nervenbahnen wird das sensorische Signal zum Gehirn geleitet. Interneurone integrieren und verarbeiten alle ankommenden Signale. Motoneurone leiten dann das Output-Signal des ZNS über efferente Bahnen weiter und kommunizieren mit den Effektorzellen, bspw. indem ein Muskel innerviert wird.

Die Informationsverarbeitung findet nicht nur im Gehirn, sondern auch im Rückenmark statt. Wie die ◘ Abb. 2.14 zeigt, bildet die graue Substanz des Rückenmarks eine schmetterlingsförmige Struktur. Diese resultiert daraus, dass das Rückenmark nicht nur aus Nervenfasern besteht, sondern auch aus vielen Nervenzellkörpern, die wiederum weitere Nervenfasern ausbilden (Beck et al. 2016). Den vorderen bauchseitigen (ventralen)

Während afferente Nervenbahnen sensorische Signale zum ZNS leiten und efferente Nervenbahnen die verarbeiteten Signale zu den Effektorzellen leiten, erfolgt die Signalverarbeitung im Gehirn und im Rückenmark. Reflexe lassen sich als direkte sensorisch-motorische Verschaltungen darstellen.
Synapsen übertragen die Erregung, können Signalübertragungen modulieren und Informationen speichern.

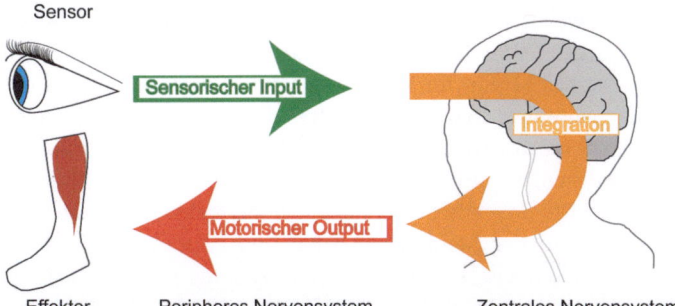

◘ **Abb. 2.13** Schematische Darstellung der Informationsverarbeitung im Nervensystem. Sensorische Reize werden durch afferente Nervenbahnen zum ZNS geleitet. Die dort verarbeiteten Signale werden von den efferenten Nervenbahnen zum Effektor (Muskel) geleitet

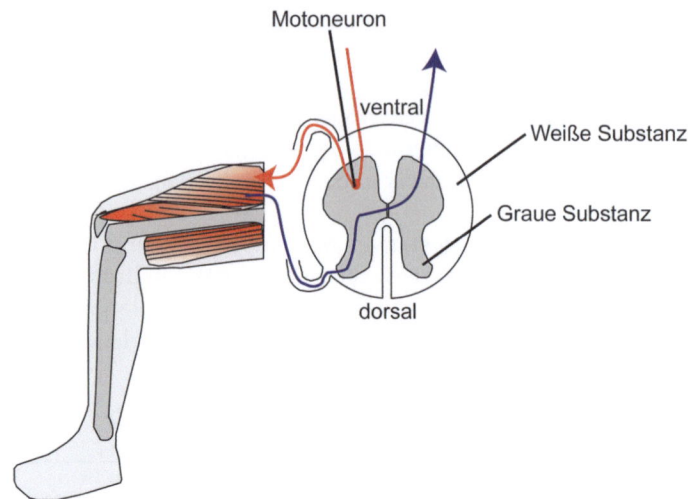

Abb. 2.14 Aufbau des Rückenmarks auf zellulärer und funktionaler Ebene

breiteren Teil bezeichnet man als Vorderhorn, das die motorischen Nervenzellen enthält, die bis zu den Muskeln führen. Hier enden die Impulse der aus dem Gehirn kommenden Bahnen (Pyramidenbahn und extrapyramidale Bahnen) sowie die Impulse der Muskelreflexe und werden als „gemeinsame motorische Endstrecke" zum Erfolgsorgan – der Skelettmuskulatur – weitergeleitet. Der hintere rückenseitige (dorsale) schmalere Bereich wird Hinterhorn genannt und enthält die sensiblen Nervenfasern.

Auf dieser Wissensgrundlage können wir nun die Informationsleitung von Reflexen beschreiben (vgl. Abb. 2.15).

Für die Nervenweiterleitung (Impulsleitung) spielt das Myelin eine wichtige Rolle. Myelin ist eine Biomembran, welche die Axone der meisten Nervenzellen von Wirbeltieren spiralförmig umgibt und so Myelinscheiden bildet (Abb. 2.16). Auf Grund des hohen Lipidgehalts (70 %) und des relativ geringen Proteinanteils (30 %) erscheint das Myelin im Mikroskop weiß, woraus der Begriff der weißen Substanz (Axone, Dendrite) resultiert. Auch die schnell leitenden sensorischen und motorischen Axone des peripheren Nervensystems sind myelinisiert. Das Myelin wird von Gliazellen gebildet. Die Myelinscheide dient der Senkung des Membranleitwerts und der Membrankapazität und ermöglicht damit die besonders schnelle saltatorische (sprunghafte) Erregungsleitung. Nervenfasern mit stark ausgebildeten Myelinscheiden sind besonders mechanisch, aber auch elektrisch gut gegenüber dem umgebenden Milieu geschützt. Dadurch wird die Leitgeschwindigkeit des Aktionspotenzials erheblich erhöht. So kann mit einem 15 µm dicken myolinisierten Axon eine Leitgeschwindigkeit von

2.2 · Neurophysiologische Grundlagen

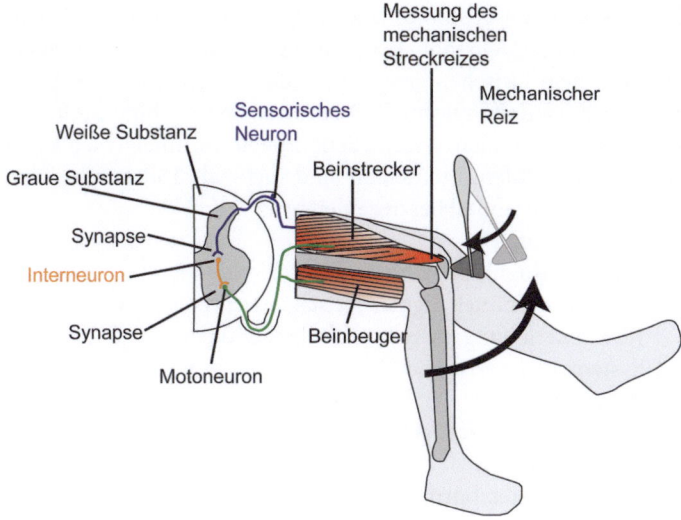

◘ **Abb. 2.15** Schematische Darstellung der Informationsleitung beim Kniesehnenreflex (Patellarsehnenreflex)

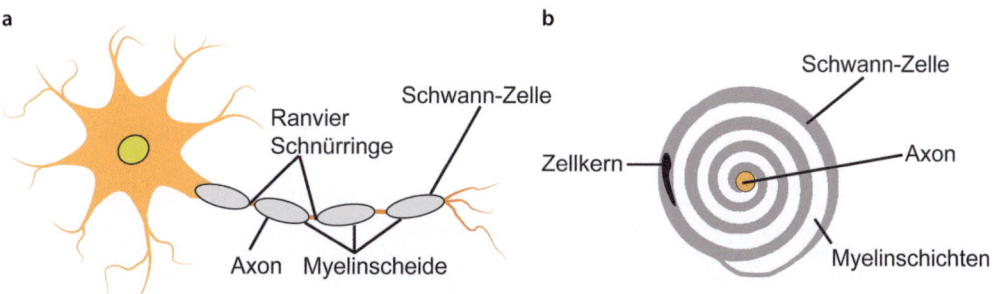

◘ **Abb. 2.16** Myelinscheide am Axon. a) Gesamtansicht, b) Darstellung des Querschnitts einer Schwann-Zelle

150 m/s erzielt werden, mit einem nicht myolinisierten Axon dagegen nur eine Geschwindigkeit von 3 m/s (Beck et al. 2016).

Generell kann das Rückenmark auch ohne das Gehirn schnelle Reaktionsantworten in Form von Reflexen über die Ganglien (Nervenknoten) erzeugen. Ein Beispiel hierfür ist die Verhinderung des Stolperns. Die plötzliche Längenänderung des Muskels wird registriert und verarbeitet und entsprechende Effektorsignale auf kürzestem Weg ausgesandt (Beck et al. 2016).

Synapsen sind neuronale Verknüpfungen, über die eine Nervenzelle in Kontakt mit einer anderen Zelle (Sinneszelle, Muskelzelle, Drüsenzelle oder andere Nervenzelle) steht. Synapsen übertragen die Erregung, können Signalübertragungen modulieren und Informationen speichern. Das Gehirn eines Erwachsenen kann bis zu 100 Billionen Synapsen enthalten. Eine Nervenzelle kann etwa 1000 synaptische Kontakte ausbilden und ihrerseits etwa 10.000 Verbindungen empfangen. Entsprechend ihrer Arbeitsweise gibt es chemische und elektrische Synapsen, wobei die Mehrzahl chemischer Natur ist. Weiterhin unterscheidet man zwischen erregenden und hemmenden Synapsen. Eine wichtige Rolle spielen die Neurotransmitter (Botenstoffe des Gehirns). Sie können verschiedene Effekte in unterschiedlichen Zellen hervorrufen. Momentan sind mehr als 100 verschiedene Transmitter bekannt. Hierzu zählen bspw.:

- Acetylcholin
  Im ZNS: Kognition, Lernen, Antrieb
  Im PNS: vermittelt Signale zwischen Nerven und Muskeln; Reizweiterleitung im sympathischen und parasympathischen System; meist erregend
- Adrenalin
  Im ZNS: noch nicht genau bekannt, wahrscheinlich Blutdruckregulation
  Im PNS: „Stresshormon" im sympathischen System; erregend und hemmend
- Noradrenalin
  Im ZNS: Aufmerksamkeit, Motivation, Emotion
  Im PNS: „Stresshormon" im sympathischen System (Kampf oder Flucht); erregend und hemmend
- Dopamin
  Im ZNS: Bewegungssteuerung, „Belohnungssystem" (auch Drogenwirkung), Motivation, Arbeitsgedächtnis (siehe auch unten)
  Im PNS: Steuer- und Regelvorgänge (u. a. Durchblutung der Organe); meist hemmend
- Glutamat
  Im ZNS: wichtigster erregender Neurotransmitter; an fast allen Hirnfunktionen beteiligt: Sinneswahrnehmung, Bewegungssteuerung, Lernen, Gedächtnis
  Im PNS: erregend (Hacke 2016)

2.2.3 Willkürliche und unwillkürliche Motorik

Bewegungen können grob in drei Klassen eingeteilt werden: Reflexe, automatische oder automatisierte Bewegungen als unwillkürliche Motorik und die Willkürmotorik.

Generell lassen sich zwei Arten der (motorischen) Kontrolle von Bewegungen unterscheiden: Regelung und Steuerung. Bei der Regelung (Feedback Control) wird auf der Basis sensorischer Rückmeldungen ein Kontrollsignal generiert. Dies ist entweder während der Bewegungsausführung (online) oder nach der Bewegungsausführung (offline) möglich. Die Steuerung (Feedforward Control) ist hingegen eine Form der Kontrolle, die auf der Ausführung eines vorher formulierten Bewegungsplans basiert. Beide Prozesse können auch parallel verlaufen. Diese Kontrollmechanismen sind in der willkürlichen und unwillkürlichen Motorik unterschiedlich ausgeprägt.

2.2 · Neurophysiologische Grundlagen

Bewegungen können grob in drei Klassen eingeteilt werden: Reflexe, automatische oder automatisierte Bewegungen (unwillkürliche Motorik) und die willkürliche Motorik (Konczak 2003).

- **Reflexe**

Reflexe sind stereotype Bewegungsmuster, die durch sensorische Stimuli ausgelöst werden. Sie sind unwillkürlich und können damit nicht oder nur eingeschränkt willentlich beeinflusst werden. Beispielhaft wären zu nennen: Husten, Lidschlag und Kniesehnenreflex. Die Latenzzeit liegt zwischen 10 ms und 120 ms. Dabei handelt es sich um subkortikale Bewegungsmuster, die spinal (durch das Rückenmark) oder durch den Hirnstamm aktiviert werden. Wie stark die Reflexantwort ist, wird auch von supraspinalen Zentren beeinflusst. Unter dem supraspinalen motorischen System versteht man alle oberhalb des Rückenmarks gelegenen motorischen Systeme. Hierzu zählen die für die Willkürmotorik verantwortlichen Systeme mit der Pyramidenbahn und das extrapyramidale System. Unter dem letzteren Begriff werden alle Prozesse verstanden, die sich auf solche Hirngebiete (System der Basalganglien) beziehen, die sich mit den Details willkürlicher Bewegungen beschäftigen. Das supraspinale System kann auch das spinale System blockieren. Das führt bspw. dazu, dass bei Querschnittslähmung auf Grund der fehlenden Blockierung durch motorische Systeme des Gehirns eine Spastik mit besonders starken Reflexen entsteht. Das pyramidale System ist in der ◘ Abb. 2.17 schematisch dargestellt. Man geht heute davon aus, dass zahlreiche Vernetzungen zwischen dem pyramidalen und dem extrapyramidalen System bestehen, weshalb aus motorischer Sicht eine starke Abgrenzung nicht sinnvoll erscheint. Unter klinischem Gesichtspunkt wird allerdings eine Unterscheidung vorgenommen, da Schädigungen der Pyramidenbahn zu Lähmungen führen und Schädigungen im extrapyramidalen System die Bewegungsdurchführung stören.

Motorische Reflexe können entsprechend der ◘ Tab. 2.2 eingeteilt werden. Detailliertere Beschreibungen zur Physiologie von Reflexen sind bspw. bei Lang und Lang (2007) zu finden.

Die einzelnen Reflexe basieren entweder auf dem monosynaptischen oder polysynaptischen Reflexborgen. Im Unterschied zum monosynaptischen Reflexbogen (vgl. Beispiel Kniesehnenreflex in ◘ Abb. 2.15) wird beim polysynaptischen Reflexbogen der Reiz über mehrere Synapsen übertragen. Polysynaptische Reflexbögen zeigen meist ein variables Antwortverhalten und eine längere Reaktionszeit als monosynaptische Reflexbögen und können in ihrem Antwortverhalten flexibler an die Reizsituation angepasst werden als diese.

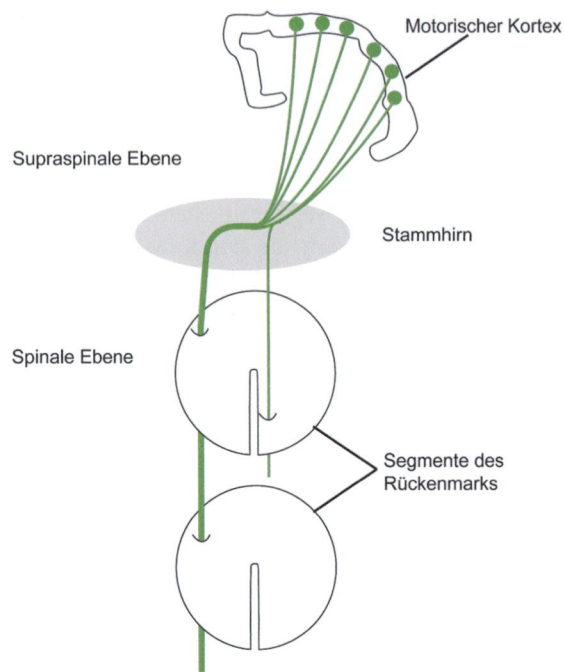

Abb. 2.17 Pyramidales System mit spinaler und supraspinaler Ebene

- **Automatische (automatisierte) Bewegungen**

Zu den automatischen oder automatisierten Bewegungen gehören rhythmische Bewegungsmuster, wie das Gehen, Laufen, Fahrradfahren oder Kauen. Sie werden meist im Verlauf des Lebens erlernt. Die Grundlage bilden Rhythmus- oder Mustergeneratoren, alternierende Zentren oder geschlossene Schleifen. Diese Bewegungen erscheinen meist unbewusst und werden damit ohne gerichtete Aufmerksamkeit ausgeführt (Wollny 2007).

- **Willkürbewegungen**

Unter Willkürbewegungen versteht man intendierte (beabsichtigte) geplante Bewegungen. Sie werden durch das komplexe, hierarchisch organisierte und mit Rückkopplungsschleifen auf allen Ebenen versehene neuronale System einschließlich der Verbindungen zur Muskulatur realisiert. Willkürbewegungen können entsprechend des Beherrschungsgrades der Bewegung automatisiert werden, laufen aber nicht unbewusst ab.

2.2 · Neurophysiologische Grundlagen

Tab. 2.2 Arten von motorischen Reflexen

Art des Reflexes	Erläuterungen	Beispiele
Primitive oder frühkindliche Reflexe	– Von Geburt bis zum 6./8. Lebensmonat – Verlieren sich mit zunehmender Ausreifung stammesgeschichtlich jüngerer Gehirnstrukturen – Überprüfung dieser Reflexe zur Beurteilung der Kindesentwicklung	– Hand- und Fuß-Greifreflex – Schreitreflex – Saugreflex – Schluckreflex
Unbedingte, unkonditionierte oder angeborene Reflexe	– Seit der Geburt oder im Verlauf des Lebens ausgebildet	– Lidschlussreflex – Speichelabsonderung – Schutzreaktionen – Kniesehnenreflex
Bedingte oder konditionierte Reflexe	– Nicht angeboren – Können erlernt werden – Häufige Anwendung bei Tierdressuren	– Pawlow'sches Hunde-Experiment – Erlernen von Schutzreflexen bei bestimmten Ausholbewegungen
Eigenreflexe	– Auslösender Reiz und Reflexantwort finden im selben Organ (oft Muskel) statt – Reizverschaltung in der Regel über das Rückenmark (monosynaptisch) – Bedeutung: auf Stöße u. Ä. erfolgt eine schnelle Gegenreaktion	– Knie- oder Patellarsehnenreflex – Achillessehnenreflex – Fingerbeugereflex
Fremdreflexe	– Das reizwahrnehmende Organ ist nicht das Organ oder der Muskel, der auf den Reiz reagiert – Polysynaptische Reizverarbeitung – Habituierbar (Reaktion auf Reiz kann sich allmählich verringern und dann ausbleiben)	– Kornealreflex oder Lidschlussreflex (Reizung der Hornhaut führt zum Schließen des Augenlides) – Schluckreflex, Würgreflex – Oft auch Fußsohlen- oder Plantarreflex
Koordinierte Reflexbewegungen	– Auf einen Reiz reagieren mehrere oder Gruppen von Organen (Drüsen, Herz, Darm, …) oder Muskeln – Sind in gewissem Rahmen steuerbar	– Saugreflex und Greifreflex des Säuglings – Mehrfache Reflexionen der Gelenke des Schwungbeines beim Gehen und Laufen – Extension im Handgelenk beim festen Zudrücken der Faust – Gefühlsmäßige Reaktionen

2.2.4 Aufbau und Struktur des Gehirns

Das Gehirn (lat.: Cerebrum) bildet zusammen mit dem Rückenmark das zentrale Nervensystem. Es besteht hauptsächlich aus Nervengewebe, wird von Hirnhäuten umhüllt und liegt geschützt in der Schädelhöhle.

Nachfolgend sollen die groben Strukturen des Gehirns (Abb. 2.18) kurz beschrieben werden. Generell kann das Gehirn in vier Bereiche gegliedert werden: Hirnstamm, Zwischenhirn, Großhirn und Kleinhirn. Ausführliche Darlegungen sind in vielen Lehrbüchern der Neurowissenschaften zu finden (z. B.: Beck et al. 2016, Hacke 2016, Costandi 2015, Dresler 2011, Schmidt und Schaible 2006).

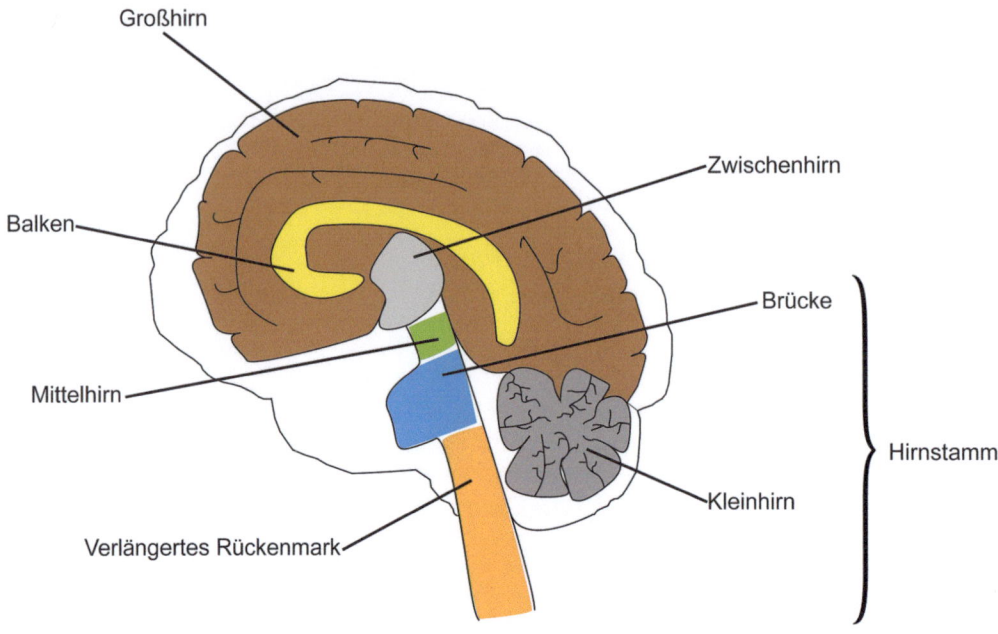

Abb. 2.18 Aufbau und Struktur des Gehirns (stark vereinfacht)

- **Hirnstamm**

Der Hirnstamm ist relativ klein (daumengroß), aber überlebenswichtig, da er wichtige Prozesse, wie Atmung, Kreislauf und Schlaf, reguliert. Er verbindet die Bestandteile des zentralen Nervensystems. So befinden sich oberhalb des Hirnstamms Zwischen- und Großhirn und dahinter das Kleinhirn. Nach unten geht der Hirnstamm in das Rückenmark über. Zum Hirnstamm gehören Mittelhirn, Brücke (Pons) und das verlängerte Rückenmark. Das Mittelhirn ist ein wichtiger Bestandteil des extrapyramidalen Systems. Erregungen der sensiblen Nerven werden vom Mittelhirn über das Zwischenhirn an das Großhirn weitergeleitet oder auf motorische Nervenzellen umgeschaltet. Das verlängerte Rückenmark, das den Sitz der Zentren zur Steuerung der Atmung, der Herzfrequenz, des Blutdrucks, aber auch des Schluck- und Hustenreflexes und des Nies- und Brechreizes darstellt, ist nicht mehr klar vom darunterliegenden Rückenmark abgegrenzt. Alle motorischen Befehle laufen durch den Hirnstamm. Zusammengefasst heißt das, dass der Hirnstamm einerseits die Teile des zentralen Nervensystems miteinander verbindet und andererseits viele unbewusste, aber lebensnotwendigen Prozesse steuert. Unter motorischem Aspekt ist der Hirnstamm das Zentrum der Halte- und Stützmotorik (Schmidt und Schaible 2006).

Zwischenhirn

Das Zwischenhirn befindet sich zwischen dem Hirnstamm und dem Großhirn. Es ist für die Balance zwischen den beiden Gegenpolen des vegetativen Nervensystems (Sympathikus und Parasympathikus) verantwortlich und steuert den Biorhythmus, wobei ein enges Wechselspiel mit dem Großhirn besteht. Teile des Zwischenhirns sind Thalamus, Hypothalamus, Epithalamus mit Epiphyse, Subthalamus und Metathalamus (◘ Abb. 2.19). Der *Hypothalamus* ist das wesentliche Steuerzentrum des vegetativen Nervensystems und bildet eine Reihe von Hormonen. Er ist die wichtigste Hirnregion für die Homöostase (Gleichgewicht und Aufrechterhaltung von Körpertemperatur, Blutdruck und osmotischer Konzentration in den Gewebeflüssigkeiten) und seiner Anpassung bei Belastung. Der *Thalamus* setzt sich aus mehreren Kerngebieten zusammen. Der Großteil aller sensorischen Informationen wird im Thalamus „verschaltet", hier erfolgt auch ein Trennen zwischen wichtigen und unwichtigen Informationen. Deshalb wird er auch als „Tor zum Bewusstsein" bezeichnet. Im *Subthalamus* erfolgt die Steuerung der Grobmotorik. Im *Epithalamus* befindet sich die Zirbeldrüse. Sie bildet das Hormon Melatonin und ist für den Biorhythmus verantwortlich. Für die Funktion des Metathalamus sind Seh- und Hörbahn wesentlich.

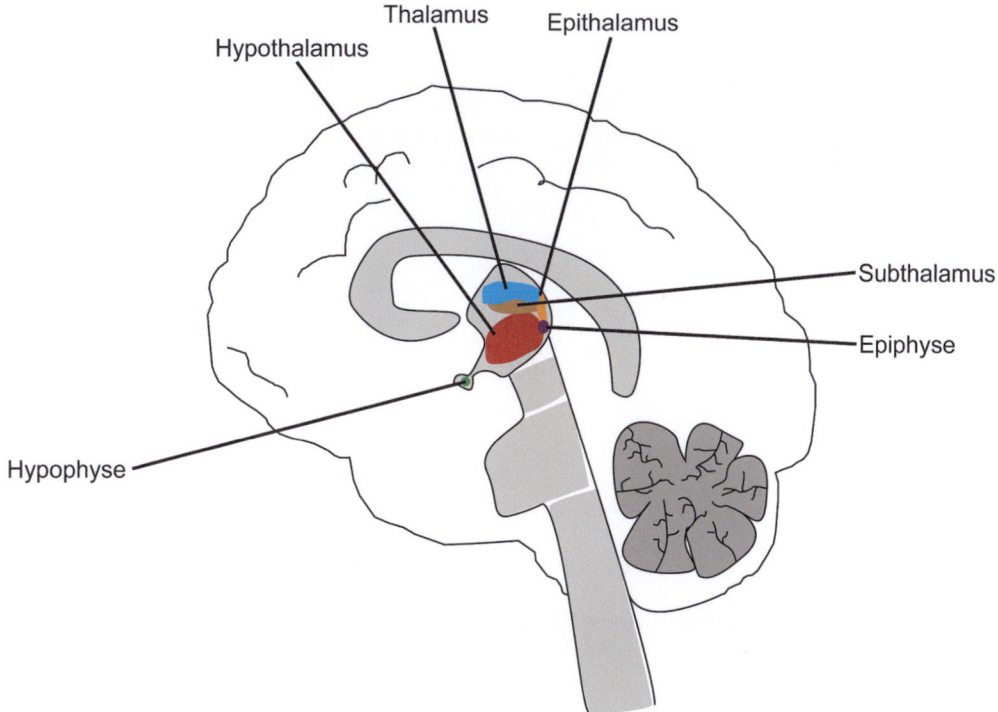

◘ **Abb. 2.19** Teile des Zwischenhirns

Großhirn

Das Großhirn (lat.: Telencephalon) ist der größte und komplexeste Teil des Gehirns und ist die am höchsten entwickelte Struktur des Säugetiergehirns. Es analysiert die sensorischen Informationen und sendet die motorischen Befehle aus. Aber auch viele andere Zentren sind im Großhirn zu finden (siehe ◘ Abb. 2.20), wie bspw. das Sprachzentrum.

Die zwei Hälften (Hemisphären) des Großhirns sind durch einen Spalt getrennt und über Fasern des Balkens miteinander verbunden. Man unterscheidet zwischen dominanter und nichtdominanter Hemisphäre. In der dominanten (meist linken) Hemisphäre befindet sich das Sprachenzentrum; diese Hemisphäre ist auch verantwortlich für das logisch-rationale Denken im Unterschied zur nichtdominanten Hemisphäre, die auf nonverbale Kommunikation, musische und emotionale Eigenschaften und Prozesse spezialisiert ist. Jede Hemisphäre hat vier Lappen (siehe ◘ Abb. 2.20). Das Großhirn ist stark zerfurcht, wodurch seine Oberfläche im Vergleich zum Volumen sehr groß ist. Diese Furchen und Windungen sind äußerlich markant.

Eine innere Gliederung des Großhirns wird im Allgemeinen folgendermaßen vorgenommen: Rinde (graue Substanz), Mark (weiße Substanz) und Basalganglien (Großhirnkerne).

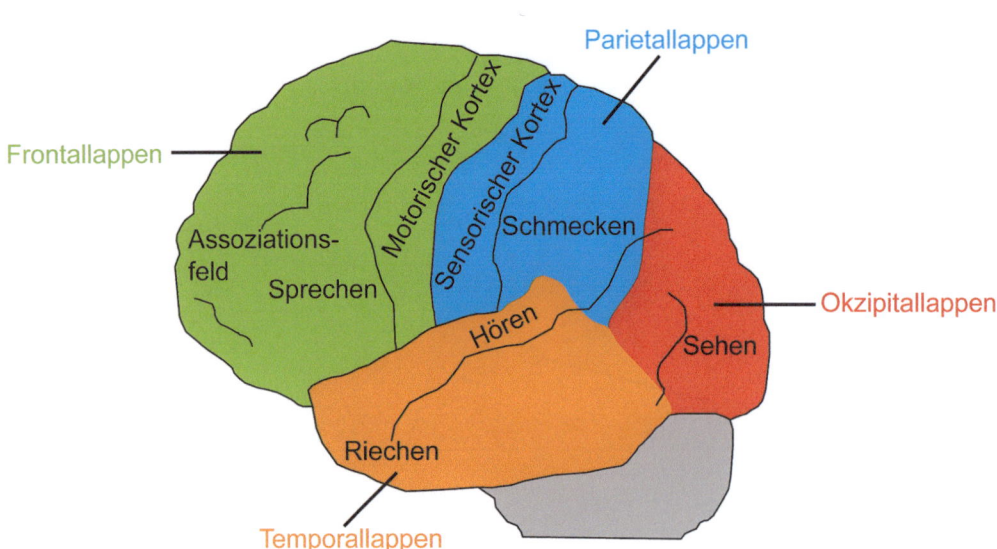

◘ Abb. 2.20 Struktur der dominanten Hemisphäre des Großhirns

2.2 · Neurophysiologische Grundlagen

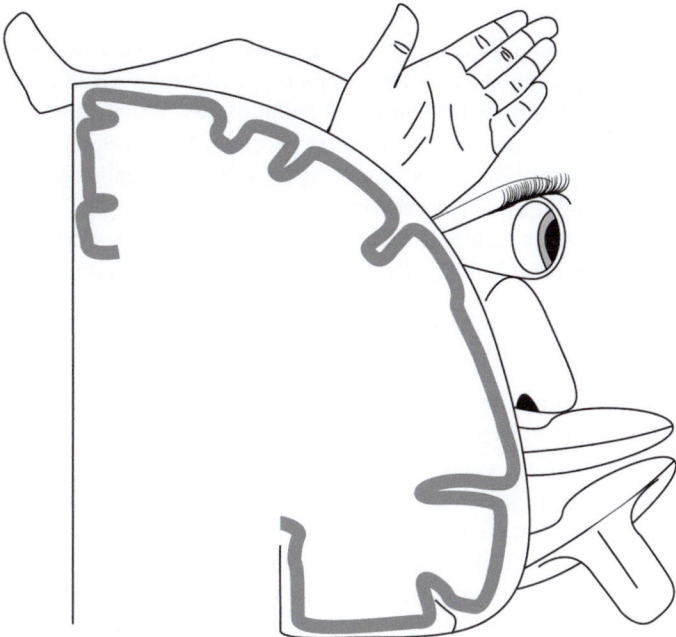

Abb. 2.21 Vereinfachte Darstellung des Homunkulus in Bezug zum motorischen Kortex. (Mod. nach Penfield und Jasper 1951)

> **Humunkulus**
> In der Neuroanatomie wird der Begriff des Homunkulus oft gebraucht, um die Repräsentationen von Körperregionen auf den primären Rindenfeldern darzustellen (Abb. 2.21). Der Humunkulus findet sich sowohl im sensorischen als auch im motorischen Kortex. Durch die Zuordnung der einzelnen Körpersegmente auf bestimmte Bereiche der Großhirnrinde können z. B. Schmerzen den Körpersegmenten entsprechend zugeordnet werden.

Motorischer Kortex

Der motorische Kortex (auch Motorkortex) stellt einen begrenzten Bereich der Großhirnrinde dar. Von ihm werden willkürliche Bewegungen gesteuert, wohingegen Reflexe vom Rückenmark oder Hirnstamm angesteuert werden. Der motorische Kortex ist als die übergeordnete Steuereinheit des pyramidalen Systems zu betrachten. Unter funktionellem Aspekt lassen sich folgende Bereiche einteilen:
- Primär-motorische Rinde (Präsentation des Homunkulus)
- Prämotorische Rinde (Erstellung von Bewegungsplänen, Zusammenwirken mit Kleinhirn und Basalganglien)
- Supplementär-motorische Rinde (Erlernen von Bewegungen, Vorbereitung komplexer Bewegungen)

▪▪ Basalganglien

Basalganglien (Kerne und Ansammlungen von Kernen) gehören zur nicht-kortikalen grauen Substanz des Großhirns. Ihre Hauptaufgabe liegt in der Regulation der Willkürmotorik (bspw. sportliche Bewegung, Fortbewegung, Kauen, Sprechen). Durch sie wird auch das motorische Gedächtnis realisiert, das für Bewegungsfertigkeiten von besonderer Bedeutung ist (Radfahren, Laufen usw.). Eine bekannte Basalganglienerkrankung ist Morbus Parkinson, die einen erhöhten Muskeltonus verursachen kann.

▪ Kleinhirn

Das Kleinhirn (lat.: Cerebellum) befindet sich in der hinteren Schädelgrube. Kleinhirn, verlängertes Mark und Brücke werden zusammen auch als Rautenhirn bezeichnet. Für Kleinhirn und Brücke ist auch der Begriff Hinterhirn gebräuchlich. Etwa die Hälfte aller zentralnervösen Neurone befindet sich im Kleinhirn. Es besitzt eine noch größere Faltung als die Großhirnrinde. Zu den wichtigsten Aufgaben zählt die Koordination und Feinabstimmung von Bewegungen und darüber hinaus das unbewusste Planen einer Bewegung und das Bewegungslernen sowie die Automatisierung von Bewegungen. Generell kommt dem Kleinhirn eine wichtige Rolle im motorischen Lernprozess, bei der Stabilisierung von Körperhaltung und Gleichgewicht sowie bei der Kontrolle der Augenbewegungen zu (Schmidt und Schaible 2006). Das Kleinhirn wirkt aber auch bei höheren kognitiven Prozessen mit. Für die Bewegungskoordination erhält das Kleinhirn die Information von den afferenten Nervenbahnen aus dem Rückenmark (z. B. Lage und Stellung der einzelnen Körpersegmente) und aus den Hirnstammkernen (Bewegung und Position des Kopfes). Nach der Verschaltung werden die Informationen an die verschiedenen Areale des Großhirns weitergeleitet.

> **Limbisches System**
>
> Zum limbischen System gehören Areale des Großhirns und andere Gehirnareale. Der Begriff wird oft nicht einheitlich verwendet. Wichtig ist, dass dieses System die anatomische Basis für Emotionen bildet. Im Allgemeinen ist aber die Entstehung der Emotionen und des Triebverhaltens immer als Zusammenspiel vieler Gehirnanteile zu sehen. Das limbische System ist auch für die Ausschüttung von Endorphinen, also körpereigenen Opioiden, verantwortlich. Es ist die Schnittstelle von somatischem, vegetativem und hormonellem System.

2.3 Zusammenspiel zwischen Sensoren, Muskeln und ZNS

Eine wichtige Frage, die uns in der Sportmotorik beschäftigt, ist, wie willentliche Bewegungen gesteuert werden. Die Antwort darauf lässt sich mit dem Schema in Abb. 2.22 verdeutlichen und folgendermaßen zusammenfassen. Im somatosensorischen Kortex werden die sensorischen Informationen aus der Körperoberfläche und dem Körperinneren abgebildet. Nach dem Entschluss zur Bewegung entsprechend eines „Bewegungsplans" werden alle notwendigen Informationen zum motorischen Kortex geleitet. Die dort befindlichen motorischen Felder besitzen für alle Muskeln spezielle Nervenzellen, so dass diese den entsprechenden Muskeln die Kontraktionsbefehle erteilen können. Durch Querverbindungen mit dem Kleinhirn können die dort gespeicherten „Programme" abgerufen und moduliert werden. Diese Befehle laufen über das Rückenmark zu den Muskeln der beteiligten Körpersegmente. Damit kann der Muskel „abgestimmt" kontrahieren.

Ein besonderes Augenmerk soll auf rhythmische Bewegungsmuster gelegt werden, zu denen Laufen, Gehen, Schwimmen u. a. gezählt werden. Bekanntermaßen werden nur Anfang und Ende von derartigen automatisierten rhythmischen Bewegungen kontrolliert, aber weniger der gesamt Verlauf. Grundlage dieser rhythmischen Bewegungsmuster ist der Central Pattern Generator (CPG), der zentrale Mustergenerator (ZMG). Er stellt eine spezielle Ansammlung von Nervenzellen im Rückenmark dar, die in der Lage sind, selbstständig rhythmische Muskelkontraktionen zu veranlassen, was eine wichtige Rolle bei rhythmischen Bewegungen spielt. Die Besonderheit dieser zentralen Mustergeneratoren ist,

Durch das koordinierte Zusammenspiel von Sensoren, Muskeln, dem peripheren und zentralen Nervensystem können willentliche Bewegungen gesteuert werden. Aber auch die Reflexmotorik (z. B.: Stützmotorik) spielt eine wichtige Rolle.

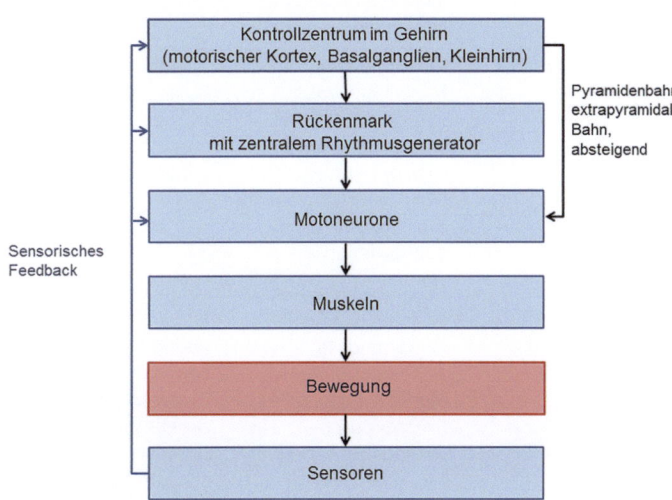

Abb. 2.22 Schema der motorischen Steuerung

dass sie nicht wie andere Nervenzellen immer wieder von einem übergeschalteten Hirnzentrum aktiviert werden müssen, sondern nach einer Startaktivierung selbstständig in der Lage sind, in regelmäßiger Abfolge Aktionspotenziale zu senden.

2.3.1 Dehnungs- und Spannungsreflexe

Aufbauend auf den zur Thematik besprochenen Grundlagen von Reflexen, sollen nachfolgend einige spezielle Aspekte, die insbesondere für sportliche Übungen von Bedeutung sind, besprochen werden. Es kann zunächst davon ausgegangen werden, dass das Rückenmark Dehnungs-, Spannungs-, Muskellängenänderungs-, Beuge- und Streckreflexe steuert. Hierfür gibt es insbesondere aus dem Gerätturnen einige Beispiele (◘ Tab. 2.3) (Wiemann 2013).

◘ Tab. 2.3 Motorische Reflexe und Anwendung im Sport speziell im Gerätturnen. (Mod. nach Wiemann 2013)

Art des Reflexes	Erläuterung	Beispiele
Dehnungsreflex	– Sensoren: Muskelspindeln liefern dem ZNS kontinuierlich Informationen über Dehnungsgrad (Muskellänge) – Muskel versucht nach plötzlicher Reizung die ursprüngliche Länge wieder herzustellen – Monosynaptischer Eigenreflex	– Kniesehnenreflex – Auf- und Absprünge (vorgedehnte Wadenmuskulatur), wodurch kurzzeitige kraftvolle Absprünge realisiert werden können – Ausnutzung der dynamisch vorgedehnten Muskulatur für die Oberarmkippe
Spannungsreflex	– Kontrahierender Muskel wird zusätzlich gereizt, Kontraktion wird abgeschwächt bzw. unterbrochen – Golgi-Sehnenorgane – Auch Antagonisten können innerviert werden	– Sprung auf unebenem Boden: starke Kontraktion der Wadenmuskulatur wird gehemmt
Beuge- und Streckreflexe	– Hemmende und aktivierende Innervationen von mehreren Muskeln – Bi- oder polysynaptische Reflexe	– Fußumknicken bei Bodenunebenheiten: Beugen des Beines, um es aus der Gefahrenzone zu bringen und unterstützendes Bewegen des anderen Beines

Die Zeiten für die Reflexe können sehr unterschiedlich sein (Schmidt und Wrisberg 2008): So wurden für monosynaptische Reflexe Zeiten zwischen 30 und 50 ms und für polysynaptische Reflexe 80 bis 120 ms gemessen.

2.3.2 Stützmotorik

Um das Gleichgewicht des Körpers und seine Stellung im Raum zu gewährleisten, bedarf es der Stützmotorik. Die Kontrolle der Stützmotorik erfolgt über die motorischen Zentren des Hirnstammes. Für die Stützmotorik sind im Wesentlichen der Hirnstamm und das Kleinhirn verantwortlich. Das verantwortliche Sinnesorgan ist der Vestibularapparat. Die afferenten Signale erhalten diese Zentren von dem Gleichgewichtsorgan über den motorischen Kortex (mittels Basalganglien), vom Kleinhirn und von den Propriozeptoren (Tiefensensibilität) des Nackens (tonische Halsreflexe). Allgemein hat die Stützmotorik zwei Aufgaben zu erfüllen: Beibehalten einer aufrechten Körperhaltung (auch nach einer Störung) sowie Lage- und Positionsorientierung insbesondere durch die Steuerfunktion des Kopfes.

Welche Mechanismen entstehen, wenn von außen Störeinflüsse wirken, zeigt die ◘ Abb. 2.23. Das Trainieren dieser Mechanismen

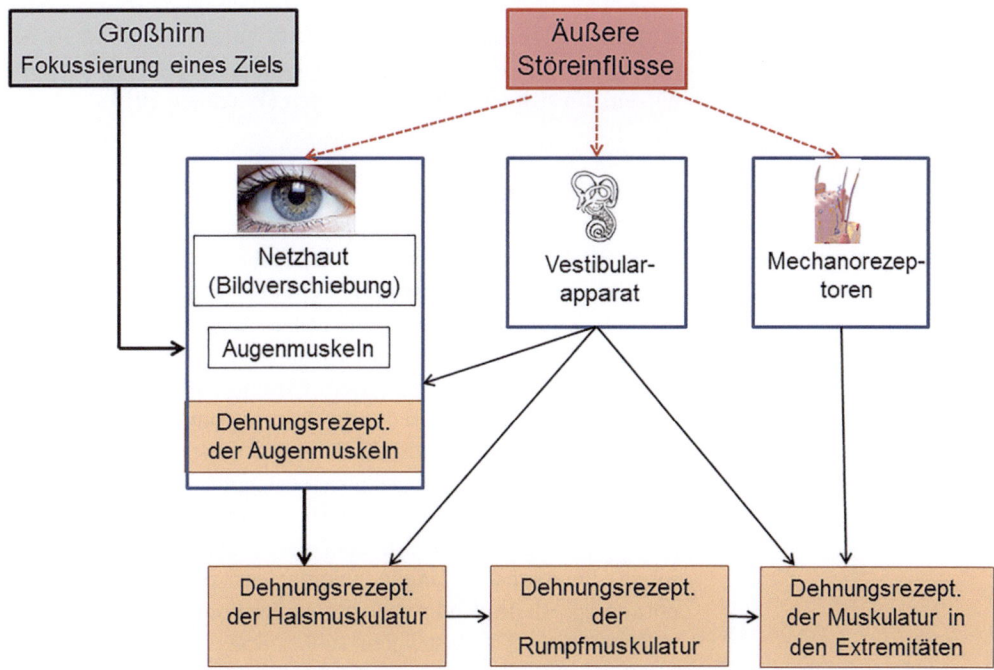

◘ **Abb. 2.23** Wirkungsweise der Stützmotorik bei äußeren Störeinflüssen. (Mod. nach Wiemann 2013). Abkürzung: Dehnungsrezept. = Dehnungsrezeptoren

kann bspw. mit Hilfe von Partnerübungen erfolgen, indem ein Partner auf einem Untergrund (Boden, Matte, Gleichgewichtspad, …) steht und durch kurze Impulse des anderen Partners (vorwärts, rückwärts, seitwärts) am Oberkörper „manipuliert" wird. Die Aufgabe kann weiterhin durch einbeinigen Stand oder Stand mit geschlossenen Augen variiert werden. Die Stützmotorik ist aber auch für die Aufrechterhaltung des dynamischen Gleichgewichts wie beim Gehen, Laufen, Radfahren usw. von Bedeutung.

Für die Aufrechterhaltung des senkrechten Standes bzw. der Körperposition sind also im Wesentlichen die sogenannten „Körperstellreflexe" verantwortlich, worunter die Gesamtheit derjenigen Reflexe zusammengefasst wird, die die Stellung des Kopfes und des Körpers im Raum regulieren. Zu den Sinnesorganen, die Ausgangspunkt der Körperstellreflexe sind, gehören das Auge, der Vestibularapparat, die Muskelspindeln und Sehnenorgane sowie die Gelenkrezeptoren (vornehmlich der Halswirbelsäule). Das Erfolgsorgan oder Effektor der Körperstellreflexe ist die Skelettmuskulatur. Die nervalen Verbindungen laufen zum Teil über das verlängerte Rückenmark oder das Mittelhirn, zum Teil aber auch über die Großhirnrinde. Soll eine Übung (Handstand, Salto vw. rw.) unter starker Extremstellung der Wirbelsäule im Sinne einer Dorsalflexion (Überstreckung bis zur Hohlkreuzhaltung) oder Ventralflexion (Einrollen des Rumpfes und Abwinkeln im Hüftgelenk) ausgeführt werden, muss diese Stellung durch eine intensive Kopfbewegung (dorsal- oder ventralwärts) eingeleitet werden. Dies führt insbesondere bei Anfängern zu Schwierigkeiten, da diese ihre Kopfbewegung dazu nutzen, um sich optisch zu orientieren (Wiemann 2013).

2.3.3 Zielmotorik

Unter Zielmotorik werden fast alle sportlichen Bewegungen zusammengefasst, da diese immer ein bestimmtes Ziel verfolgen. Für die Zielmotorik ist hauptsächlich die distale Muskulatur verantwortlich. Sie wird über das Pyramidenbahnsystem, das eine Direktverbindung zwischen den Pyramidenzellen im Kortex (oberes Motoneuron) und den α-Motoneuronen (unteres Motoneuron) im Hirnstamm und Rückenmark darstellt, angesteuert.

Viele verschiedene Bereiche des Kortex, aber auch subkortikale Bereiche sind für die Zielmotorik verantwortlich. Bevor die Bewegung ausgeführt werden kann, sind eine entsprechende Motivation, Bereitschaft, Planung, Bildung des „Programmentwurfs" notwendig. Hierfür sind Areale des Assoziations- und Motorkortex verantwortlich. Die beteiligten subkortikalen Komponenten der motorischen Kontrolle sind das Kleinhirn, die Basalganglien, der Hirnstamm und das Rückenmark (Kontrolle der spinalen Reflexe, reflektorische Korrektur der Bewegung) (siehe auch ◘ Abb. 2.24).

2.3 · Zusammenspiel zwischen Sensoren, Muskeln und ZNS

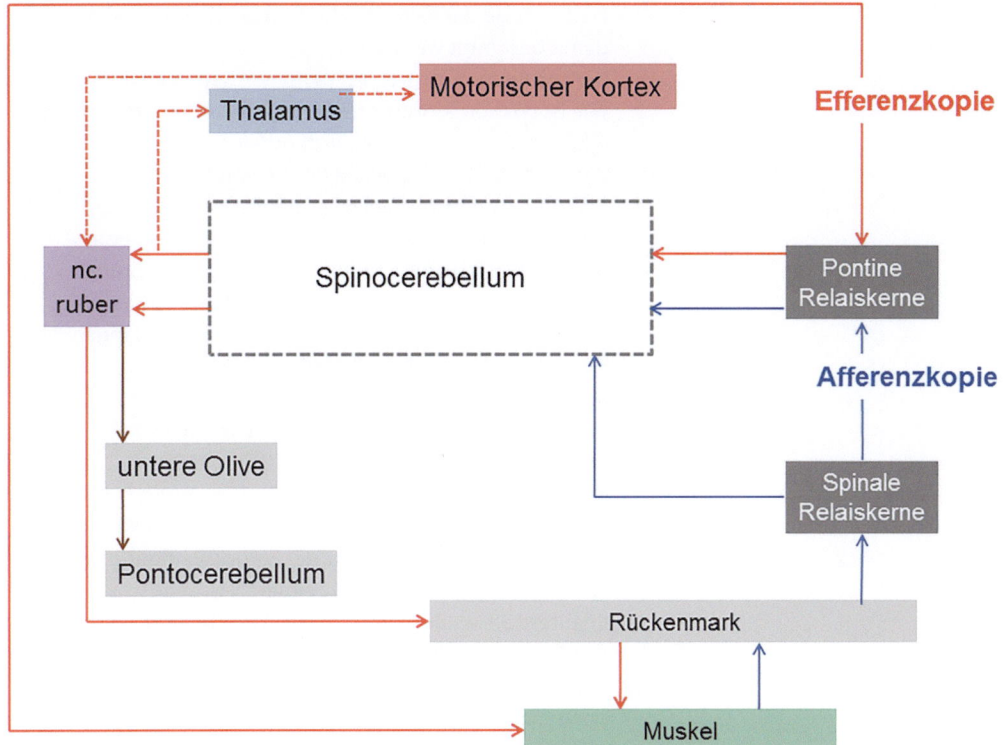

☐ **Abb. 2.24** Schematische Darstellung der Prozesse der Zielmotorik. (Mod. nach Lehmann-Horn 2010 und Olivier et al. 2013). Spinocerebellum: Teil des Cerebellum (Kleinhirn), der überwiegend Afferenzen aus den Fasern des Rückenmarks erhält. Nc. ruber = nucleus ruber: Ansammlung von Nervenzellkernen aus dem Mittelhirn und damit Ganglienzellzentrum (Kerngebiet) des extrapyramidalen Systems. Pontine Relaiskerne: Diese Umschaltzentren im Kleinhirn erhalten ihre Signale aus dem limbischen und assoziativen Kortex. Spinale Relaiskerne: Afferente Signale werden verlustfrei durchgeschaltet. Untere Olive = nucleus olivaris inferio: Afferenzen vom nucleus ruber und dem motorischen Kortex dienen der Information über Bewegungsfehler. Pontocerebellum: als größter Teil des Kleinhirns enthält er Afferenzen aus der Brücke (Pons), koordiniert die Feinabstimmung der Zielmotorik, die transformierten Signale werden zum motorischen Kortex geleitet

Im Unterschied zur Stützmotorik (Reflexmotorik) gehört die Zielmotorik zur Willkürmotorik. So unterliegen turnerische Fertigkeiten den Bedingungen der Zielmotorik, enthalten aber entsprechend des jeweiligen Bewegungsablaufes mehr oder weniger ausgeprägte Anteile der Stützmotorik. Einige praktische Beispiele sind bei Wiemann (2013) zu finden.

❓ Fragen und Aufgaben zur Vertiefung
1. Erläutern Sie das Zusammenspiel von motorischem und sensorischem System am Beispiel einer sportlichen Bewegung!
2. Erläutern Sie die Bedeutung des visuellen Systems im Sport! Erläutern Sie die Bedeutung von Fixationen, Augenfolgebewegungen und Sakkaden bei einer Ballsportart!

3. Erläutern Sie die Methode des Eyetrackings! Was kann damit bestimmt werden?
4. Welche Bedeutung hat das periphere Sehen im Sport?
5. Wie ist das somatosensorische System zusammengesetzt? Erklären Sie die einzelnen Bestandteile!
6. Wie wird das Gleichgewicht kontrolliert?
7. Erläutern Sie am Beispiel einer Wurfbewegung das Zusammenspiel der einzelnen sensorischen Systeme und deren Bedeutung für die Bewegungsausführung! Teilen Sie dabei die Bewegung ein in: Ausholbewegung, eigentliche Wurfbewegung mit Abwurf und Abfangen des Körpers mit Kontrolle des Wurfergebnisses!
8. Erläutern Sie die Informationsverarbeitung im Nervensystem an einem praktischen Beispiel!
9. Beschreiben Sie die Informationsleitung beim Kniesehnenreflex!
10. Beschreiben Sie die Funktionsweise des pyramidal- und extrapyramidalen Systems unter Berücksichtigung der spinalen und supraspinalen Ebene!
11. Erläutern Sie an Beispielen die willkürliche und unwillkürliche Motorik!
12. Was verstehen Sie unter monosynaptischem und polysynaptischem Reflexbogen?
13. Erläutern Sie die Grundlagen der Bewegungssteuerung aus physiologischer Sicht! Verwenden Sie dabei die ◘ Abb. 2.25.
14. Beschreiben Sie die Simulatorkrankheit. Wobei tritt sie auf und welche Faktoren beeinflussen sie. Versuchen Sie mit Hilfe Ihres physiologischen Wissens diesen Effekt zu erklären.

❓ Kontrollfragen zur Vorbereitung auf die Prüfung
1. Was sind sensorische Systeme und aus welchen Komponenten bestehen sie?
2. Erläutern Sie die Grundlagen des visuellen Systems!
3. Was versteht man unter Augenfolgebewegungen und wie lassen sie sich quantifizieren?
4. Erläutern Sie die Grundlagen des vestibulären Systems!
5. Erläutern Sie die Grundlagen des somatosensorischen Systems!
6. Definieren Sie das zentrale und das periphere Nervensystem!
7. Wie funktioniert die Informationsverarbeitung im Nervensystem?
8. Beschreiben Sie die Entstehung eines Reflexes! Welche Arten von Reflexen gibt es?
9. Welche Arten der motorischen Kontrolle unterscheidet man?
10. Stellen Sie den Regelkreis einer Willkürbewegung dar!

2.3 · Zusammenspiel zwischen Sensoren, Muskeln und ZNS

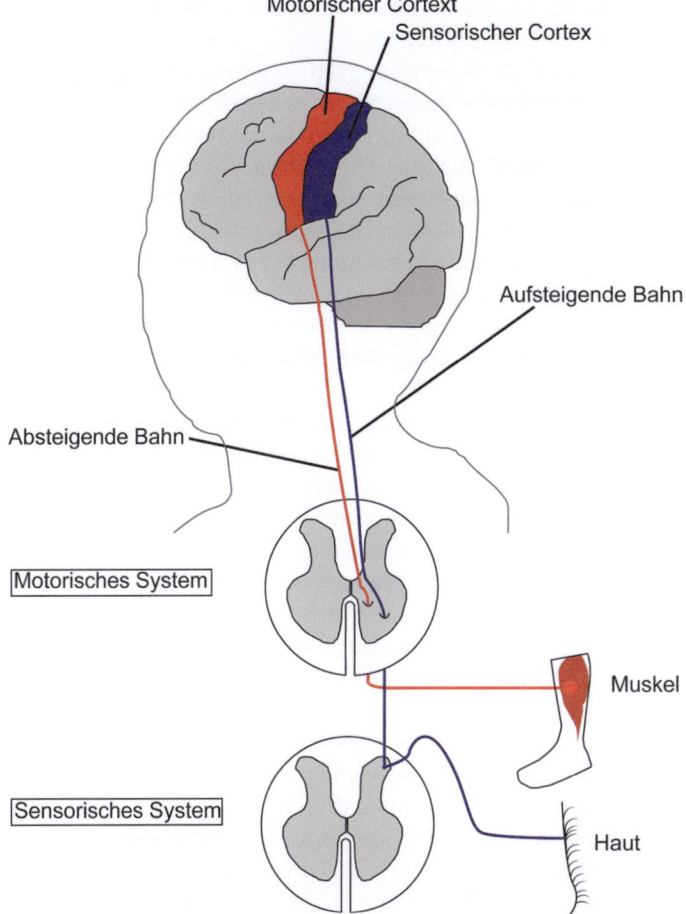

Abb. 2.25 Schema der Bewegungssteuerung aus physiologischer Sicht

11. Skizzieren Sie grob den Aufbau des Gehirns!
12. Welche Aufgaben haben Großhirn und Kleinhirn?
13. Welche Bedeutung haben Basalganglien?
14. Erläutern Sie die wesentlichen Aspekte der motorischen Kontrolle!
15. Erläutern Sie Grundlagen und Bedeutung von Stütz- und Zielmotorik für den Sport!

Belegaufgabe 1: Bestimmung der zentralen Sehschärfe
Aufgaben
1. Erläutern Sie die Definition der zentralen Sehschärfe (Visus)!
2. Erläutern Sie die quantitative Bestimmung des Visus mit Hilfe der Landoltringe (Normsehzeichen für Sehtests)! Wie

erfolgt die Auswertung? Verwenden Sie die DIN-Norm (Wiesemann et al. 2010)!
3. Ermitteln Sie Ihre eigene zentrale Sehschärfe mittels Landoltringen! Stellen Sie hierzu einen entsprechenden Bogen mit Landoltringen her oder verwenden Sie Vorlagen. Untersuchen Sie Ihr linkes und rechtes Auge und beide Augen zusammen. Führen Sie diese Untersuchungen auch mit Kommilitonen durch.
4. Verändern Sie die Beleuchtung Ihrer Vorlage durch verschiedene Abdunklungen. Was stellen Sie fest?

❓ Belegaufgabe: Gleichgewichtstraining
Aufgabe
1. Konzipieren Sie ein Gleichgewichtstraining mit einem Partner. Bauen Sie dabei folgende Varianten ein:
   a) Fester Stand/Stand auf einem Balance Pad o. Ä.
   b) Manipulation durch kurze Impulse des Trainingspartners
   c) Geöffnete und geschlossene Augen
   d) Beidbeinig/einbeinig
   e) Zusätzliche Bewegungen des Nichtstandbeines, der Arme, Werfen oder Fangen eines Balls
   f) Zusätzliche kognitive Aufgaben (Kopfrechnen, Lesen, Bilden von zusammengesetzten Substantiven nach Vorgabe durch den Partner)

   Erläutern Sie daran die Schulung der verschiedenen Mechanismen der Stützmotorik sowie des Gleichgewichtssystems! Grundlage hierfür sollte eine übersichtliche Tabelle (siehe ◘ Tab. 2.4) sein.
2. Erproben Sie die verschiedenen Teile Ihres Gleichgewichtstrainings. Notieren Sie Besonderheiten, mögliche Anzahl von Wiederholungen und Zeitbedarf.
3. Erläutern Sie den Einfluss des visuellen Systems auf das Gleichgewichtsverhalten!

◘ **Tab. 2.4** Gleichgewichtstraining

Variante	Physiologische Effekte, Begründung der Variante	Bemerkungen
Fester Stand/Stand auf einem Balance Pad o. Ä	…	

Literatur

Beck, H., Anastasiedou, S., & Meyer zu Reckendorf, C. H. (2016). *Faszinierendes Gehirn. Eine bebilderte Reise in die Welt der Nervenzellen*. Berlin: Springer.

Berg, K., Wood-Dauphinee, S., Williams, J. I., & Gayton, D. (1989). Measuring balance in the elderly: Preliminary development of an instrument. *Physiotherapy Canada, 41*, 304–311.

Costandi, M. (2015). *50 Schlüsselideen Gehirnforschung*. Berlin: Springer Spektrum.

Dresler, M. (Hrsg.). (2011). *Kognitive Leistungen. Intelligenz und mentale Fähigkeiten im Spiegel der Neurowissenschaften*. Heidelberg: Spektrum Akademischer.

Hacke, W. (Hrsg.). (2016). *Neurologie*. Berlin: Springer.

Konczak, J. (2003). Neurophysiologische Grundlagen der Motorik. In H. Mechling & J. Munzert (Hrsg.), *Handbuch Bewegungswissenschaft – Bewegungslehre* (S. 81–104). Schorndorf: Hofmann.

Lang, F., & Lang, P. (2007). *Basiswissen Physiologie*. Heidelberg: Springer Medizin.

Lehmann-Horn, F. (2010). Motorische Systeme. In R. F. Schmidt, F. Lang, & F. Heckmann (Hrsg.), *Physiologie des Menschen* (31., überarbeitete und aktualisierte Aufl.). Heidelberg: Springer Medizin.

Olivier, N., Rockmann, U., & Krause, D. (2013). *Grundlagen der Bewegungswissenschaft und -lehre* (2., überarbeitete und erweiterte Aufl.). Schorndorf: Hofmann.

Penfield, W., & Jasper, H. (1951). *Epilepsy and the Functional Anatomy of the Human Brain*. Boston: Little, Brown.

Schmidt, R. A., & Wrisberg, C. A. (2008). *Motor learning and performance – A situation-based learning approach* (4. Aufl.). Leeds: Human Kinetics.

Schmidt, R. F., & Schaible, H. G. (Hrsg.). (2006). *Neuro- und Sinnesphysiologie*. Heidelberg: Springer Medizin.

Wiemann, K., & Jöllenbeck, T. (1998/1999). *Grundlagen der Bewegungslehre und Biomechanik* (6., korrigierte und erweiterte Aufl.). Bergische: Universität Wuppertal.

Wiemann, K. (2013). *Bewegungslehre und Methodik dargestellt am Beispiel des Gerätturnens*. ▶ www.biowiss-sport.de/BMT.Kap.5.pdf. Zugegriffen: 5. Mai 2017.

Wiesemann, W., Schiefer, U., & Bach, M. (2010). Neue DIN-Normen zur Sehschärfebestimmung. *Ophthalmologe, 2010*(107), 821–826. ▶ https://doi.org/10.1007/s00347-010-2228-2.

Wollny, R. (2007). *Bewegungswissenschaft. Ein Lehrbuch in 12 Lektionen*. Aachen: Meyer & Meyer.

Wydra, G. (1993). Bedeutung. Diagnose und Therapie von Gleichgewichtsstörungen. *Motorik, 16*(3), 100–107.

Bewegungswahrnehmung

3.1 Einführung – 60

3.2 Grundlagen der Wahrnehmung und deren Bewusstsein – 61

3.3 Sportbezogene Leistungen des visuellen Systems – 66

3.4 Unbewusste Wahrnehmungsfunktionen bei der Bewegungsregulation – 68

3.5 Kurzer Exkurs: Embodiment – 69

Literatur – 74

Für das Gelingen einer sportlichen Bewegung spielt die Bewegungswahrnehmung eine entscheidende Rolle. Hierfür muss eine Vielzahl sensorischer Reize verarbeitet werden. Durch gezielte Aufmerksamkeitslenkung werden die für die Bewegung wichtigsten Reize bewusst gemacht. Dabei ist die Wahrnehmung der eigenen Bewegung sehr wichtig. Weiterhin wird den Fragen nachgegangen, welche physiologischen Prozesse beim Bewegungssehen ablaufen, welchen Anteil unbewusste Wahrnehmungsfunktionen haben und welche Bedeutung die eigene Bewegung für die Bewegungswahrnehmung hat.

3.1 Einführung

> Unter Bewegungswahrnehmung wird das Erfassen und Verarbeiten von Bewegungsreizen verstanden. Sie ist notwendig für die erfolgreiche Durchführung einer Bewegung.

Unter Bewegungswahrnehmung wird das Erfassen und Verarbeiten von Bewegungsreizen verstanden, wobei einerseits die körpereigene Bewegung und andererseits die Umgebung einschließlich des Hintergrundes einbezogen werden. Die Bewegungswahrnehmung ist wichtig für die Steuerung der Bewegung und den Prozess des Bewegungslernens. Dabei stellt das Herausfiltern von bewegungsrelevanten Informationen eine besondere Herausforderung dar. So werden visuelle, akustische, vestibuläre und somatosensorische Signale durch die sensorischen Nervenbahnen zum zentralen Nervensystem (ZNS) geleitet. In Abhängigkeit von den individuellen Erfahrungen entstehen dort psychische Empfindungen und Wahrnehmungen (Wollny 2007). Wie im Kapitel zum motorischen Lernprozess noch weiter ausgeführt wird, spielen zu Beginn des Erlernens einer sportlichen Bewegung insbesondere visuelle und verbale Informationen eine große Rolle. Im Verlauf des Lernprozesses ist der Sportler zunehmend in der Lage, auch vestibuläre und somatosensorische Informationen zu verarbeiten und entsprechend zu berücksichtigen. Generell kann festgestellt werden, dass je höher das Beherrschungsniveau der Bewegung des Sportlers ist, desto besser kann er auch die Bewegung wahrnehmen. Doch was heißt eine verbesserte Bewegungswahrnehmung? Diese bezieht sich auf die Sensibilität für niedrige Reizintensitäten, kleine zeitliche und räumliche Differenzierungsschwellen und die Fähigkeit zur Integration verschiedener Sinneseindrücke (Wollny 2007). Vergleicht man Sportler mit Nichtsportlern, ist bekannt, dass Sportler über eine höhere Sensibilität bezüglich der Muskelspannung verfügen als Nichtsportler. Sportler besitzen aber auch disziplinspezifische Wahrnehmungssensibilitäten: Wassergefühl bei Schwimmern und Ruderern, das Ballgefühl von Spielern oder die Haptik bezüglich des Wurfgerätes bei Leichtathleten.

3.2 Grundlagen der Wahrnehmung und deren Bewusstsein

Afferente Nervenfasern übertragen die Informationen aus der Umwelt und dem eigenen Körper an das ZNS. Für einen Handballspieler können dies die Positionen der Mitspieler und Gegner, seine eigene Position in Bezug zum Tor, die Position und Flugbahn des Balls und seine Geschwindigkeit sein. Informationen über seinen eigenen Körper und dessen Bewegung erhält der Sportler durch die sogenannten Reafferenzen.

Informationen über Position, Lage und Bewegung seines Körpers erhält der Sportler über Reafferenzen. Durch gezielte Aufmerksamkeitslenkung gelangen bewegungsrelevante Informationen in den Arbeitsspeicher des Gedächtnisses.

> **Reafferenzprinzip**
> Das Reafferenzprinzip wurde von Erich von Holst und Horst Mittelstaedt in der Mitte des 20. Jahrhunderts entdeckt und beschrieben. Durch dieses Regelprinzip ist es dem ZNS möglich, erwartete Reize auszublenden. Auf der Grundlage dieses Prinzips kann erklärt werden, warum trotz Bewegung des Auges die Umwelt als unbeweglich wahrgenommen wird. Damit ist unser Gehirn in der Lage zwischen Signalen, die aus der eigenen Bewegung resultieren, und Signalen aus der Bewegung der Umwelt zu unterscheiden. Das ZNS verrechnet also die Efferenz (Erregungssignale) mit der Reafferenz (retinale Bildverschiebung). Wenn sich diese Signale nicht aufheben, kann von einer realen Bewegung ausgegangen werden. (Weiterführende Erläuterungen: Holst und Mittelstaedt 1950 oder Hagendorf et al. 2011, S. 95)

Die Prozesse der Informationsverarbeitung und -speicherung sowie des Erinnerns können mit dem Dreispeichermodell in Anlehnung an Atkinson und Shiffrin (1968) erklärt werden (vgl. ◘ Abb. 3.1).
Reafferente Informationen verbleiben für 100–400 ms im sensorischen Speicher oder auch Ultrakurzzeitgedächtnis. Nur für den

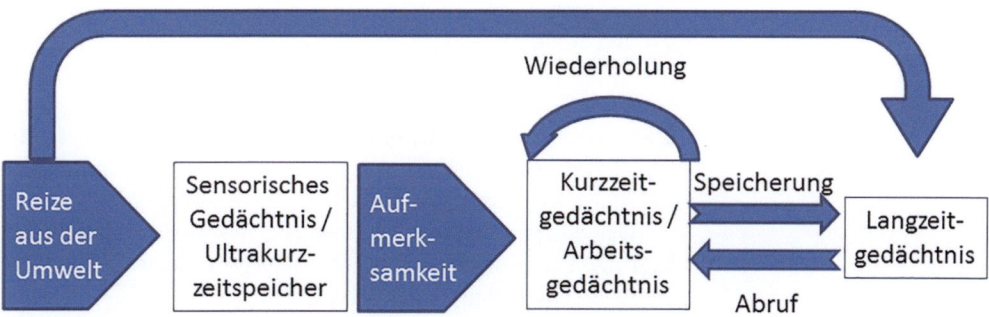

◘ Abb. 3.1 Vereinfachtes und modifiziertes Dreispeichermodell nach Atkinson und Shiffrin (1968). (Adaptiert an Myers 2014)

Sportler wichtige Informationen, die stark von seiner Aufmerksamkeit abhängen, werden in das temporäre Kurzzeitgedächtnis (oder auch Arbeitsgedächtnis) geleitet und können dort bis zu 1–3 min verbleiben. Die Auswahl der relevanten Informationen hängt weiterhin von den Zielen, Bedürfnissen und Erwartungen des Sportlers ab. Hinzu kommen Schwierigkeit und Komplexität der Bewegung, aber auch die Eigenschaften (z. B. Intensität) der Reize. Vom Kurzzeitgedächtnis können die Informationen in das Langzeitgedächtnis transferiert werden, wenn die Speicherinhalte aktiv verarbeitet werden (Bewegungsgrundmuster des Gehens, Laufens, Schwimmens, Radfahrens usw.). Bedingungen für eine optimale Informationsübertragung vom Kurzzeitgedächtnis in das Langzeitgedächtnis sind Strukturiertheit und Geordnetheit, gezielte Aufmerksamkeitslenkung und die Vermeidung von unwichtigen Reizeinflüssen. Ist dies nicht der Fall, löscht das Kurzzeitgedächtnis seine Speicherinhalte, so dass der Zufluss neuer Informationen gewährleistet ist. Beispiele aus dem alltäglichen Leben für das längere Behalten von Informationen sind das Merken einer längeren Zahlenfolge, wenn die Zahlen in kleinere Gruppen eingeteilt sind oder einer lange Wortkette, die einen Sinn (z. B. Satz) ergibt. Die Zeitdauer des Behaltens kann durch das sogenannte Rehearsal (Wiederholung bspw. durch Mitsprechen) vergrößert werden. Es gibt aber auch Vorgänge, bei denen unbewusste Reize gleich in das Langzeitgedächtnis gelangen.

> **Wie lange kann man sich an eine Information erinnern, wenn der Reizinput sofort danach gelöscht wird?**
> Hierzu führte Sperling (1960) verschiedene Experimente durch, bei denen sich der Proband Reihen von Buchstaben (ähnlich wie bei einem Sehtest beim Optiker) nach einer Darbietung von 50 ms merken sollte. Aus den Ergebnissen der Untersuchungen können folgende Schlussfolgerungen gezogen werden. Das Ultrakurzzeitgedächtnis verfügt über eine sehr große Kapazität, die Speicherinhalte zerfallen aber wieder sehr schnell. Akustische Informationen bleiben länger aufrechterhalten als visuelle Informationen. Helligkeit, Farbe und Größe der visuellen Reize beeinflussen die Merkfähigkeit.

Die Bewegungswahrnehmung betrachtet Wiemann (2001) unter zwei verschiedenen Aspekten: Körperschema und Wahrnehmung von Körperposition bzw. Körperbewegung.

Das Körperschema betrachtet die Bewusstheit der Gestalt und der Dimensionen des eigenen Körpers. Dabei werden folgende Eigenschaften berücksichtigt:
- Räumliche Ausdehnung des Körpers
- Reichweiten unter Einbeziehung von Gelenkamplituden und Segmentlängen

3.2 · Grundlagen der Wahrnehmung und deren Bewusstsein

- Tastsinn verschiedener Körperareale
- Schmerzempfindlichkeit
- Oberflächenfestigkeit

Beispiele lassen sich vielfältig finden: Das Umkreisen des Rumpfes mit dem Ball, Reichweite des Armes, um einen Gegenstand zu greifen, Ballgefühl oder das „Verwachsensein" mit einem Sportgerät oder einer Sportausrüstung (bspw.: Ski, Fahrrad).

Die sensorischen Prozesse, die bei **der Wahrnehmung von Körperposition und Körperbewegung (Eigenbewegung)** ablaufen, sind: Adaptation, Konvergenz und Kontrastschärfung, Selektion, Synthese und Integration (Wiemann 2001).

Unter *Adaptation* versteht man die Anpassung an einen länger währenden Reiz (Dauerreiz). Dieser wird mit zunehmender Zeit immer weniger wahrgenommen (z. B.: Berührung mit einem Ausrüstungsgegenstand, Sitz eines passfähigen Schuhs, stabiles Gleichgewicht). Das führt dazu, dass andere (relevantere) Reize stärker wahrgenommen werden können. Ist jedoch dieser Dauerreiz für das Gelingen der Bewegung notwendig (Gleichgewicht), muss die Aufmerksamkeit immer wieder bewusst auf diesen Reiz gelenkt werden.

Eine Reduktion der Reizwahrnehmung kann durch *Konvergenz* großer Rezeptorengruppen erfolgen. *Kontrastschärfung* bedeutet hingegen die Überbetonung eines Reizes im Vergleich zu einem anderen. Das findet man bspw. bei der Lokalisation der Kontaktstelle und der Wahrnehmung der Druckverteilung auf der Handinnenfläche mit einem Ball oder der Kugel, woraus der Athlet bereits vor Abschluss des Wurfes auf Zielgenauigkeit bzw. Wurfergebnis schließen kann. Wie schon im Dreispeichermodell (◘ Abb. 3.1) gezeigt, spielen *Selektion und Aufmerksamkeitslenkung* eine wichtige Rolle, um die bewegungsrelevanten Reize zu verarbeiten, zu speichern und bewusst zu machen. Die unterschiedliche Aufmerksamkeitslenkung kann am Cross-Lauf demonstriert werden (Wiemann 2001). In den verschiedenen Zeitabschnitten bzw. Bewegungsphasen ist die Aufmerksamkeit auf die unterschiedlichen Reize fokussiert: Hindernisse, Bodenunebenheiten, Umgebung (unmittelbar und entfernt) und Wahrnehmung des Schwungbeines beim Überqueren eines Hindernisses. Durch die Aufmerksamkeitslenkung bspw. auf somatosensorische Reize scheinen visuelle Informationen bestimmter Bewegungsabschnitte zu fehlen. Trotzdem realisiert der Läufer eine kontinuierliche Wahrnehmung, da unbewusst gespeicherte visuelle Informationen abgerufen werden.

Die Selektion und Aufmerksamkeitslenkung wird bei vielen sportlichen Bewegungen deutlich, wie bspw.

- für den Kampfsportler (visuelle Wahrnehmung des Gegners, der Kampfrichter, der Zuschauer und der Markierungen der Wettkampffläche; akustische Wahrnehmung der Zuschauer, Kommandos; taktile Wahrnehmung des Gegners) oder
- für den Tennisspieler (visuelle Wahrnehmung des Gegners, der Haltung des Schlägers des Gegners, des Netzes und der Feldmarkierungen und Flugbahn des Balls; akustische Wahrnehmung des Balls beim Aufprall und beim Abspiel, des Schiedsrichters und der Zuschauer, taktile Wahrnehmung des Schlägers und des Aufpralls des Balls).

Für die Sportpraxis sollte daraus geschlussfolgert werden, dass der Sportler lernen muss, in den verschiedenen Bewegungssituationen und Bewegungsphasen seine Aufmerksamkeit auf die wesentlichen sensorischen Informationen zu lenken und die unwesentlichen Informationen zu unterdrücken. Hier ist der Trainer bzw. Lehrer gefragt, der in der Lage sein muss, die Aufmerksamkeit seines Athleten richtend zu beeinflussen, so dass Lernfortschritte erzielt werden bzw. die Bewegungsaufgabe optimal gelöst werden kann.

Um die eigene Körperbewegung und Körperposition wahrnehmen zu können, sind letztendlich auch *Synthese* und *Integration* notwendig. Dies resultiert daraus, dass visuelles und vestibuläres System sich im Kopf befinden. Es bedarf also weiterer Informationen zur Verknüpfung der Informationen über die Lage des Kopfes im Raum und über die Lage des Kopfes in Bezug zum Rumpf bzw. des gesamten Körpers. Zum Abschluss soll noch auf Grenzen der Integration visueller und somatosensorischer Informationen hingewiesen werden. Wie das Beispiel zeigt, kann auch die sensorische Wahrnehmung eines Gegenstandes durch zwei Körperteile zu Irritationen führen (Demonstration siehe Beispiel).

Grenzen visuell-somatosensorischer Integration
Fingerverwechslungstest (□ Abb. 3.2)
Die Versuchsperson verschränkt die Arme entsprechend den Abbildungen. Der Versuchsleiter zeigt bspw. auf den rechten Mittelfinger, den nun die Versuchsperson bewegen soll. Obwohl sie ihn sieht, fällt es ihr schwer, diesen Finger zu bewegen. Die Aufgabe ist leichter zu lösen, wenn der Versuchsleiter den Finger antippt.

Aristotelische Täuschung (□ Abb. 3.3)
Wenn man zwei Finger (z. B. Zeige- und Mittelfinger oder Mittel- und Ringfinger) derselben Hand überkreuzt und die Fingerkuppen auf einen Gegenstand (Tischtennisball) legt, entsteht der Eindruck von zwei Kugeln. Bereits Aristoteles ist die Sinnestäuschung von zwei Nasen bei überkreuzten Fingern aufgefallen. Bei genügender Übung stellt man fest, dass das Gehirn gelernt hat.

3.2 · Grundlagen der Wahrnehmung und deren Bewusstsein

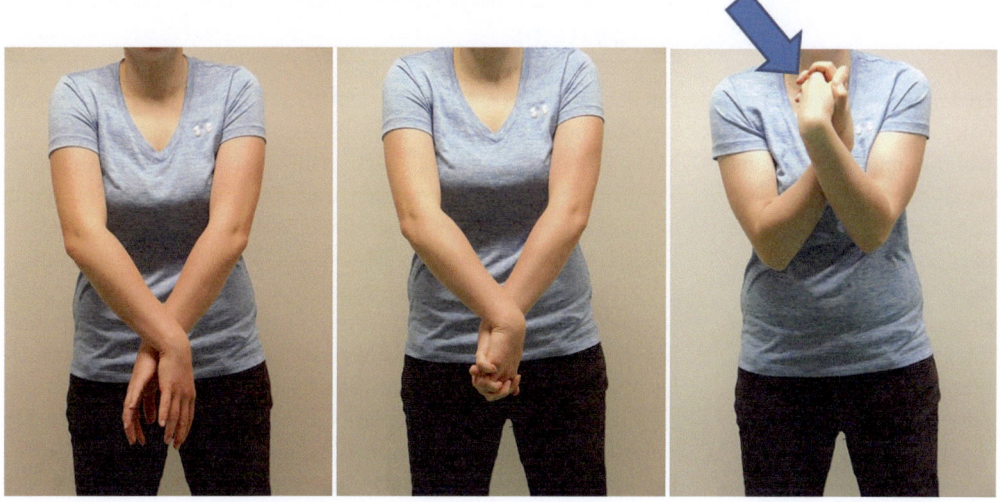

◘ **Abb. 3.2**   Fingerverwechslungstest

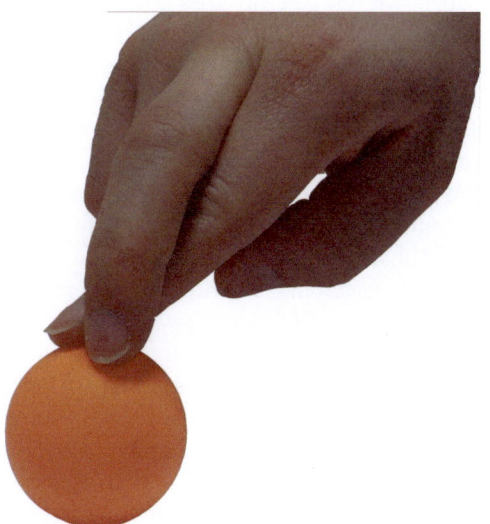

◘ **Abb. 3.3**   Aristotelische Täuschung

3.3 Sportbezogene Leistungen des visuellen Systems

Zu den wesentlichen visuellen Wahrnehmungsprozessen im Sport gehören der optische Fluss, das zentrale bzw. periphere Sehen, das räumliche Sehen, die Unterscheidung von Eigen- und Fremdbewegungen und die sakkadischen Augenbewegungen.

Im Sport ist das visuelle System in folgenden Bereichen wichtig: Orientierung im Raum, Erfassen von Bewegungen des Mitspielers bzw. des Gegners, Antizipieren von Bewegungen, Kontrolle eigener Bewegungen und Beurteilung der Bewegung anderer Sportler. Dabei haben die einzelnen Teilleistungen (Sehschärfe, peripheres Sehen, Bewegungs- und Tiefensehen) unterschiedliche Bedeutung und müssen sportartspezifisch trainiert werden. Während diese visuellen Leistungen auch objektiv analysiert werden können, sind aber auch Verzerrungen der visuellen Wahrnehmung (optische Täuschungen) möglich.

Zunächst kann zwischen Real- und Scheinbewegungen unterschieden werden. Einfach zu verstehen sind Realbewegungen, bei denen sich das betrachtete Objekt oder der betrachtete Mensch sich tatsächlich bewegt. Eine Scheinbewegung liegt dagegen vor, wenn sich der Beobachter bewegt und die betrachteten Objekte an ihm „vorbeifliegen". Das ist immer im fahrenden Auto in Bezug zur Landschaft zu erleben. Dabei haben wir es gelernt, dass nicht die Landschaft sich bewegt, sondern das Auto. Eine Wahrnehmung der Scheinbewegung (besonders untersucht von Max Wertheimer (1880–1943), Begründer der Gestaltpsychologie oder Gestalttheorie) kann aber auch dadurch hervorgerufen werden, dass zwei unbewegte Bilder oder Lichtpunkte nach bestimmten zeitlichen Abständen aufeinanderfolgen. Der Eindruck einer Scheinbewegung entsteht bei einem Zeitintervall zwischen 60 ms und 300 ms in Abhängigkeit von der Reizstärke und dem räumlichen Abstand. Angewendet wurde diese Scheinbewegung in der Filmindustrie: Die Aufeinanderfolge von 24 bis 30 Bildern pro Sekunde wird als Bewegung wahrgenommen.

Viele visuelle Wahrnehmungseffekte stehen in engem Zusammenhang mit dem optischen Fluss, womit die sichtbare Bewegung, die wir bei der Fortbewegung wahrnehmen, gemeint ist (Hagendorf et al. 2011). Durch den optischen Fluss ist es möglich, Abstände einzuschätzen und Hindernissen auszuweichen. Ist der optische Fluss „gestört", wird diese Veränderung des optischen Flusses sofort bemerkt und die Aufmerksamkeit darauf gerichtet. Schematisch lässt sich der optische Fluss, wie in der ◘ Abb. 3.4 zu sehen ist, darstellen, wobei zwischen Vorwärts- und Rückwärtsbewegung zu unterscheiden ist. Damit dient der optische Fluss auch der Orientierung im Raum. Das Ausnutzen des optischen Flusses für die Wahrnehmung und Steuerung der Bewegung ist ein Beleg dafür, welche Bedeutung die eigene Bewegung für die Bewegungswahrnehmung hat.

3.3 · Sportbezogene Leistungen des visuellen Systems

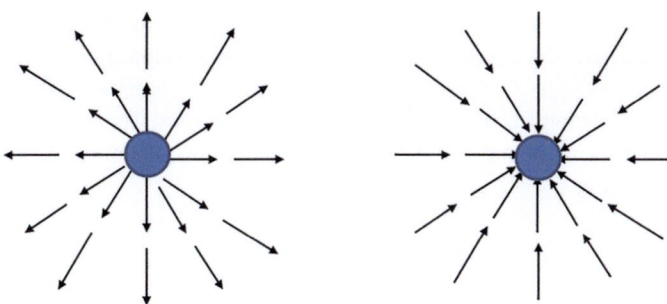

Abb. 3.4 Optischer Fluss bei Vorwärtsbewegung (links) und Rückwärtsbewegung (rechts)

Wichtige Sehleistungen für den Sport, auf die bereits im ▶ Kap. 2 eingegangen wurde, sind das zentrale bzw. periphere Sehen und das räumliche Sehen.

Für den Sportler als auch für den Trainer ist die Qualität der Bewegungsbeobachtung von entscheidender Bedeutung. Unter Bewegungsbeobachtung wird das Bewegungssehen mit einer bestimmten Absicht verstanden, wobei zwischen Eigen- und Fremdbewegung zu unterscheiden ist. Oft wird dabei die Fremdbewegung bei gleichzeitiger Eigenbewegung wahrgenommen. Die Beurteilungskompetenz ist neben der visuellen und blickmotorischen Leistungsfähigkeit des Beobachters von seinen eigenen Bewegungserfahrungen abhängig. Die Blickmotorik ermöglicht es, bewegte Objekte oder Sportler foveal zu sehen. Bei geringen Objektgeschwindigkeiten (bis zu 50–100 °/s) kann das Objekt kontinuierlich mit dem Auge verfolgt werden. Bei höheren Geschwindigkeiten sind Sakkaden (ruckartige Blicksprünge bis zu 600–700 °/s) notwendig. Da aber während der sakkadischen Augenbewegungen die Informationsaufnahme beeinträchtigt ist, wird die Anzahl der Sakkaden mit Hilfe von antizipatorisch-determinierten Blickstrategien minimiert. Wichtig für viele Beobachtungsaufgaben in den einzelnen Sportarten ist es auch, bei höheren Geschwindigkeiten diese korrekt zu identifizieren. Der daraus resultierende Begriff der sakkadischen Ortungsgeschwindigkeit bezieht sich auf die koordinative Leistungsfähigkeit der Augenmuskulatur (Blickmotorik), wobei die Sehschärfe vernachlässigt wird. Die Anforderungen an die sakkadische Ortungsgeschwindigkeit sind stark von der Sportart abhängig. Beispiele finden sich bei de Marees (2002). So werden folgende mittlere Werte für die sakkadische Ortungsgeschwindigkeit angegeben: 197 °/s für Schwimmen, 232 °/s für Basketball und 255 °/s für Tennis.

Doch kann man blickmotorische Leistungsfähigkeit in Verbindung mit dynamischer Sehschärfe trainieren? Zahlreiche Studien belegen, dass blickmotorische Leistungsfähigkeit trainierbar ist, dies aber weniger auf muskuläre als vielmehr auf zentral-koordinative Effekte (schneller Abruf von „Motorikprogrammen") zurückgeführt werden kann (Ehrenstein und Jendrusch 2008). Das bedeutet für die Praxis ein entsprechend sportartspezifisches Training nicht nur der visuellen, sondern der gesamten Wahrnehmung.

> **Elektrookulographie (EOG) (Bulling et al. 2011)**
> Die Augenbewegungen können mit dem Verfahren der Elektrookulographie (EOG) bestimmt werden. Dabei messen Elektroden, die links und rechts bzw. oberhalb und unterhalb der Augenhöhle angebracht sind, Potenzialunterschiede, die aus der Potenzialdifferenz zwischen Netzhaut und Hornhaut des Auges resultieren. Die Elektrookulographie hat weiterhin besondere Bedeutung in der Schlafpolygraphie zur Identifikation der durch schnelle Augenbewegungen (REM) gekennzeichneten Traumphasen. Das EOG überlagert, vor allem bei frontalen Ableitungen, das Elektroencephalogramm (EEG). Deshalb ist die Registrierung des EOG auch zur Identifikation von Artefakten bei der Aufzeichnung der evozierten Potenziale und ereigniskorrelierten Potenziale bei EEG-Messungen wichtig.

3.4 Unbewusste Wahrnehmungsfunktionen bei der Bewegungsregulation

Viele Wahrnehmungsprozesse sind unbewusst und beeinflussen die Bewegungsregulation.

Zunächst sei noch einmal die enge Kopplung zwischen den Wahrnehmungsprozessen und allen motorischen Prozessen festzustellen.

> Dass das „Unbewusste" unser Verhalten beeinflusst, ist schon länger bekannt (Fink et al. 1999). Empirische Untersuchungen hierzu gestalten sich als schwierig, da im Nachhinein die Versuchspersonen nicht über unbewusste Wahrnehmungen berichten können. Beispiele sind unbewusste Geruchswahrnehmungen, die das Handeln bestimmen (Entscheidung beim Einnehmen von Sitzplätzen, Kaufverhalten in Bezug zu bestimmten Produkten).

Bereits aus dem modifizierten Dreispeichermodell nach Atkinson und Shiffrin (1968) (vgl. ◘ Abb. 3.1) ist zu entnehmen, dass nur wenige Reize bewusst wahrgenommen werden. Auf der untergeordneten Ebene der Bewegungsregulation müssen jedoch viele, sich ständig ändernde Informationen verarbeitet werden. Dabei ist davon auszugehen, dass die komplexen multisensorischen Wahrnehmungsfunktionen gezielt in die Bewegungsregulation eingebunden werden. Ein Beispiel hierfür wäre der schon oben besprochene optische Fluss. Dieser erlaubt es, Bewegungsmuster zu detektieren. So ist es uns bspw. möglich, einen Bekannten aus größerer Entfernung bereits an seinem „Gangbild" zu erkennen, ohne dass wir seine Gesichtszüge, Kleidung usw. scharf sehen. Oft wird es uns aber nicht bewusst, an welchen konkreten Merkmalen wir das Gangmuster identifiziert haben.

Effenberg (2003) schlussfolgert aus seinen Recherchen, dass das Bewusstsein der „Bewegungsgegenwart" hinterher läuft. Damit ist es für die Bewegungsregulierung von großem Interesse, wie die erforderlichen Informationen ohne Bewusstheit in die motorische Bewegungskontrolle mit einbezogen werden können. Eine große Bedeutung scheint dabei der Integration mehrerer Wahrnehmungsfunktionen zuzukommen. Aber auch die Reizerwartung spielt bei der unbewussten Wahrnehmung eine wichtige Rolle. So wird die Wirkungsweise unbewusster Reize mit der Methode des subliminalen Reizes untersucht. Es konnte nachgewiesen werden, dass, wenn der Reiz mit dem erwarteten Reiz übereinstimmt, die entsprechende Reaktion automatisch aktiviert wird (Kiesel 2009).

> **Priming**
> Die Verarbeitung eines Reizes wird durch einen vorangegangenen Reiz beeinflusst, wobei implizite Gedächtnisinhalte aktiviert werden. Priming-Reize können auch als bahnende Reize bezeichnet werden. Derartige bahnende Reize sind bspw. Gerüche, Bilder und Worte. So versteht man unter semantischem Priming die Verarbeitung eines Wortes, das die Verarbeitung eines anderen Wortes beeinflusst (Frühstück – Brot, Marmelade, Kaffee, …). Sind diese Priming-Reize unbewusst, spricht man von subliminalem Priming (Kiesel 2009).

3.5 Kurzer Exkurs: Embodiment

Im Unterschied zu traditionellen Theorien zur Motorik geht die sogenannte „embodied cognition" davon aus, dass unsere Repräsentationen von Objekten und Ereignissen im Gehirn in einem engen Zusammenhang mit den damit verbundenen Handlungsmöglichkeiten stehen (Beilock 2011). Embodiment (deutsch: Verkörperung, Verleiblichung) ist ein theoretisches Konzept der Kognitionswissenschaft, das die Wechselwirkung zwischen physischen und psychischen Prozessen betont. Sie wird auch als grundlegende Wende in der Kognitionswissenschaft angesehen.

Der Embodiment-Theorieansatz kann möglicherweise dazu dienen, Wahrnehmungsprozesse und motorische Prozesse integrativ zu betrachten.

Embodiment versteht Wahrnehmung der Umwelt nicht als inneres Abbild, sondern als eine sensomotorische Koordination im Gesamtkonzept des handelnden Menschen.

Der Embodiment-Ansatz wird in der Psychologie verwendet, um insbesondere die Wechselwirkung zwischen Körper und Psyche zu betonen. Das bedeutet einerseits, dass psychische Zustände sich durch den Körper ausdrücken (Mimik, Haltung, Gestik, …) und andererseits, dass auch die Körperhaltung Einfluss auf kognitive Prozesse hat. Also hängen unsere kognitiven Prozesse von unseren eigenen Handlungserfahrungen (speziell im Sport: Bewegungserfahrungen) und aktuellen Bewegungszuständen ab. So gehen Embodiment-Theorien davon aus, dass die individuelle Erfahrung des Beobachters seine Wahrnehmung beeinflusst und die visuelle Wahrnehmung aber auch vom motorischen System beeinflusst wird.

Dieser Embodiment-Ansatz könnte auch eine theoretische Grundlage dafür sein zu verstehen, wie sich der Mensch in einer virtuellen Umgebung verhält. Dieser Theorieansatz hätte damit eine größere Tragweite, da die virtuelle Realität (Virtual Reality) zunehmend auch in der Sportwissenschaft und im sportlichen Training eingesetzt wird. Ein Kampfsport-Training in der virtuellen Welt könnte bspw. so aussehen, wie es die ◘ Abb. 3.5 zeigt. Während sich die visuelle Wahrnehmung auf die virtuelle Umgebung bezieht, werden die anderen sensorischen Signale (akustische, vestibuläre und taktile) in der Regel aus der realen Umgebung erfasst. Die Integration dieser Signale aus zwei unterschiedlichen Welten gilt es zu optimieren, um das Gleichgewicht aufrecht zu erhalten und sich bewegen zu können.

❓ Fragen und Aufgaben zur Vertiefung

1. Erklären Sie die Begriffe motorische Efferenzen und Afferenzen und erläutern Sie das Reafferenzprinzip!
2. Erläutern Sie die visuellen Wahrnehmungsprozesse bei der Vermeidung von Kollisionen!
3. Erläutern Sie die „Steuerfunktion des Kopfes"! Nennen Sie Beispiele!
4. Diskutieren Sie die Bedeutung der Aufmerksamkeit für die Bewegungswahrnehmung!
5. Erläutern Sie die Wahrnehmung der unterschiedlichen Reize in den verschiedenen Bewegungsphasen einer selbstgewählten Sportart. Unterscheiden Sie dabei zwischen einem Anfänger und einem Experten.
6. Wie groß sind die Reaktionszeiten einzelner sensorischer Systeme? Inwiefern ist es möglich diese durch sportliches Training zu verkürzen?
7. Erarbeiten Sie sich den Inhalt des Hick'schen Gesetzes! Welche Konsequenzen hat dieses Gesetz für den Sport? Beschreiben Sie einen Wahlreaktionstest!
8. Was versteht man unter Embodiment?

3.5 · Kurzer Exkurs: Embodiment

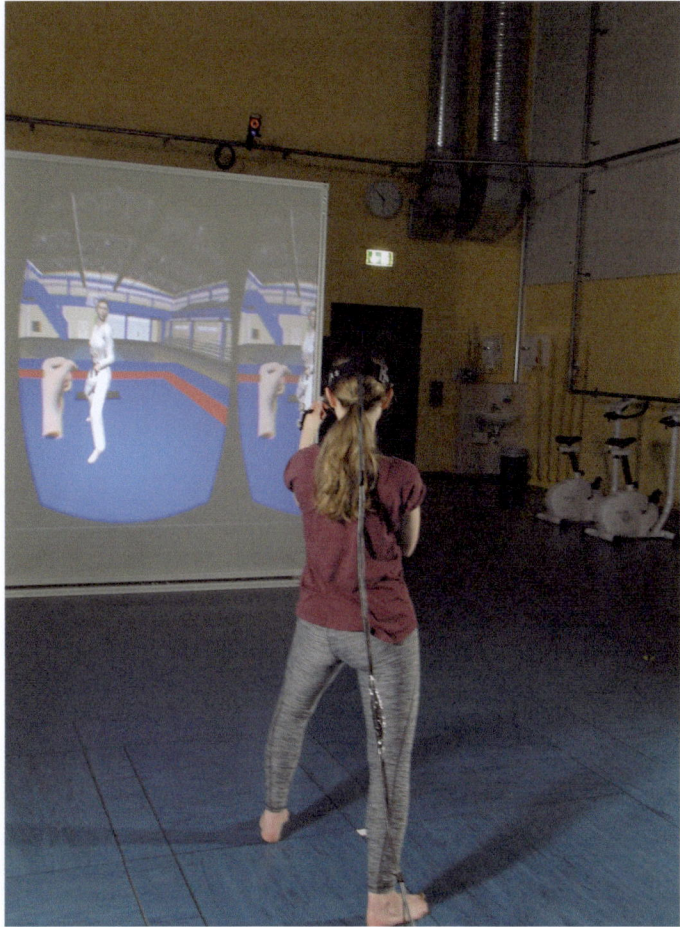

Abb. 3.5 Training in VR: Athlet versucht auf den virtuellen Karateka, den er durch die HMD-Brille sieht (für den Betrachter auf der Leinwand) zu reagieren. Dabei erhält er alle anderen Informationen (akustische, taktile, vestibuläre) aus der realen Umwelt

❓ Kontrollfragen zur Vorbereitung auf die Prüfung

1. Erläutern Sie das Dreispeichermodell von Atkinson und Shiffrin (1968)! Gehen Sie insbesondere auf die Bedeutung der Aufmerksamkeit für die Wahrnehmung ein!
2. Was versteht man unter dem Begriff „Körperschema"?
3. Welche sensorischen Prozesse laufen bei der Wahrnehmung von Körperposition und der Eigenbewegung ab? Erläutern Sie und finden Sie Beispiele!
4. Erläutern Sie die Funktionen der visuellen Wahrnehmung im Sport!

5. Erklären Sie den Begriff der sakkadischen Ortungsgeschwindigkeit und seine Bedeutung für das Bewegungssehen!
6. Diskutieren Sie den Einfluss unbewusster Wahrnehmungen auf die Regulierung von Bewegungen!

❓ Belegaufgabe: Fitts'sches Gesetz

Aufgabe
Erstellen Sie einen Versuchsaufbau der den Nachweis des Fitts'schen Gesetzes (Fitts 1954) erlaubt! Führen Sie eine entsprechende Untersuchung durch!

Theoretischer Hintergrund
Das Fitts'sche Gesetz beschreibt den Zusammenhang zwischen Bewegungszeit und Bewegungsgenauigkeit (▶ Gl. 3.1):

$$MT = a + b \log_2(2A/W) \tag{3.1}$$

MT – Bewegungszeit, a, b – individuelle Konstanten, die auch vom Versuchsaufbau abhängig sind, A – Distanz zwischen den Zielen, W – Breite eines Ziels (siehe auch ◘ Abb. 3.6).
Damit kann der sogenannt „speed-accuracy trade-off"-Effekt festgestellt werden: Je größer die Bewegungsgenauigkeit ist, desto kleiner ist die Bewegungsgeschwindigkeit oder: Mit zunehmender Schwierigkeit nimmt die Bewegungszeit linear zu. Dabei wird der Schwierigkeitsindex oder die Bewegungsgenauigkeit definiert mit:

$$ID = \log_2(2A/W) \tag{3.2}$$

In der klinischen Diagnostik können mit Hilfe dieser Untersuchung sensomotorische Störungen nach Hirnverletzungen diagnostiziert werden.

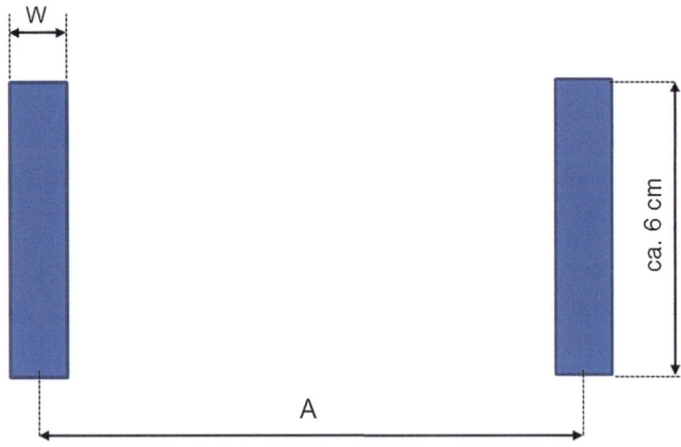

◘ **Abb. 3.6** Vorlage für Fitts'sches Gesetz

3.5 · Kurzer Exkurs: Embodiment

Methodik
Stellen Sie Vorlageblätter entsprechend der ◘ Abb. 3.6 her.
Erarbeiten Sie:
— eine Untersuchungsreihe, in der Sie die Distanz A zwischen den beiden Zielen variieren (Vorschlag: 5 Distanzen von 4 cm bis 22 cm), und
— eine Untersuchungsreihe, in der Sie die Zielbreite W beider Ziele variieren (Vorschlag: 5 Breiten von 2 mm bis 20 mm).

Aufgabe des Probanden: Tippen Sie mit einem Stift von einem Ziel zum anderen (10 Wiederholungen).
Aufnahme der Bewegungen: Videokamera, Aufnahme von zehn Hin- und Herbewegungen. Wiederholen Sie den Versuch, wenn der Proband einen Fehler begeht (Ziel nicht genau trifft).
Auswertung
Ermitteln Sie die Bewegungszeit mit Hilfe Ihrer Videoaufzeichnungen für jede einzelne Experimentvariante. Legen Sie hierfür eine Messtabelle (◘ Tab. 3.1) an.
Tragen Sie in einem Diagramm MT über ID ab! Legen Sie eine Regressionsgerade in die Werte!
Berechnen Sie die Konstanten a (Verschiebung auf der y-Achse) und b (Anstieg)!
Wiederholen Sie den Versuch entweder mit einem anderen Probanden oder mit derselben Person, aber linkshändig!
Diskussion
Gehen Sie bei Ihrer Diskussion auf folgende Aspekte ein:
— Fehler bei der Versuchsdurchführung
— Optimierung der Vorlagen und Anzahl der Bewegungswiederholungen
— Genauigkeit der Bestimmung von MT, A und W

◘ **Tab. 3.1** Beispiel für eine Messtabelle zum Fitts'schen Gesetz

Nr	A [cm]	W [cm]	ID	MT [s]
1	4	0,2	5,32	
2	4	0,4	4,32	
3	4	0,6	3,73	
4	4	1,0	3	
5	4	2,0	2	
6	6	0,2	5,91	
…	…	…	…	

- Einfluss der Konzentrationsfähigkeit bzw. der Ermüdung des Probanden
- Ausreißpunkte oder evtl. schweres Finden einer geeigneten Regressionsgeraden

Diskutieren Sie die Unterschiede zwischen den beiden Versuchswiederholungen!

Literatur

Atkinson, R. C., & Shiffrin, R. M. (1968). Human memory: A proposed system and its control processes. In K. W. Spence & J. T. Spence (Hrsg.), *The psychology of learning and motivation: Advances in research and theory* (S. 89–195). New York: Academic Press.

Beilock, S. L. (2011). Expert performance: From action to perception to understanding. In T. Heinen, A. Milek, T. Hohmann, & M. Raab (Hrsg.), *Embodiment: Wahrnehmung – Kognition – Handlung*. Hundt Druck GmbH: Köln.

Bulling, A., Ward, J. A., Gellersen, H., & Troster, G. (2011). Eye movement analysis for activity recognition using electrooculography. *IEEE Transactions on Pattern, 33*(4), 741–753. ▶ https://doi.org/10.1109/TPAMI.2010.86.

de Marees, H. (2002). *Sportphysiologie* (9, vollständig überarbeitete u. erweiterte Aufl.). Köln: Sport und Buch Strauß.

Ehrenstein, W. H., & Jendrusch, G. (2008). Dynamisches Sehen im Sport. *Optometrie, 63*(5), 42–45.

Effenberg, A. (2003). Unbewusste Wahrnehmungsfunktionen bei der Bewegungsregulation. In H. Mechling & J. Munzert (Hrsg.), *Handbuch Bewegungswissenschaft – Bewegungslehre*. Schorndorf: Hofmann.

Fink, H., Pausenberger, R., Rosenzweig, R., & Weber, A. (1999). Unbewusste Wahrnehmungen. *Skeptiker, 12,* 150–153.

Fitts, P. M. (1954). The information capacity of the human motor system in controlling the amplitude of movements. *Journal of Experimental Psychology, 47,* 381–391.

Hagendorf, H., Krummenacher, J., Müller, H.-J., & Schubert, T. (2011). *Wahrnehmung und Aufmerksamkeit. Allgemeine Psychologie für Bachelor*. Berlin: Springer.

Holst, E. von, & Mittelstaedt, H. (1950). Das Reafferenzprinzip. *Naturwissenschaften, 37,* 464–476.

Kiesel, A. (2009). Unbewusste Wahrnehmung. Handlungsdeterminierende Reizerwartungen bestimmen die Wirksamkeit subliminaler Reize. *Psychologische Rundschau, 60*(4), 215–228.

Myers, D. G. (2014). *Psychologie* (S. 349 ff.). Berlin: Springer.

Sperling, G. (1960). The information available in brief visual presentations. *Psychological Monographs: General and Applied, 74*(11), Whole No. 498, 1–29.

Wiemann, K. (2001). *Bewegungswahrnehmung und Bewegungsvorstellung im Sport*. Vorlesungsskript. ▶ http://www.biowiss-sport.de/beweg_wahr_vor.PDF. Zugegriffen: 6. März 2015.

Wollny, R. (2007). *Bewegungswissenschaft. Ein Lehrbuch in 12 Lektionen*. Aachen: Meyer & Meyer.

Bewegungsvorstellung

4.1 Grundlagen – 76

4.2 Neurophysiologische Aspekte der Bewegungsvorstellung – 79

4.3 Mentales Training – 81

4.4 Wie kann Bewegungsvorstellung untersucht werden? – 82

Literatur – 86

© Springer-Verlag GmbH Deutschland, ein Teil von Springer Nature 2018
K. Witte, *Grundlagen der Sportmotorik im Bachelorstudium (Band 1)*,
https://doi.org/10.1007/978-3-662-57868-1_4

Im folgenden Kapitel wird der Frage nachgegangen, wie wichtig es ist, sich den Ablauf einer Bewegung vorzustellen. Dabei wird zunächst auf die Bedeutung des Zusammenhangs zwischen Bewegungsvorstellung, Bewegungswahrnehmung und Bewegungsausführung für den motorischen Lernprozess eingegangen. Doch was ist eigentlich Bewegungsvorstellung, welche neuronalen Prozesse spielen sich dabei ab und wie kann sie untersucht werden? Eine gute Bewegungsvorstellung stellt die Voraussetzung für das mentale Training dar.

4.1 Grundlagen

> Unter Bewegungsvorstellung (engl. „motor imagery") wird ein aktiver Prozess der Repräsentation einer Bewegung im Arbeitsgedächtnis verstanden, ohne dass die Bewegung real ausgeführt wird.

Es ist kaum möglich, eine Bewegung bewusst auszuführen, ohne eine entsprechende Vorstellung von dieser zu haben. Die Fähigkeit, sich eine Bewegung vorzustellen, ist individuell verschieden und übungs- und erfahrungsabhängig. Die mentale Vorstellung von Bewegungsabläufen kann zur besseren Ausführung dieser Bewegungen beitragen und ist insbesondere im Leistungssport, aber auch bei Musikern und in der neurologischen Rehabilitation eine anerkannte Trainingsmethode.

Demzufolge kann die Bedeutung der Bewegungsvorstellung unter zwei Aspekten betrachtet werden: erstens bei der Förderung des Erlernens und des Vervollkommnens von Bewegungstechniken (bspw. im Leistungssport) und zweitens bei der Rückgewinnung von bereits erlernten Bewegungsfertigkeiten und erworbenen Bewegungsfähigkeiten im Rehabilitationssport (Pithan und Dahm 2015; Zentgraf und Munzert 2014).

Der Begriff der Bewegungsvorstellung (engl. motor imagery) wird nicht einheitlich definiert. Beispiele finden sich im nachstehenden Kästchen. Eine Ursache hierfür sind die unterschiedlichen Mechanismen bei visueller und kinästhetischer Bewegungsvorstellung. In Anlehnung an Pithan und Dahm (2015) wollen wir nachfolgend unter Bewegungsvorstellung die mentale Ausführung einer eigenen Bewegung ohne die tatsächliche Ausübung der Bewegung verstehen.

> **Definitionen der Bewegungsvorstellung**
>
> „Bewegungsvorstellung (engl. ‚motor imagery') wird als aktiver Prozess definiert, bei dem eine geistige Repräsentation von Bewegungen im Arbeitsgedächtnis internal produziert wird, ohne die Bewegungen durch die Muskulatur tatsächlich auszuführen" (Decety und Grézes 1999; Jeannerod 2001).
> „Unter Bewegungsvorstellung versteht man einen aus dem Gedächtnis aufgebauten Ablauf einer geplanten oder ausgeführten Bewegung" (Röthig 1992).

4.1 · Grundlagen

> „… bewusst reproduzierbarer bzw. bewusstseinsfähiger Anteil interner Repräsentationen von Bewegungshandlungen, basierend auf weitgehend verbalisierbaren Wahrnehmungen, verbunden mit nicht bewusstseinspflichtigen, nur indirekt verbalisierbaren Bewegungsempfindungen" (Schnabel et al. 2011).
> „Bewegungsvorstellungen sind wahrnehmungsartige Prozesse einer Person, die nicht auf externe Wahrnehmungsstimuli zurückgeführt, sondern durch die Person selbst generiert werden" (Munzert et al. 2014, S. 30).

Damit ist die Bewegungsvorstellung ein psychisches Phänomen, das daraus resultiert, dass Sinneseindrücke, die durch Bewegungserfahrungen zu einer Bewegungswahrnehmung führten, aus den Gedächtnisspeichern wieder ins Bewusstsein gerufen werden oder „von selbst" im Bewusstsein erscheinen. Das Repräsentieren der Bewegungsvorstellung stellt den „Bewegungsentwurf" dar, der wiederum Auslöser einer auszuführenden Bewegung ist. Neben bereits beherrschten Bewegungen kann man sich aber auch neue Bewegungen oder Bewegungskombinationen vorstellen, die bspw. eine Verknüpfung bereits gespeicherter Bewegungsvorstellungen sind.

Die richtige Bewegungsvorstellung bzw. deren Optimierung spielt eine wichtige Rolle im motorischen Lernprozess. Dies wird in dem Schema von Olivier et al. (2013) (siehe ◘ Abb. 4.1) verdeutlicht. Aus dieser Darstellung kann einerseits die Bedeutung von Bewegungswahrnehmung und Bewegungsausführung für die Bewegungsvorstellung abgeleitet werden. Anderer-

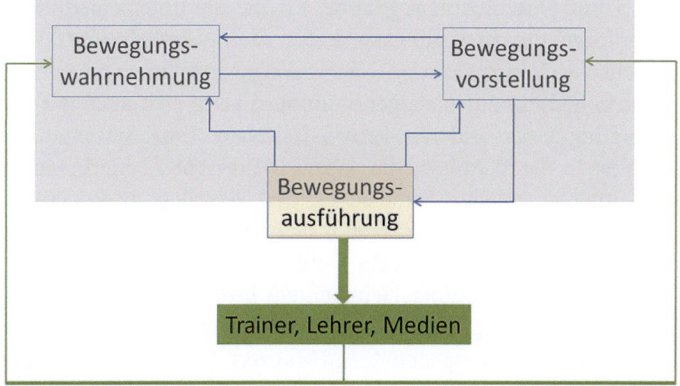

◘ **Abb. 4.1** Bewegungsvorstellung im Kontext zum motorischen Lernprozess. (Mod. nach Olivier et al. 2013)

seits kann aber auch der Lehrende bspw. durch Demonstration und mit Hilfe entsprechender Medien die Vorstellung einer neuen Bewegung erzeugen bzw. bereits vorhandene Bewegungsvorstellungen korrigieren. Es ist also herauszustellen, dass sowohl die eigene Bewegung als auch Fremdbewegungen wahrgenommen werden können. Hier muss der Trainer entscheiden, wie bspw. Bildmaterial aufbereitet werden muss und welche verbalen Instruktionen wichtig sind, um eine optimale Bewegungsvorstellung beim Lernenden zu erzeugen bzw. zu unterstützen. So stellt sich bspw. die Frage, in welchem zeitlichen Abstand die Einzelbilder einer Bildreihe sein sollten.

Die Überprüfung der Bewegungswahrnehmung ist ein besonderes Problem, da der Sportler erst nach Abschluss der Bewegung (also aus seinem Gedächtnis heraus) Auskunft über seine Wahrnehmungen während der Bewegung geben kann. Hier spielt die gezielte Aufmerksamkeitslenkung bei der Bewegungswahrnehmung eine entscheidende Rolle, um diese dem Sportler bewusst werden zu lassen. Das bedeutet also, dass Sinneseindrücke, die in einem bestimmten Zeitraum wahrgenommen wurden, wieder ins Bewusstsein gerufen werden müssen. Dieses psychische Phänomen wird in der Psychologie allgemein als Vorstellung bezeichnet.

Daraus lässt sich schlussfolgern, dass zwei Bedingungen erfüllt sein müssen, wenn Sinneseindrücke einer Bewegung bzw. die Gesamtheit der Bewegungswahrnehmung als Teil der Bewegungsvorstellung bewusst gemacht werden sollen: a) die bewusste Bewegungswahrnehmung und b) die Speicherung der Bewegungswahrnehmung im Langzeitgedächtnis.

Generell können drei Arten der Bewegungsvorstellung unterschieden werden: visuell, akustisch und kinästhetisch. Auch können zwei oder alle drei Vorstellungsarten zusammen auftreten. Bewegungen werden also nicht nur visuell wahrgenommen, sondern Wahrnehmungsprozesse beziehen sich auch auf Lage-, Kraft- und Beschleunigungssinne, für die die unterschiedlichen Rezeptoren des Bewegungsapparates verantwortlich sind (kinästhetische Wahrnehmung). Bewegungsvorstellung muss sich nicht unbedingt auf die eigene, sondern kann sich auch auf die Bewegung einer anderen Person beziehen. Eine Systematisierung ist in der ◘ Abb. 4.2 zu sehen. Interessant ist hierbei auch die unterschiedliche Perspektive der visuellen bzw. akustischen Wahrnehmung. Während sich die Außensicht auf eine Beobachterperspektive bezieht, ist die Innensicht mit der Sichtweise, die man mit einer Helmkamera bspw. beim Laufen oder Radfahren hat, vergleichbar. In einigen Sportarten spielt auch die akustische Vorstellung eine Rolle (Munzert et al. 2014). Dies sind bspw. das Eintauchen von Ruderblättern, das Kontaktgeräusch

4.2 · Neurophysiologische Aspekte der Bewegungsvorstellung

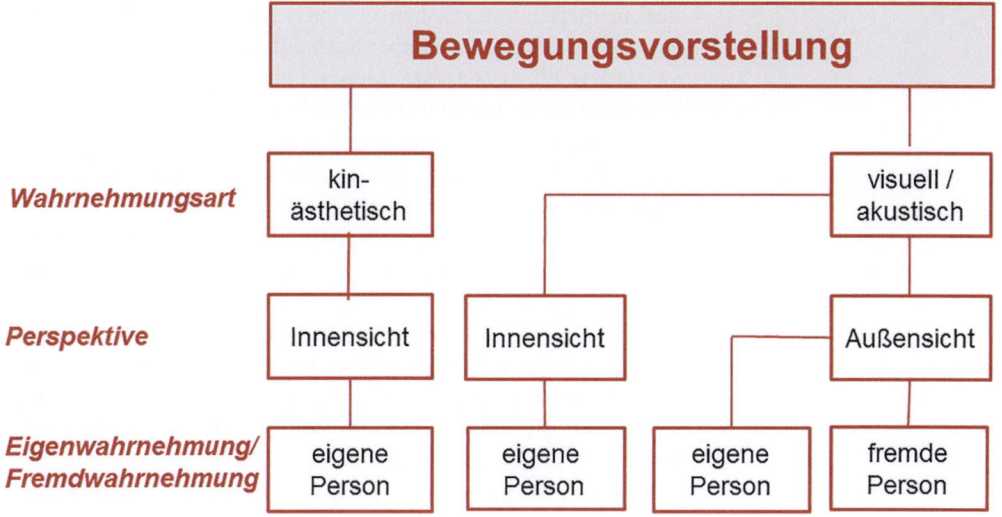

Abb. 4.2 Systematik der Bewegungsvorstellung entsprechend der Wahrnehmung. (Mod. nach Munzert und Reiser 2003)

zwischen Ball und Schläger oder Bewegungen nach einem vorgegebenen akustischen Rhythmus.

4.2 Neurophysiologische Aspekte der Bewegungsvorstellung

Zunächst kann festgestellt werden, dass Vorstellungsprozesse intern generiert werden und damit auf Gedächtnisrepräsentationen zurückgreifen. Hervorgerufen werden Bewegungsvorstellungen entweder explizit (z. B. durch Aufforderung des Trainers) oder implizit (z. B. durch selbstständiges Erinnern an bestimmte Sachverhalte) (Munzert et al. 2014).

Obwohl die Bewegungsvorstellung als ein ganzheitlicher Prozess zu betrachten ist, können Teilprozesse unterschieden werden. Bekannt ist die Modellvorstellung von Farah (1984), die auch heute noch aktuell ist. Demnach werden sensorische Informationen aus dem Langzeitgedächtnis in das Arbeitsgedächtnis transferiert. Hier werden dann die Vorstellungen erzeugt. Diese können subjektiv modifiziert werden, indem man sich auf bestimmte Details konzentriert, sie verstärkt oder auch ausblendet. Bewegungsvorstellungen können verbal berichtet, kopiert und mit anderen Wahrnehmungen verglichen werden (Munzert et al. 2014).

Eine Vielzahl von Untersuchungen hat gezeigt, dass kortikale und subkortikale Gehirnareale erhöhte Aktivierungen während der Bewegungsvorstellung aufweisen. Dies betrifft sowohl

> Sensorische Informationen werden aus dem Langzeitgedächtnis in das Arbeitsgedächtnis transferiert und dort werden die Bewegungsvorstellungen generiert. Während der Bewegungsvorstellung werden kortikale und subkortikale Gehirnareale (wie bei der realen Bewegungsausführung) aktiviert.

den primären motorischen als auch den sensorischen Kortex. Erhöhte Aktivitäten sind aber auch auf spinaler, muskulärer und vegetativer Ebene messbar (Munzert et al. 2014). Besonders interessant ist, dass Muskelaktivierungen bei reiner Vorstellung der Bewegung, ohne dass diese real ausgeführt wird, nachweisbar sind. Allerdings sind die diesbezüglichen EMG-Aktivitäten signifikant geringer (z. B. untersucht von Guillot et al. 2013 bei Armkraftübungen). Nach einer gewissen Übung soll es aber gelingen, diese EMG-Aktivitätserhöhung während der Bewegungsvorstellung zu unterdrücken (Lorey et al. 2010). Das führt zu der Schlussfolgerung, dass zentrale Muskelkommandos auf dem Weg zur Muskulatur willentlich gehemmt werden können.

Ein weiterer interessanter Aspekt ist, dass Bewegungsvorstellungen auch das autonome oder vegetative Nervensystem beeinflussen können. So gibt es zahlreiche Belege für autonome Reaktionen während der Bewegungsvorstellung. Diese können bspw. Herzfrequenz, Hautwiderstand oder Atemfrequenz betreffen (Collet et al. 2006). Umgekehrt sind diese autonomen Reaktionen auch Indikatoren dafür, dass sich der Athlet eine Bewegung auch tatsächlich vorstellt (Munzert et al. 2014).

Insbesondere mit Hilfe der funktionellen Magnetresonanztomographie (fMRT) konnte gezeigt werden, dass kortikale und subkortikale Gehirnareale während der Bewegungsvorstellung aktiv sind. Generell kann festgestellt werden, dass sowohl bei der Bewegungsvorstellung als auch bei der Bewegungsausführung dieselben neuronalen Areale aktiviert sind: primärer motorischer Kortex, Lobulus parietalis superior (als Teil des Parietallappens des Großhirns), Basalganglien und Kleinhirn. Allerdings gibt es Unterschiede in den Aktivitätsmustern. Es konnte nachgewiesen werden, dass bei visueller Bewegungsvorstellung mehr Gehirnareale aktiviert werden als bei kinästhetischer Bewegungsvorstellung (Guillot et al. 2014).

Wie bereits festgestellt, ist die Bewegungswahrnehmung wesentlich für die Bewegungsvorstellung. Dabei ist aber auch die sogenannte Invariantenbildung des Wahrnehmungsprozesses in Zusammenhang mit der Zuordnung sprachlicher Symbole zu beachten. Was ist darunter zu verstehen? Der Begriff „Laufen" wird vom Sportler verstanden, unabhängig davon, welche Person läuft und mit welcher Ausführungsvariation. Eine breite Palette (also Varianten) des Laufens (schnell langsam, von einem Topathleten, einer Freizeitsportlerin oder eines Kindes usw.) kann eindeutig von anderen sportlichen Bewegungen, wie Springen oder Werfen unterschieden werden. So ruft also das Wort „Laufen" bereits eine mehr oder weniger gute Vorstellung dieser Bewegung hervor. Daraus ist aber auch abzuleiten, dass der Sportler nur dann sich diese Bewegung vorstellen kann, wenn er über eine entsprechende Erfahrung verfügt.

4.3 Mentales Training

In der Sportpsychologie stellt das mentale Training von Bewegungsabläufen, bei der sich auf die Bewegungsvorstellung bezogen wird, eine andere Form des Trainings dar als das körperliche Training. Die wichtigste Voraussetzung für ein mentales Training ist eine intensive lebhafte Bewegungsvorstellung. Allgemein gehören aber auch zum mentalen Training das Trainieren der Selbstregulierung des Aktivierungsniveaus (z. B. Spannungs- und Entspannungsübungen wie das autogene Training), das Trainieren der Aufmerksamkeitsregulierung, der Kompetenzerwartung (beinhaltet bspw. die Selbsteinschätzung) und der Selbstgesprächsregulation. Nachfolgend soll sich ausschließlich auf das mentale Training von Bewegungsabläufen bezogen werden.

Auf Grund des Erfolges des mentalen Trainings im Leistungssport bei jungen Erwachsenen wird diese Trainingsform auch in der Rehabilitation eingesetzt, meist dann, wenn der Patient physisch nicht in der Lage ist, die Bewegungen auszuführen.

Um einen schwierigen oder neuen Bewegungsablauf zu erlernen, ist eine klare und richtige Bewegungsvorstellung notwendig. Hierzu können unterschiedliche Methoden genutzt werden. Im Kindesalter bildet sich eine Bewegungsvorstellung bereits durch einfaches Nachahmen aus. Dies reicht bei komplexeren Lernanforderungen und höherem Lebensalter nicht mehr aus. Die unterschiedlichen Formen der Wahrnehmung werden auch für das mentale Training genutzt, woraus folgende Ansätze nach Heuer (1985) resultieren:

- Sprachlich-symbolische Ansätze (bewusste Aufnahme von Bewegungserklärungen des Trainers sowie eigene Beschreibung des Bewegungsablaufs)
- Räumlich-bildhafte Ansätze (bewusste Beobachtung und ihre Speicherung im Gedächtnis)
- Kinästhetische Ansätze (bewusste Aufnahme kinästhetischer Informationen wie Spannungs- und Entspannungszustände der Muskulatur, Krafteinsatz, Bewegungsamplituden, Bewegungsrhythmus, …)

Bei den sprachlich-symbolischen Ansätzen werden in der Regel Vorstellungen verbalisiert, teilweise verschriftlicht, auf wesentliche Knotenpunkte der Bewegung reduziert und dann dem Bewegungsrhythmus angepasst (Mayer und Hermann 2015). Das bekannteste Stufenmodell des mentalen Trainings wurde von Eberspächer (2001) aufgestellt:
I. Detaillierte Beschreibung der Bewegung
II. Hervorhebung der Knotenpunkte

> Grundlage des mentalen Trainings ist eine intensive Bewegungsvorstellung. Man unterscheidet sprachlich-symbolische, räumlich-bildhafte und kinästhetische Ansätze.

III. Symbolische Markierung und Rhythmisierung der Knotenpunkte
IV. Mentales Training der symbolisch markierten und rhythmisierten Knotenpunkte

Wichtig ist bei dieser Methode der ständige Vergleich der tatsächlichen realen Bewegung mit der vorgestellten Bewegung.

Bei den räumlich-bildhaften Ansätzen werden meist Videoaufzeichnungen verwendet. Aber auch das praktische Vorzeigen und das Selbstbeobachten gehören dazu. Bekannt ist, dass bereits durch das reine Beobachten der Bewegung Gehirnareale aktiviert werden und ein entsprechendes eigenes „motorisches Schema" entsteht. Oft wird auch das System der Spiegelneurone eingesetzt (Mayer und Hermann 2015). Hier befindet sich der Athlet in einer simulierten Umgebung und kann sich somit in die Bedingungen bei realer Bewegung hineinversetzen.

Bei den kinästhetischen Ansätzen werden entsprechend kinästhetische Wahrnehmungsarten genutzt. Dabei ist die Bewegungsvorstellung so intensiv, dass man sich bspw. an Spannungszustände der Muskulatur erinnern kann.

Abschließend sollte noch festgestellt werden, dass mentales Training sowohl aus der Beobachter- als auch aus der Innenperspektive möglich ist (Eberspächer 2001).

4.4 Wie kann Bewegungsvorstellung untersucht werden?

Unabhängig von der funktionellen Magnetresonanztomographie lassen sich Bewegungsvorstellungen mit Hilfe von Fragebögen, mentaler Chronometrie und mentaler Rotation untersuchen.

Die Fähigkeit, sich eine Bewegung vorzustellen, beinhaltet kognitiv-motorische Prozesse. Hierzu sind sowohl ein gutes Arbeitsgedächtnis als auch Bewegungserfahrungen wichtig. Da beide Prozesse mit zunehmendem Alter eingeschränkt sind, verschlechtert sich bei älteren Personen die Bewegungsvorstellung (Schott 2013). Generell kann festgestellt werden, je besser das Arbeitsgedächtnis und umso größer der Umfang der körperlich-sportlichen Aktivität und damit die Bewegungserfahrung sind, desto besser ist auch die Bewegungsvorstellungsfähigkeit.

Die Überprüfung der Bewegungsvorstellungsfähigkeit kann auf unterschiedliche Weise erfolgen.

a) Fragebögen zur Erfassung der Lebhaftigkeit des Bewegungsvorstellungsvermögens

Beispielsweise werden Fragebögen, MIQ, VMIQ, KVIQ-10/20 für jüngere und ältere Menschen, aber auch Schlaganfallpatienten verwendet, die sich bestimmte Bewegungen vorstellen sollen.

Mit Hilfe einer Skala werden sie aufgefordert anzugeben, wie gut sie sich diese Bewegung vorstellen können. Dabei handelt es sich einerseits um Bewegungen, die sie selbst ausführen können, aber andererseits auch um Bewegungen, die sie nicht beherrschen.

b) Mentale Chronometrie

Bei dieser Methode wird die zeitliche Dauer der realen Bewegung mit der der vorgestellten Bewegung verglichen. Diese können Gehen, Laufen, Hüpfen, Schreiben, Zeichnen usw. sein. Bei Schlaganfallpatienten konnte festgestellt werden, dass die Vorstellung von Bewegungen der hemiplegischen Seite deutlich länger ausfällt als in Bezug zur gesunden Seite. Ältere Versuchspersonen zeigten eine deutlich verkürzte Vorstellungszeit im Vergleich zur realen Bewegungszeit (Schott 2013).

c) Mentale Rotation

Diese Untersuchungen werden oft mit Hilfe des Computers unterstützt. Bei einer Methodenvariante werden auf dem Monitor Hände in unterschiedlicher Position und Orientierung präsentiert (Abb. 4.3). Die Versuchsperson muss entscheiden, ob es sich um eine linke oder eine rechte Hand handelt. In den meisten Fällen kann die Aufgabe nur dadurch gelöst werden, wenn man mit der eigenen Hand versucht, diese in die gezeigte Hand hineinzudrehen. Bei einem ähnlichen Test werden Stangen mit unterschiedlicher Orientierung präsentiert. Die Versuchsperson soll nun entscheiden, ob es leichter ist, die Stange mit der linken Hand im Obergriff oder im Untergriff zu erfassen.

Schott (2013) ist allerdings der Meinung, dass die besten Aussagen zur Bewegungsvorstellungsfähigkeit nur durch Untersuchungen getroffen werden könne, bei denen jeweils nur ein Körperteil bewegt wird oder eine Aufeinanderfolge von Teilbewegungen erfolgt.

? Fragen und Aufgaben zur Vertiefung
1. Worauf hat eine positive Bewegungsvorstellung Einfluss? Nennen Sie Beispiele!

 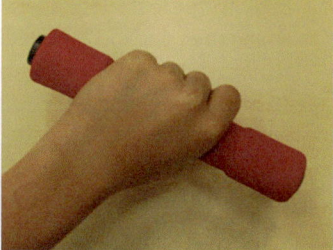

Abb. 4.3 Untersuchungsdesign zur mentalen Rotation

2. Sie finden im Internet verschiedene Bewegungspuzzles zur Unterstützung des Bewegungslernens. Probieren Sie diese aus. Diskutieren Sie die Möglichkeiten dieses Verfahrens. Unter welchen Bedingungen würden Sie diese im Trainingsprozess einsetzen? Was müssten Sie beachten, wenn Sie ähnliche Bewegungspuzzles für Ihre Athleten oder Schüler erstellen wollten? Es ist zu empfehlen, derartige Bewegungspuzzles auch mit eigenen Fotos aus Bilderreihen oder Zeichnungen herzustellen.
3. Welche Gemeinsamkeiten und Unterschiede gibt es zwischen Bewegungsvorstellung und Antizipation? Erläutern Sie dies an Beispielen!

❓ Kontrollfragen zur Vorbereitung auf die Prüfung
1. Erläutern Sie den Begriff der Bewegungsvorstellung! Wie ist er mit der Bewegungswahrnehmung verbunden?
2. Erläutern Sie Innen- und Außensicht der Bewegungsvorstellung!
3. Erläutern Sie die Bedeutung visueller und kinästhetischer Wahrnehmung für die Bewegungsvorstellung!
4. Welche Anwendungen der Praktizierung von Bewegungsvorstellungen kennen Sie?
5. Erläutern Sie die Grundlagen des mentalen Trainings!
6. Wie können Bewegungsvorstellungen untersucht werden?

❓ Belegaufgabe: Bewegungsvorstellung
Führen Sie zusammen mit Kommilitonen folgende drei Untersuchungen zur Bewegungsvorstellung durch!

Gehbewegung
Aufgabe
Vergleichen Sie die Zeit für die vorgestellte Gangbewegung mit der Zeit der real ausgeführten Gangbewegung! Interpretieren Sie die eventuell vorhandene Differenz!
Methodik
Der Versuchsleiter bittet die Versuchsperson, sich ihren eigenen Gang von 10 Schritten vorzustellen. Zeitlicher Beginn und zeitliches Ende werden von der Versuchsperson angegeben und die Zeitdauer vom Versuchsleiter gestoppt. Danach geht die Versuchsperson eine gerade Strecke von 10 Schritten. Auch hier misst der Versuchsleiter die Zeit für das Zurücklegen der Strecke. Vergleichen Sie beide Zeiten miteinander und diskutieren Sie eventuelle Unterschiede! Wiederholen Sie den Versuch! Tritt ein Gewöhnungs- bzw. Lerneffekt auf?
Wiederholen Sie den Versuch mit einer zweiten Versuchsperson!

Auswertung und Diskussion
Diskutieren Sie den Sachverhalt, ob die vorgestellte Bewegungszeit kürzer oder länger als die reale Bewegungszeit war. Welche Ursachen kann das haben? Welches Ergebnis konnten Sie feststellen bei der Wiederholung des Versuches mit derselben Person?

Fingertapping (nach Simmons et al. 2008)
Aufgabe
Vergleichen Sie die vorgestellte maximale Bewegungsfrequenz mit der real möglichen Bewegungsfrequenz! Interpretieren Sie die eventuell vorhandene Differenz!
Methodik
Der Versuchsleiter benutzt ein Metronom (auch elektronisch kostenfrei als App verfügbar). Es werden der Versuchsperson Takte mit zunehmender Frequenz (z. B.: von 0,50 Hz in 0,5-Hz-Schritten, sollte vorher ausprobiert werden) jeweils 5–10 s dargeboten. Die Versuchsperson wird aufgefordert sich vorzustellen, mit einem Zeigefinger im Takt des Metronoms auf die Tischplatte zu tappen. Wenn sie glaubt, dazu nicht mehr in der Lage zu sein, soll sie dies signalisieren. Danach wird der Versuch real durchgeführt. Anschließend sind die beiden Taktfrequenzen, bei denen das Tappen vorstellungsmäßig und real nicht mehr möglich war, miteinander zu vergleichen und das Ergebnis zu interpretieren.
Wiederholen Sie den Versuch mit derselben Person! Führen Sie diesen Versuch mit einer musikalisch vorgeprägten Person durch!
Auswertung und Diskussion
Diskutieren Sie die Ergebnisse. Welche Ursachen können eventuelle Differenzen haben? Welches Ergebnis konnten Sie feststellen bei der Wiederholung des Versuches mit derselben Person? Hat eine musikalische Vorbildung Einfluss auf die Vorstellung der maximal möglichen Frequenz des Fingertappings?

Test zur Kontrollierbarkeit der Bewegungsvorstellung unter der Bedingung der Wiedererkennung (Schott 2013)
Führen Sie den in diesem Artikel beschriebenen Test mit jüngeren und älteren Versuchspersonen durch. Können Sie mit Ihrer Pilotstudie die Ergebnisse von Schott (2013) bestätigen?

Literatur

Collet, C., Guillot, A., Bolliet, O., & Dittmar, A. (2006). Autonomic-nervous-system activity during the preparation phase for the snatch in Olympic weight lifting. *International Journal of Sports Physiology and Performance, 1*(4), 375–387.

Decety, J., & Grézes, J. (1999). Neural mechanisms subserving the perception of human actions. *Trends in Cognitive Sciences, 3*(5), 172–178.

Eberspächer, H. (2001). *Mentales Training: Ein Handbuch für Trainer und Sportler*. München: Copress.

Farah, M. J. (1984). The neurological basis of mental imagery: A componential analysis. *Cognition, 18*(1–3), 245–272.

Guillot, A., Desliens, S., Rouyer, C., & Rogowski, I. (2013). Motor imagery and tennis serve performance: The external focus efficacy. *Journal of Sports Science and Medicine, 12,* 332–338.

Guillot, A., Renzo, F. di, & Collet, C. (2014). The neurofunctional architecture of motor imagery. ▶ https://doi.org/10.5772/58270.

Heuer, H. (1985). Wie wirkt mentale Übung? *Psychologische Rundschau, 36,* 191–200.

Jeannerod, M. (2001). Neural simulation of action: A unifying mechanism for motor cognition. *NeuroImage, 14,* 103–109.

Lorey, B., Pilgramm, S., Walter, B., Stark, R., Munzert, J., & Zentgraf, K. (2010). Your mind's hand. Motor imagery of pointing movements with different accuracy. *NeuroImage, 49,* 3239–3247.

Mayer, J., & Hermann, H. D. (2015). Mentales Training erlernen und anwenden. In J. Mayer & H. D. Hermann (Hrsg.), *Mentales Training*. Berlin: Springer.

Munzert, J., & Reiser, M. (2003). *Vorstellung und motorisches Lernen*. In H. Mechling & J. Munzert (Hrsg.), *Handbuch Bewegungswissenschaft – Bewegungslehre* (S. 219–230). Karl Hofmann: Schorndorf.

Munzert, J., Reiser, M., & Zentgraf, K. (2014). Bewegungsvorstellungstraining im Sport. In K. Zentgraf & J. Munzert (Hrsg.), *Kognitives Training im Sport* (S. 9–36). Göttingen: Hogrefe.

Olivier, N., Rockmann, U., & Krause, D. (2013). *Grundlagen der Bewegungswissenschaft und -lehre* (2, überarbeitete u. erweiterte Aufl.). Schorndorf: Hofmann.

Pithan, J. M., & Dahm, S. F. (2015). Fragebögen und Testmethoden der Bewegungsvorstellung. *Zeitschrift für Sportpsychologie, 22*(3), 112–124.

Röthig, P. (1992). *Sportwissenschaftliches Lexikon* (6. Aufl.). Schorndorf: Hofmann.

Schnabel, G., Harre, H. D., & Krug, J. (2011). *Trainingslehre – Trainingswissenschaft* (2. Aktualisierte Aufl.). Aachen: Meyer & Meyer.

Schott, N. (2013). Test zur Kontrollierbarkeit der Bewegungsvorstellungsfähigkeit (TKBV) bei älteren Erwachsenen. *Gerontol Geriat, 46,* 663–672. ▶ https://doi.org/10.1007/s00391-013-0520-x.

Simmons, L., Sharma, N., Baron, J. C., & Pomeroy, V. M. (2008). Motor imagery to enhance recovery after subcortical stroke: Who might benefit, daily dose, and potential effects. *Neurorehabil Neural Repair, 22*(5), 458–467. ▶ https://doi.org/10.1177/1545968308315597.

Wiemann, K. (1994). Bewegungswahrnehmung und Bewegungsvorstellung im Sport. Vorlesungsmanuskript, Universität Wuppertal. ▶ http://www.biowiss-sport.de/beweg_wahr_vor.PDF. Zugegriffen: 30. Juni 2017.

Zentgraf, K., & Munzert, J. (2014). *Kognitives Training im Sport*. Göttingen: Hogrefe.

Motorische Entwicklung

5.1	Gegenstandsbereich	– 88
5.2	Motorische Entwicklung in der Lebensspanne	– 90
5.3	Trainingsgünstige Zeiträume	– 93
5.4	Entwicklung ausgewählter motorischer Fähigkeiten und Fertigkeiten	– 94
5.5	Welche Faktoren beeinflussen die motorische Entwicklung?	– 95
5.6	Motorische Leistungsfähigkeit im fortgeschrittenen Alter	– 97
	Literatur	– 102

© Springer-Verlag GmbH Deutschland, ein Teil von Springer Nature 2018
K. Witte, *Grundlagen der Sportmotorik im Bachelorstudium (Band 1)*,
https://doi.org/10.1007/978-3-662-57868-1_5

Für die Gestaltung eines optimalen sportlichen Trainings ist es wichtig zu wissen, wie sich das motorische Leistungsniveau und die motorische Lernfähigkeit des Menschen in der Lebensspanne verändert, ob es besonders sensible Phasen gibt, in welchem Alter eine motorische Fähigkeit besonders ausgeprägt ist und welche Unterschiede zwischen Jungen und Mädchen diesbezüglich bestehen. Es werden verschiedene Ansätze diskutiert, die sich mit den Einflussfaktoren auf die motorische Entwicklung beschäftigen. Eine weitere Frage, die zunehmend in unserer Gesellschaft von Relevanz ist, bezieht sich darauf, ob und wenn welche motorischen Fähigkeiten und Fertigkeiten sich bei älteren Menschen verschlechtern. Können auch im Alter motorische Fertigkeiten erlernt werden?

5.1 Gegenstandsbereich

Die motorische Entwicklung bezieht sich vor allem auf die Entwicklung motorischer Fähigkeiten und Fertigkeiten und bezieht das motorische Lernen mit ein. Biologische, kognitive, emotional-psychische und soziale Aspekte sowie die Wahrnehmungs- und Sprachentwicklung beeinflussen die motorische Entwicklung.

Zunächst muss festgehalten werden, dass motorische Entwicklung viele Aspekte einbezieht: biologische, kognitive, emotional-psychische und soziale Entwicklung sowie Wahrnehmungs- und Sprachentwicklung. In der Sportwissenschaft und damit in Hinblick auf sportmotorische Fähigkeiten und Fertigkeiten ist die folgende Definition von Willimczik und Singer (2009) verbreitet:

> Unter motorischer Entwicklung wird eine Reihe von miteinander zusammenhängenden, auf den motorischen Persönlichkeitsbereich bezogenen Veränderungen verstanden, die bestimmten Orten des zeitlichen Kontinuums eines individuellen Lebenslaufs, vorzugsweise operationalisiert über das kalendarische Alter, zuzuordnen sind (Willimczik und Singer 2009, S. 21).

Da sich auch der motorische Lernprozess auf Veränderungen der Motorik bezieht, sollten beide Termini gegenübergestellt werden. So versteht Munzert (2010) unter motorischem Lernen erfahrungsabhängige Veränderungen motorischer Funktionsprozesse, die sich in der Regel in kürzeren Zeitabschnitten zeigen und die zu relativ überdauernden Veränderungen im Verhaltenspotenzial führen. Dagegen bezieht sich die motorische Entwicklung auf lebensaltersbezogene Veränderungen motorischer Funktionsprozesse, die sich meist in größeren Zeitabschnitten manifestieren. Motorische Entwicklung bezieht also motorisches Lernen mit ein, hängt aber weiterhin von Wachstums- und Reifungsprozessen und der Entwicklung von konditionellen Fähigkeiten (wie bspw. Kraft und Ausdauer) ab.

5.1 · Gegenstandsbereich

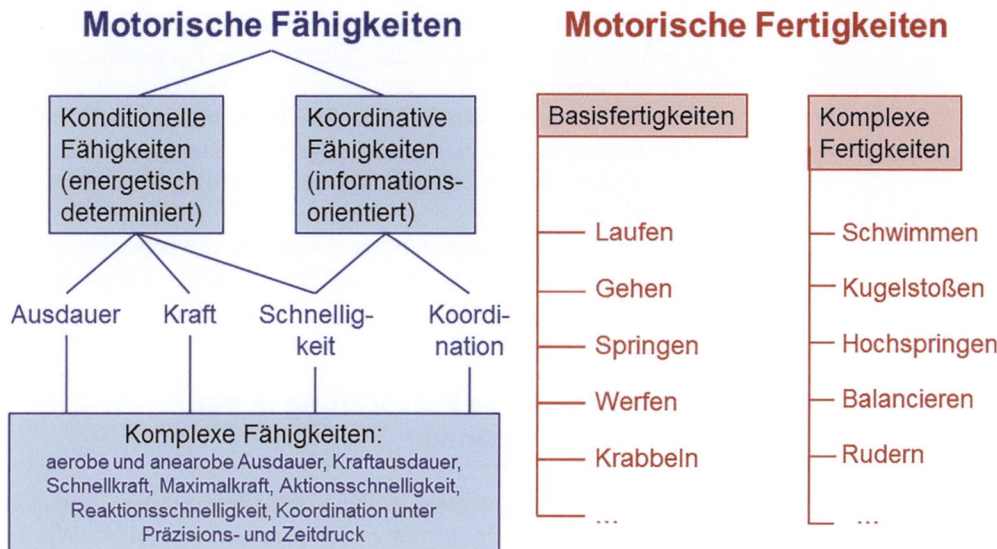

◘ Abb. 5.1 Systematisierung von motorischen Fähigkeiten und Fertigkeiten. (Mod. nach Bös 2001)

Gegenstand der motorischen Entwicklung sind die konditionellen und koordinativen Fähigkeiten, die elementaren oder Basis-Fertigkeiten sowie die komplexen Fertigkeiten. Bei der Besprechung der fähigkeitsorientierten Betrachtungsweise (► Abschn. 1.4.3) sind wir kurz auf Fähigkeiten und Fertigkeiten eingegangen. Die ◘ Abb. 5.1 systematisiert diese auf der Grundlage der ◘ Tab. 1.2.

Unter sportmotorischen Fertigkeiten werden im Lern- und Trainingsprozess erworbene Bewegungsmuster zur Lösung einer Bewegungsaufgabe verstanden. Neben elementaren oder Basisfertigkeiten lassen sich auch komplexe Fertigkeiten unterscheiden (◘ Abb. 5.1). Aber auch die Einteilung in offene und geschlossene sportmotorische Fertigkeiten wird häufig verwendet (Wollny 2007, S. 21). Dabei versteht man unter geschlossenen Fertigkeiten relativ feste sportartspezifische Bewegungsformen, wie bspw. Salti im Wasserspringen, Elemente des Gerätturnens oder Schwimmtechniken. Offene sportmotorische Fertigkeiten sind dagegen weniger an festgelegte Bewegungsabläufe gebunden und müssen an die jeweilige Situation angepasst werden: Dribbeln beim Basketball oder Zuspiel bei Rückschlagspielen. Demgegenüber sind motorische Fähigkeiten generalisierte, technikübergreifende Leistungsvoraussetzungen (Wollny 2007, S. 22). Sie bilden die Voraussetzung für jeweils mehrere strukturell verschiedenartige Ausführungsformen (Speerwurf, Boxschlag, Weitsprung etc.) und sind für viele Sportarten leistungsbestimmend.

Wissenschaftler, die sich mit der motorischen Entwicklung beschäftigen, versuchen eine Vielzahl von Fragestellungen zu beantworten, wie z. B.:
- Wie verändert sich die Motorik in der Lebensspanne?
- Gibt es individuumsunabhängige Entwicklungsverläufe?
- Ändern sich die einzelnen motorischen Fähigkeiten gleichförmig?
- Welche Faktoren bestimmen die motorische Entwicklung?
- Welche Bedeutung kommt den (genetischen) Anlagen des Kindes/dem Jugendlichen zu?

5.2 Motorische Entwicklung in der Lebensspanne

Um den Entwicklungsprozess zu beschreiben, wird als Zeitachse das Lebensalter (in Jahren oder Monaten) verwendet. Wie in der ◘ Abb. 5.2 angegeben, durchläuft der Mensch verschiedene Lebensabschnitte oder Altersstufen.

Oft wird die motorische Entwicklung den Lebensabschnitten, wie es die ◘ Tab. 5.1 zeigt, zugeordnet. Schon beim Vergleich der Einteilung der Lebensabschnitte fallen Unterschiede zwischen den Autoren auf.

Generell ist festzustellen, dass die motorische Entwicklung nicht unbedingt mit dem kalendarischen Alter einhergeht.

> Die Lebensspanne kann in typische Lebensabschnitte eingeteilt werden. Hier finden sich allgemeine Merkmale der motorischen Entwicklung, die aber individuell stark variieren können.

Alter	
Hochbetagte	100+
Alte Alte	85 – 99 J.
Alte	75 – 84 J.
Junge Alte	65 – 74 J.
Erwachsenenalter	
Spätes Erwachsenenalter	bis etwa 60./65. Lj.
Mittleres Erwachsenenalter	bis etwa 45./50. Lj.
Frühes Erwachsenenalter	bis etwa 30./35. Lj.
Jugendalter (Adoleszenz)	bis etwa 18. Lj.
Späte Kindheit	
Spätes Schulkindalter	bis etwa 12. Lj.
Frühes Schulkindalter	bis etwa 9./10. Lj.
Frühe Kindheit	
Vorschulalter	bis etwa 7. Lj.
Kleinkindalter	bis etwa 2./3. Lj.
Säuglingsalter	4.-12. Lebensmonat
Neugeborenenalter	1.-3. Lebensmonat
Prä- und perinatale Entwicklung	Geburt
	Zeugung

(Jugendalter bis spätes Schulkindalter: Pubertät)

◘ Abb. 5.2 Einteilung der Altersstufen über die Lebensspanne. (Mod. nach Munzert 2010)

5.2 · Motorische Entwicklung in der Lebensspanne

Tab. 5.1 Motorische Entwicklung in den einzelnen Lebensabschnitten. (Mod. nach Wollny 2007, S. 217, und Meinel und Schnabel 2007, S. 248)

Lebensabschnitt	Altersspanne	Motorische Charakteristik
Neugeborenenalter	1.–3. Lebensmonat	Keine zielgerichteten Bewegungen des gesamte Körpers und einzelner Körpersegmente
Säuglingsalter	4.–11. Lebensmonat	Aneignung erster koordinierter Bewegungen
Kleinkindalter	1.–3. Lebensjahr	Aneignung vielfältiger Bewegungsformen
Vorschulalter	3./4.–6./7. Lebensjahr	Vervollkommnung vielfältiger Bewegungsformen, Aneignung erster Bewegungskombinationen
Frühes Schulkindalter	7.–9./10. Lebensjahr	Schnelle Fortschritte in der motorischen Lernfähigkeit
Spätes Schulkindalter	W: 10./11.–11./12. Lebensjahr M: 10./11.–12./13. Lebensjahr	Beste motorische Lernfähigkeit
Frühes Jugendalter (Pubeszenz)	W: 11./12.–13./14. Lebensjahr M: 12./13.–14./15. Lebensjahr	Umstrukturierung/Veränderung motorischer Fähigkeiten und Fertigkeiten
Spätes Jugendalter (Adoleszenz)	W: 13./14.–17./18. Lebensjahr M: 14./15.–18./19. Lebensjahr	Ausgeprägte geschlechtsspezifische Differenzierung, zunehmende Individualisierung und Beständigkeit
Frühes Erwachsenenalter	18./20.–30./35. Lebensjahr	Relativer Erhalt der motorischen Lern- und Leistungsfähigkeit
Mittleres Erwachsenenalter	30./35.–45./50. Lebensjahr	Allmähliche motorische Leistungsminderung
Späteres Erwachsenenalter	45./50.–60./70. Lebensjahr	Verstärkte motorische Leistungsminderung
Alter	Ab 60./70. Lebensjahr	Ausgeprägte motorische Leistungsminderung

W – weiblich, M – männlich

Wachstums- und Reifungsprozesse sind durchaus individuell, meist aber in den einzelnen Lebensabschnitten ähnlich ausgeprägt. Sogenannte bio-psycho-soziale Komponenten beeinflussen ebenfalls den motorischen Entwicklungsprozess und sind Gegenstand entsprechender theoretischer Konzepte (Baur 2009). So wurden vielfältig die Einflüsse von sportlicher Betätigung, sozialer Einflüsse und Vererbung auf die motorische Entwicklung untersucht.

Die nachfolgende Tab. 5.2 zeigt eine zusammenfassende Übersicht wesentlicher Aspekte der motorischen Entwicklung in der Kindheit, Jugend und im Erwachsenenalter. Die Altersspanne entspricht der aus Tab. 5.1.

◻ **Tab. 5.2** Motorische Entwicklung im Detail in den einzelnen Lebensabschnitten. (Mod. nach Scheid 2009)

Frühe Kindheit	
Neugeborenenalter	– Ungerichtete Bewegungen – Motorik wird von den Reflexen des Hirnstamms und Rückenmarks bestimmt – Primitive Reflexe: Schreit-, Steig- und Kriechreflexe, die später nicht mehr abrufbar sind und nicht im zeitlichen Zusammenhang mit den späteren bewussten Bewegungen stehen
Säuglingsalter	– Stellreaktionen ermöglichen die Aufrichtung, die Haltungsbewahrung und die Fortbewegung entgegen der Schwerkraft, Gleichgewichts- und Balancierreaktionen – Bewegungen werden zunehmend durch Großhirn und Pyramidenbahn gesteuert – Erste koordinierte Bewegungen: Greifen, Aufrichten, Fortbewegung (Robben, Krabbeln) – Erscheinungsbild der Bewegung: plump und tapsig – Kurze Konzentrationsphasen
Kleinkindalter und Vorschulalter	– Aneignung und Vervollkommnung vielfältiger Bewegungsformen: Lokomotionen wie Laufen, Steigen, Hüpfen, Springen und Klettern; Bewegungsvarianten wie Ziehen, Schieben, Hängen, Schwingen – Auf der Grundlage von Greifbewegungen bilden sich Werfen und Fangen aus – Ausbildung feinmotorischer Bewegungen: Steckbrett, Turmbau, Zeichnen – Bewegungen werden zunehmend der Situation angepasst – Bewegungsausführung kraftvoller, größere Amplituden – Verbesserung von Bewegungsrhythmus und -kopplung – Durch Verbesserung der konditionellen und koordinativen Fähigkeiten wird das Laufen schneller und das Springen weiter bzw. höher
Kindheit und Jugend	
Schulkindalter und Jugend (7.–18. Lebensjahr)	– Allgemein steigt die motorische Leistungsfähigkeit (außer Beweglichkeit) relativ steil an, jedoch ist kein allgemeiner Index zu finden – Entwicklung ist bis zum 12. Lebensjahr relativ geschlechtsunspezifisch – Anstieg von Handkraft und Sprungkraft – Gleichgewichtsfähigkeit steigt bis zum 11. Lebensjahr und flacht dann ab, das Gleiche gilt für die Feinmotorik – Bewegungsschnelligkeit steigt bis zum 12. Lebensjahr steil und linear an, flacht dann ab und sinkt ab dem 15. Lebensjahr – Reaktionsfähigkeit steigt stark an bis zum 9. Lebensjahr und flacht dann ab – Motorische Fertigkeiten entwickeln sich entsprechend der motorischen Fähigkeiten, die sie determinieren – Ausdauerfähigkeit steigt insbesondere in der Jugend an
Erwachsenenalter	
Frühes Erwachsenenalter	– Kraft, Ausdauer, Schnelligkeit und viele koordinative Fähigkeiten (z. B. Gleichgewicht) haben die höchste Ausprägung – Frauen haben ihren Leistungshöhepunkt am Ende der Adoleszenz, Männer erst im frühen Erwachsenenalter – Der Rückgang der motorischen Leistungsfähigkeit beider Geschlechter ist geringer als im mittleren Erwachsenenalter

(Fortsetzung)

◘ Tab. 5.2	(Fortsetzung)
Mittleres Erwachsenenalter	– Rückgang vieler motorischer Leistungsfaktoren, aber nicht so stark wie früher oft vermutet – Kraftausdauer in den unteren Extremitäten kann im Lebenslauf besser erhalten werden als bei den oberen Extremitäten – Bei der Maximalkraft gegenläufig: die unteren Extremitäten verzeichnen einen größeren Rückgang als die oberen Extremitäten – Ausgenommen ist die Beweglichkeit, Männer verfügen über ein höheres Leistungsniveau als die Frauen – Lebensstil, körperliche Aktivität und BMI verringern den Rückgang der körperlichen Leistungsfähigkeit
Späteres Erwachsenenalter und Alter	– Annahme: motorische Leistungsfähigkeit ist eng mit Veränderungen sensorischer, physiologischer und psychologischer Bereiche verbunden – Zusammenhang zwischen sportlicher Aktivität, körperlicher Fitness, Gesundheitsstatus, Morbidität (Häufigkeit von Krankheiten) und Mortalität (Sterberate) – Verringerung von Maximal- und Schnellkraftfähigkeiten durch Rückgang der Muskelmasse, Veränderung des protein- und Harnstoffwechsels, Umbau von Muskelfasern (von Typ II zu Typ I), Rückgang der motorischen Einheiten – Rückgang von Reaktionsleistungen, Gleichgewichtsfähigkeit, Aufmerksamkeitsleistungen, Beweglichkeit und Ausdauer

5.3 Trainingsgünstige Zeiträume

Oft steht der Trainer vor der Frage, in welchem Alter sportmotorische Fertigkeiten am besten erlernt und trainiert werden können. Hier gibt es unterschiedliche Meinungen der Bewegungswissenschaftler.

So galt Hirtz (1985) im deutschsprachigen Raum in den 1990er Jahren als Befürworter des Konzepts des besten motorischen Lernalters im Alter zwischen 10 und 12/13 Jahren (vor der Pubertät). Gegner eines motorischen Lernalters ist Willimczik (1991). Er ist der Meinung, dass Lernen in allen Altersbereichen möglich ist. Die besten Resultate werden tendenziell bei älteren Kindern und Jugendlichen erzielt, weil sie über relativ ausgeprägte Lern- und Bewegungserfahrungen verfügen und damit bessere kognitive und motorische Voraussetzungen zum Neulernen besitzen. Auch Wollny (2002) zeigt, dass Lernfortschritte eher von Vorerfahrungen als vom Alter abhängen.

Gegenwärtig wird davon ausgegangen, dass die Anforderungen der Bewegungsaufgabe den Lernverlauf entscheidend beeinflussen. So ist es offensichtlich, dass Übungen, die einen hohen Grad von Koordination des ganzen Körpers und außerdem optimale Kraft-Hebel-Verhältnisse benötigen, während der Pubertät auf schlechterem Niveau ausgeführt werden. Ist die Übung dagegen mehr neurophysiologisch beanspruchend und erfordert stärkere sensorische Voraussetzungen, sind ältere Kinder oder Jugendliche

Im Unterschied zu früher üblichen sensiblen Phasen spricht man heute von trainingsgünstigen Zeiträumen. Es wird die Auffassung vertreten, dass die motorische Lernfähigkeit auch nach der Pubertät nicht abnimmt.

jüngeren Kindern im Vorteil. Während man also früher der Meinung war, dass das beste motorische Lernalter vor der Pubertät liegt, haben weitere Studien gezeigt, dass die Lernfähigkeit nach der Pubertät nicht abnimmt.

Generell sind sich die Bewegungswissenschaftler einig darüber, dass man statt von sensiblen Phasen besser von trainingsgünstigen Zeiträumen sprechen sollte. So können jüngere Kinder grundlegende Fertigkeiten in der Fortbewegung lernen, schwierigere Bewegungsabläufe sind dagegen erst ab dem 9. Lebensjahr und später möglich (z. B.: Jonglieren, komplexe Bewegungen in Ballsportarten oder Kampfsport). Weiterhin ist es auch nicht möglich, den Zeitpunkt für den Beginn des frühestmöglichen Lernens einer sportlichen Fertigkeit anzugeben. Dieser wird wiederum sowohl von der Struktur und Komplexität der Bewegung als auch von den Vorerfahrungen beeinflusst. Ein weiterer wichtiger Aspekt ist hierfür die Plastizität motorischer Fähigkeiten im Lebenslauf (als Fähigkeit des Menschen, sich auf Grund seiner genetischen Veranlagung und seines Alters den Umweltbedingungen anzupassen) (Conzelmann 2009). Dazu gehören: a) psychische und physische Belastbarkeit, b) innere Logik des Trainingsaufbaus, c) sportartspezifisches Anforderungsprofil (unter der Voraussetzung eines leistungs- und sportartspezifischen Trainings) (Conzelmann 2009).

5.4 Entwicklung ausgewählter motorischer Fähigkeiten und Fertigkeiten

Motorische Fähigkeiten verbessern sich allgemein bis zur Pubertät. Ab diesem Lebensabschnitt werden unterschiedliche Verläufe beobachtet. In den meisten Fällen bleiben motorische Fähigkeiten dann bis zum jungen Erwachsenenalter stabil und gehen mit zunehmendem Alter individualspezifisch zurück.

Wie sich motorische Fähigkeiten und Fertigkeiten in der Lebensspanne entwickeln, wird von einigen Autoren behandelt, wobei sie sich auf eine Vielzahl von Studien berufen und diese Erkenntnisse zusammenfassen. Zu nennen wären Willimczik (1991), Winter und Hartmann (2007), Haywood und Getchell (2005), Baur et al.(2009), Schott und Munzert (2010) oder Wollny (2002, 2007).

Kurz soll auf die sogenannte MODALIS-Studie von Willimczik et al. (2006) (dargestellt in Güllich und Krüger (2013, S. 258)) eingegangen werden. In dieser Querschnittsstudie wurden 1200 Personen im Alter von 6 bis 89 Jahren getestet. Dabei wurden die Handkraft mit einem Handkraftdynamometer, die Feinkoordination mit einem Stift-Einsteckbrett, die Sprungkraft auf einer dynamometrischen Kraftmessplatte und die dynamische Gleichgewichtsfähigkeit im Rückwärtsgehen auf unterschiedlich breiten Balken bestimmt. Was zeigen die gemittelten Kurven im Verlauf des Lebensalters? Zunächst nehmen alle vier Fähigkeiten bis zur Pubertät zu, ab dann verlaufen sie unterschiedlich. Es sind Phasen der relativen Stabilität im frühen Erwachsenenalter zu finden und ein zunehmender Rückgang im mittleren bzw. späteren Erwachsenenalter bzw. im Alter selbst. Generell ist eine hohe Varianz in allen Altersgruppen festzustellen.

Kurz soll auch noch auf das Gehen eingegangen werden, da es eine fundamentale Fertigkeit ist, die über die gesamte Lebensspanne genutzt wird. Nachdem sich das Kind ca. ab dem 8./10. Lebensmonat in einer stehenden Position halten kann, werden mit Unterstützung die ersten Schritte gemeistert. Nach dem Gehen an der Hand des Erwachsenen können die meisten Kinder zwischen dem ersten und zweiten Lebensjahr selbstständig gehen. Die nächsten Monate dienen dem Balancehalten durch die Arme bis dann eine relativ gut koordinierte Gangbewegung im Alter von 5 Jahren entsteht. Mit zunehmender Körpergröße und mit zunehmenden Bewegungsamplituden bezüglich der Gelenke im Fuß, im Knie und in der Hüfte ändert sich die Schrittlänge. Das zugrunde liegende Timing des Gehens bleibt über die Lebensspanne erhalten. Durch Veränderungen des Körpers im Verlauf des Lebens können sich aber einige Gangparameter verändern: Schrittlänge, Schrittweite, Beckenrotation und Geschwindigkeit. Weitere Faktoren, die das Gangmuster mit zunehmendem Alter beeinflussen, sind, Körpergewicht, Krankheit und Muskelschwäche durch geringes Training.

Haywood und Getchell (2005) beschreiben sehr anschaulich die Entwicklung verschiedener motorischer Fertigkeiten im Lebensverlauf, wie bspw. Laufen, Werfen, Schlagen, Kicken usw.

5.5 Welche Faktoren beeinflussen die motorische Entwicklung?

Eine mögliche Systematik der die motorische Entwicklung beeinflussenden Faktoren wird von Wollny (2007) vorgeschlagen, die hier in modifizierter Weise dargelegt werden soll (◘ Abb. 5.3). Hierbei werden evolutionär-historische Faktoren, altersbezogene, lebenslaufzyklische und akzidentielle (zufällige) Faktoren unterschieden. Während die ersten beiden Gruppen normativ (richtungsweisend und gruppenspezifisch vergleichbar) sind, ist die dritte Gruppe der Faktoren nichtnormativ.

Eine etwas andere Herangehensweise ist die Unterscheidung zwischen biogenetischen und umweltdeterministischen Entwicklungskonzepten. Dabei verstehen bioenergetische Entwicklungskonzepte die motorische Entwicklung als einen natürlichen Wachstums- und Reifungsprozess. Betont werden

> Eine Vielzahl von Faktoren beeinflusst die motorische Entwicklung. Sie können in evolutionär-historische, altersbezogene und akzidentielle Faktoren eingeteilt werden. Interaktionistische Entwicklungskonzepte gehen davon aus, dass bioenergetische Faktoren die Basis für die Entwicklung bilden und exogene Faktoren sich förderlich auswirken können.

Faktoren der motorischen Entwicklung

Evolutionär-historische Faktoren
- Kulturkreis
- Gruppenzugehörigkeit
- Lebensbedingungen

Altersbezogene Faktoren
- Kalendarisches Alter
- Genetische Faktoren
- Wachstum, Reifung
- Geschlecht
- Psychische u. kognitive Faktoren
- Koordinatives Fähigkeitsniveau
- Soziokulturelle u. materiale Faktoren
- Bewegungserfahrungen

Akzidentielle Faktoren
- Veränderung des Gesundheitszustandes
- Unfälle
- Zufällige biografische Begebenheiten

Abb. 5.3 Einflussfaktoren der motorischen Entwicklung. (Mod. nach Wollny 2007, S. 263)

endogene Faktoren. Umweltdeterministische Entwicklungskonzepte betonen dagegen exogene Faktoren, womit die motorische Entwicklung durch äußere Faktoren (Lebensbedingungen, materielle Verhältnisse) beeinflusst wird. Beide Sichtweisen gehen von einem eher passiven Menschenbild aus. Allerdings muss festgestellt werden, dass diese Faktoren nur dann die menschliche Motorik beeinflussen, wenn Bewegungen auch tatsächlich ausgeübt werden (interaktionistische Entwicklungskonzepte). Damit bestimmen biogenetische Faktoren Möglichkeiten, aber auch Grenzen der motorischen Leistungsfähigkeit. Exogene Faktoren können sich dann eher förderlich auswirken. Singer (2009) geht davon aus, dass der genetische Einfluss bedeutsam und zu verschiedenen Zeiten der Entwicklung unterschiedlich ist. Aber auch die Umweltfaktoren sind nicht zu unterschätzen, nur sind deren Einfluss auf die motorische Entwicklung noch nicht ausreichend erforscht (Singer 2009).

5.6 Motorische Leistungsfähigkeit im fortgeschrittenen Alter

Ausgangspunkt der motorischen Entwicklung im höheren Erwachsenenalter ist das bis dahin erreichte Niveau, das durch Wachstum, Reifung, Erfahrung, Lernen und Training erzielt wurde (Eichberg und Mechling 2009). Verschlechterungen der motorischen Leistungsfähigkeit beeinflussen immer mehr Lebensqualität, Selbstständigkeit und Alltagsbewältigung. Mit zunehmendem Alter (wir wollen uns hier insbesondere auf den Altersbereich ab 65 Jahre beziehen) verschlechtern sich Sensorik, Kognition und Motorik.

Generell kann festgestellt werden, dass sich mit zunehmendem Alter die Genauigkeit motorischer Leistungen und das Reaktionsvermögen reduzieren (Schapkin 2012). Bezüglich der Sensorik ist insbesondere das nachlassende Sehvermögen für die Bewegung von Bedeutung. Im Bereich der Kognition verschlechtern sich die selektive und geteilte Aufmerksamkeit, kognitive Fähigkeiten, die für komplexe und neue Anforderungen benötigt werden, sowie Lang- und Kurzzeitgedächtnis (Gerike 2012). Motorische Verschlechterungen betreffen alle Bereiche der motorischen Fähigkeiten: Kraftfähigkeiten, Geschwindigkeits- und Präzisionsanpassung, Reaktionsfähigkeit, koordinative Fähigkeiten, Ausdauer und Beweglichkeit (Eichberg und Mechling 2009). Eine der Ursachen ist der Rückgang der Muskelmasse.

Ein besonderes Problem im Alter stellt das erhöhte Sturzrisiko dar. Circa 28–35 % der Personen im Alter ab 65 Jahren stürzen jedes Jahr, mit einer Steigerung auf 32–42 % bei Personen ab 70 Jahren (Wilbacher 2014). Dabei stellen Defizite in der Gleichgewichtsfähigkeit und in der Muskelkraft wichtige intrinsische Fallrisiko-Faktoren dar (Granacher et al. 2011). Es wurde festgestellt, dass es alterstypische Veränderungen des Gangmusters gibt (Blischke und Schott 2010): Verringerung der Ganggeschwindigkeit, Verringerung der Schrittlänge und höhere Variabilität der Gangparameter. Verantwortlich hierfür sind insbesondere eine geringere Muskelkraft, die auch zu einem kleineren Kraftabdruck des Fußes vom Boden führt, und eine Erhöhung der Gelenksteifigkeit. Auch vermindert sich die reaktive Schrittanpassung hinsichtlich Bodenbeschaffenheit, Hindernissen usw. (Blischke und Schott 2010). Weiterhin geht die Dual-Task-Leistung zurück, d. h., durch gleichzeitige kognitive Belastung (Rechnen, Unterhalten, veränderte Aufmerksamkeitslenkung) wird der Gang beeinflusst (Mächtel 2015).

Da die Folgen von Stürzen im Alter sehr erheblich sind und oft einschneidende Auswirkungen auf das weitere Leben haben, wurden aus sportwissenschaftlicher Sicht vielfältige

> Die Bedeutung der motorischen Leistungsfähigkeit im Alter liegt in der Lebensqualität, Bewältigung der Alltagsanforderungen und Beibehaltung der Selbstständigkeit. Insbesondere werden zunehmend Bewegungsprogramme entwickelt, die das deutlich erhöhte Sturzrisiko vermindern sollen.

Bewegungsprogramme erstellt und evaluiert (z. B.: Wollesen 2009, Pliske et al. 2016). Es zeigt sich für viele Bewegungsprogramme der Trend, dass ein sportliches Training kognitive Fähigkeiten und das Gleichgewicht signifikant verbessern, wenn es nicht weniger als 10 Monate dauert (Witte et al. 2015). Weiterhin konnte auch festgestellt werden, dass regelmäßige körperliche Aktivität (es muss nicht unbedingt Sport sein) einer stärkeren Verschlechterung von Arbeitsgedächtnis und Reaktionsfähigkeit entgegenwirkt (Witte et al. 2016) und auch das Wohlbefinden der Seniorinnen und Senioren positiv beeinflusst (Wiesmann et al. 2004).

❓ Fragen und Aufgaben zur Vertiefung

1. Demonstrieren Sie die motorische Entwicklung in den einzelnen Lebensaltersabschnitten anhand von selbsterstelltem Bild- oder Videomaterial!
2. Definieren Sie die Begriffe motorische Fähigkeiten und Fertigkeiten. Welche Veränderungen in der Lebensspanne gibt es? Demonstrieren Sie dieses an zwei Beispielen! Vorschlag: Erstellen Sie Video- bzw. Bildmaterial des Gehens von Menschen unterschiedlichen Alters. Zeigen Sie Unterschiede und begründen Sie!
3. Welchen Einfluss hat die somatische Entwicklung auf die motorische Entwicklung? Diskutieren Sie hierzu die Entwicklung der Hirnreifung und die Veränderung von Körperlänge und Körpermasse im Kindes- und Jugendalter!
4. In Wollny (2007, S. 228) ist die Entwicklung der Weitwurfleistung dargestellt. Diskutieren Sie diese Entwicklungsverläufe und interpretieren Sie!
5. Diskutieren Sie den Begriff der „sensiblen Entwicklungsphase"! Welche Standpunkte kennen Sie?
6. Verdeutlichen Sie sich Ihre eigene „sportliche" Biografie! Versuchen Sie herauszufinden, welche Faktoren Ihr aktuelles sportmotorisches Leistungsniveau beeinflusst haben. Nutzen Sie hierfür die ◘ Abb. 5.3!

❓ Kontrollfragen zur Vorbereitung auf die Prüfung

1. Stellen Sie den Gegenstandsbereich der motorischen Entwicklung dar!
2. Charakterisieren Sie die motorische Entwicklung in der frühen Kindheit!
3. Charakterisieren Sie die motorische Entwicklung in der mittleren/späten Kindheit und im Jugendalter! Gehen Sie dabei auf motorischen Fähigkeiten und Fertigkeiten ein!
4. Charakterisieren Sie die motorische Entwicklung im frühen und mittleren Erwachsenenalter!

5.6 · Motorische Leistungsfähigkeit im fortgeschrittenen Alter

5. Charakterisieren Sie die motorische Entwicklung im höheren Erwachsenenalter!
6. Erläutern Sie an einem Beispiel die Entwicklung einer motorischen Fertigkeit im Altersgang!
7. Welche Faktoren beeinflussen die motorische Entwicklung?

❓ Belegaufgabe: Bewegungsbeobachtung in verschiedenen Altersbereichen

Hospitation in einer Kindertagesstätte

Aufgabe
Beobachten Sie Kleinkinder und Vorschulkinder bei ihren Bewegungen in einer Kindertagesstätte! Diskutieren Sie Ihre Beobachtungen auf der Grundlage des typischen Entwicklungsstandes in diesem Altersbereich!

Vorbereitung
Klären Sie alle Formalitäten (z. B.: Einwilligungen der Eltern) für eine Hospitation in einer Kindertagesstätte. Sprechen Sie vorher mit der Leiterin und den zuständigen Erzieherinnen bzw. Erziehern.
Erstellen Sie eine Übersicht über den motorischen Entwicklungsstand der von Ihnen zu hospitierenden Gruppe. Planen Sie, unter welchen Bedingungen Sie hospitieren: angeleitete Beschäftigung, freies Spielen im Raum oder draußen, Sportstunde, …
Überlegen Sie, ob Sie ein einzelnes Kind oder mehrere Kinder (bis zu drei) beobachten möchten. Fragen Sie die Erzieherin/den Erzieher nach Anamnese und Besonderheiten der Kinder.
Erarbeiten Sie ein Hospitationsprotokoll! Hierfür könnte eine Tabelle hilfreich sein (◘ Tab. 5.3).

Durchführung
Beobachten Sie die Kinder über eine Zeitdauer von ca. einer Stunde und füllen Sie Ihr Beobachtungsprotokoll aus!

◘ Tab. 5.3 Hospitationsprotokoll

Name, Vorname	Alter	Hospitationsort: Hospitationsdatum:	Beginn: Ende:
Anamnese:	Besonderheiten:		
Bewegungsform	Häufigkeit im betrachteten Zeitraum	Mittlere zeitliche Dauer	Charakterisierung
…	…	…	…

Auswertung
Werten Sie die protokollierten Bewegungsformen hinsichtlich der beobachteten Charakteristik aus und vergleichen Sie mit den Ergebnissen aus der Literatur!
Wenn Sie mehrere Kinder beobachtet haben, versuchen Sie diese miteinander zu vergleichen. Begründen Sie Gemeinsamkeiten und Unterschiede.

Diskussion
Betrachten Sie kritisch Ihre Vorgehensweise! Was würden Sie beim nächsten Mal verändern? Welche Vorschläge hätten Sie für die motorische Förderung im betrachteten Altersbereich?

Hospitation in einer Schulsportstunde

Aufgabe
Hospitieren Sie in einer Schulsportstunde! Diskutieren Sie Ihre Beobachtungen auf der Grundlage des typischen Entwicklungsstandes in diesem Altersbereich!

Vorbereitung
Bitten Sie beim Direktor/bei der Direktorin um eine Hospitation in einer Schulsportstunde. Sprechen Sie vorher alles mit dem zuständigen Sportlehrer bzw. der zuständigen Sportlehrerin ab. Klären Sie alle Formalitäten (z. B.: Einwilligungen der Eltern) für eine Hospitation in der Schule. Erstellen Sie eine Übersicht über den motorischen Entwicklungsstand der von Ihnen zu hospitierenden Klasse. Erfragen Sie den Ausbildungsstand der Klasse, Besonderheiten und Auffälligkeiten. Bereiten Sie das Protokoll vor und tragen Sie schon vor der Stunde die wichtigsten Daten ein: Schule, Ort, Datum und Zeit der Hospitation, Klasse, Klassenzusammensetzung, Altersbereich der Schüler, motorische Besonderheiten, …
Erarbeiten Sie ein Hospitationsprotokoll! Hierfür könnte eine Tabelle hilfreich sein (◘ Tab. 5.4).

Durchführung
Führen Sie die Hospitation durch und füllen Sie das Beobachtungsprotokoll aus!

Auswertung
Besprechen Sie nach der Stunde Ihre wesentlichsten Beobachtungen mit dem Lehrer! Diskutieren Sie Ihre Beobachtungen und vergleichen Sie den von Ihnen ermittelten motorischen Entwicklungsstand mit Hilfe der Literatur. Welche Schlussfolgerungen können gezogen werden?

5.6 · Motorische Leistungsfähigkeit im fortgeschrittenen Alter

Tab. 5.4 Hospitationsprotokoll für eine Schulsportstunde

Thema der Stunde:
Zielstellung:
Anmerkungen des Lehrers:

Zeit	Bewegung/Übung	Teilnahme der Schülerinnen und Schüler an der Bewegung/Übung			Notwendigkeit der Hilfestellung: für alle, individuell	Bewegungsqualität für die Mehrheit der Schüler	Hauptsächliche Bewegungsfehler
		alle	teilweise/Gruppe	einzeln			

■■ **Hospitation in einer Seniorensportstunde**

Aufgabe

Beobachten Sie Seniorinnen und Senioren bei einer Sportstunde! Diskutieren Sie Ihre Beobachtungen auf der Grundlage des typischen Entwicklungsstandes in diesem Altersbereich!

Vorbereitung

Verschaffen Sie sich einen Überblick über Bewegungs- und Sportangebote für ältere Erwachsene. Wählen Sie ein Angebot aus und verschaffen Sie sich einen Überblick über das theoretische Konzept!

Bitten Sie beim Leiter/bei der Leiterin der zuständigen Einrichtung um eine Hospitation in einer Trainingsstunde. Klären Sie alle Formalitäten (z. B.: Einwilligungen der Seniorinnen und Senioren) für eine Hospitation.

Erstellen Sie eine Übersicht über den motorischen Entwicklungsstand und die motorischen Defizite. Erfragen Sie Details bei der Übungsleiterin bzw. Übungsleiter.

Hospitation

Versuchen Sie in der Hospitationsstunde folgende Fragen zu beantworten:

- Ziel der Stunde, Struktur, Anzahl der Teilnehmerinnen/Teilnehmer
- Wie lange existiert diese Trainingsstunde? Gibt es eine größere Fluktuation?
- Über welche Voraussetzungen verfügen die Teilnehmerinnen/Teilnehmer?
- Welche Fähigkeiten und Fertigkeiten wurden trainiert?
- Welche Methoden wurden verwendet und inwiefern wurden sie von den Teilnehmerinnen und Teilnehmern akzeptiert?
- Wie schätzen Sie den Lern- bzw. Trainingsfortschritt ein?
- Würden Sie diese Stunde genauso durchführen?
- Welche Schlussfolgerungen gibt es für die weiteren Trainingsstunden?

Auswertung

Werten Sie Ihre Beobachtung zusammen mit dem Übungsleiter bzw. der Übungsleiterin aus!

Literatur

Baur, J. (2009). Probleme einer lebenslaufbezogenen Gliederung der motorischen Entwicklung. In J. Baur, K. Bös, A. Conzelmann, & R. Singer (Hrsg.), *Handbuch Motorische Entwicklung* (2., komplett überarbeitete Aufl., S. 277–280). Schorndorf: Hofmann.

Baur, J., Bös, K., Conzelmann, A., & Singer, R. (2009). *Handbuch Motorische Entwicklung* (2, komplett überarbeitete Aufl.). Schorndorf: Hofmann.

Literatur

Blischke, K., & Schott, N. (2010). Fortbewegung im höheren Lebensalter. In N. Schott & J. Munzert (Hrsg.), *Motorische Entwicklung* (S. 89–102). Göttingen: Hogrefe.

Bös, K. (2001). *Handbuch Motorische Tests*. Göttingen: Hogrefe.

Conzelmann, A. (2009). Plastizität der Motorik im Lebenslauf. In J. Baur, K. Bös, A. Conzelmann, & R. Singer (Hrsg.), *Handbuch Motorische Entwicklung* (2., komplett überarbeitete Aufl., S. 69–86). Schorndorf: Hofmann.

Eichberg, S., & Mechling, H. (2009). Motorische Entwicklung im höheren Erwachsenenalter. In J. Baur, K. Bös, A. Conzelmann, & R. Singer (Hrsg.), *Handbuch Motorische Entwicklung* (2., komplett überarbeitete Aufl., S. 333–348). Schorndorf: Hofmann.

Gerike, R. (2012). Sensorische, kognitive und motorische Veränderungen im Alter. ► https://www.forschungsinformationssystem.de/servlet/is/396386/. Zugegriffen: 28. Aug. 2017.

Granacher, U., Muehlbauer, T., Zahner, L., Gollhofer, A., & Kressig, R. W. (2011). Comparison of traditional and recent approaches in the promotion of balance and strength in older adults. *Sports Medicine, 41*(5), 377–400. ► https://doi.org/10.2165/11539920-000000000-00000.

Güllich, A., & Krüger, M. (Hrsg.). (2013). *Sport. Das Lehrbuch für das Sportstudium* (S. 257–263). Berlin: Springer.

Haywood, K. M., & Getchell, N. (2005). *Life span motor development* (4. Aufl.). Champaign: Human Kinetics.

Hirtz, P. (1985). *Koordinative Fähigkeiten im Schulsport: vielseitig, variationsreich, ungewohnt* (1. Aufl.). Berlin: Volk und Wissen.

Mächtel, M. C. H. (2015). *Gangbildveränderungen im Rahmen von Dual-Tasking bei Parkinson-Patienten und Gesunden*. Diss. Universität Tübingen. ► https://publikationen.uni-tuebingen.de/xmlui/bitstream/handle/10900/67815/Dissertation_M%C3%A4chtel.pdf?sequence=1&isAllowed=y. Zugegriffen: 31. Juli 2017.

Meinel, K., & Schnabel, G. (2007). *Bewegungslehre Sportmotorik* (11., überarbeitete und erweiterte Aufl.). Aachen: Meyer & Meyer.

Munzert, J. (2010). Entwicklung und Lernen von Bewegungen. In N. Schott & J. Munzert (Hrsg.), *Motorische Entwicklung* (S. 9–29). Göttingen: Hogrefe.

Pliske, G., Emmermacher, P., Weinbeer, V., & Witte, K. (2016). Changes in dual-task performance after 5 months of karate and fitness training for older adults to enhance fall prevention. *Aging Clinical and Experimental Research, 28*(6), 1179–1186.

Schapkin, S. A. (2012). *Altersbezogene Änderungen kognitiver Fähigkeiten – kompensatorische Prozesse und physiologische Kosten*. Forschungsprojekt F 2152. Bundesanstalt für Arbeitsschutz und Arbeitsmedizin. Dortmund, S. 78.

Scheid, V. (2009). Motorische Entwicklung in der frühen Kindheit. In J. Baur, Bös, K., Conzelmann, A., Singer, R. (Hrsg.) Handbuch Motorische Entwicklung. 2., komplett überarbeitete Auflage. Schorndorf: Hofmann, S. 281–300.

Schott, N., & Munzert, J. (2010). *Motorische Entwicklung*. Göttingen: Hogrefe.

Singer, R. (2009). Biogenetische Einflüsse auf die motorische Entwicklung. In J. Baur, K. Bös, A. Conzelmann, & R. Singer (Hrsg.), *Handbuch Motorische Entwicklung* (2., komplett überarbeitete Aufl., S. 47–68). Schorndorf: Hofmann.

Wiesmann, U., Eisfeld, K., Hannich, H. J., & Hirtz, P. (2004). Motorische Handlungskompetenz und Lebensqualität älterer aktiver Menschen. *Zeitschrift fur Gerontologie und Geriatrie, 37*, 377–386.

Wilbacher, I. (2014). Sturzprävention für ältere Menschen. Literaturübersicht. Hauptverband der österreichischen Sozialversicherungsträger. ► http://www.hauptverband.at/cdscontent/load?contentid=10008.615719&version=1425627108. Zugegriffen: 28. Juli 2017.

Willimczik, K. (1991). Sportmotorische Entwicklung. Kap. 4 In K. Willimczik & K. Roth (Hrsg.), *Bewegungslehre*. Reinbek: Rowohlt.

Willimczik, K., & Singer, R. (2009). Motorische Entwicklung: Gegenstandsbereich. In J. Baur, K. Bös, A. Conzelmann, & R. Singer (Hrsg.), *Handbuch Motorische Entwicklung* (2., komplett überarbeitete Aufl., S. 15–24). Schorndorf: Hofmann.

Willimczik, K., Voelcker-Rehage, C., & Wiertz, O. (2006). Sportmotorische Entwicklung über die Lebensspanne. Empirische Befunde zu einem theoretischen Konzept. *Zeitschrift für Sportpsychologie, 13*(1), 10–22.

Winter, R., & Hartmann, C. H. (2007). Die motorische Entwicklung des Menschen von der Geburt bis ins hohe Alter (Überblick). In K. Meinel & G. Schnabel (Hrsg.)(2007), *Bewegungslehre Sportmotorik* (11., überarbeitete und erweiterte Aufl., S. 243–373). Aachen: Meyer & Meyer.

Witte, K., Darius, S., Emmermacher, P., & Böckelmann, I. (2015). Changes of cognitive functioning with advancing age in older adults under consideration of physical activity and gender. *Australian International Journal of Humanities and Social Studies* – Online ISSN: 1737-7912 Pint ISSN: 1374-9172. 3–23.

Witte, K., Kropf, S., Darius, S., Emmermacher, P., & Böckelmann, I. (2016). Comparing the effectiveness of karate and fitness training on cognitive functioning in older adults – a randomized controlled trial. *Journal of Sport and Health Science, 5*(4), 484–490. ► https://doi.org/10.1016/j.jshs.2015.09.006.

Wollesen, B. (2009). Gleichgewichts- und Koordinationstraining vs. Nordic Walking Effekte zur Primärprävention und Sturzprophylaxe bei Senioren. ► http://www.sub.uni-hamburg.de/opus/volltexte/2009/4283/

Wollny, R. (2002). *Motorische Entwicklung in der Lebensspanne*. Schorndorf: Hofmann.

Wollny, R. (2007). *Bewegungswissenschaft. Ein Lehrbuch in 12 Lektionen* (S. 207–227). Aachen: Meyer & Meyer.

Motorisches Lernen

6.1 Einführung – 106

6.2 Grundstruktur des motorischen Lernens – 108

6.3 Lernen im Bereich der Sensorik und Koordination – 114

6.4 Motorisches Gedächtnis – 116

6.5 Theoretische Ansätze – 118

6.6 Differenzielles Lernen – 123

Literatur – 126

© Springer-Verlag GmbH Deutschland, ein Teil von Springer Nature 2018
K. Witte, *Grundlagen der Sportmotorik im Bachelorstudium (Band 1)*,
https://doi.org/10.1007/978-3-662-57868-1_6

Das Erlernen neuer Bewegungsabläufe oder deren Vervollkommnung stellt sowohl für den Übenden als auch für den Trainer oder Lehrer immer wieder eine Herausforderung dar. Deshalb ist es notwendig, sich mit grundlegenden Lernprozessen zu beschäftigen. Nur so kann der Lernprozess optimal gestaltet werden. Es werden die verschiedenen theoretischen Lernkonzepte vorgestellt und gleichzeitig viele praktische Beispiele aus dem Sport bzw. Anregungen aus der Sportpraxis gegeben.

6.1 Einführung

Das motorische Lernen umfasst die vielfältigen Prozesse des Erwerbs, des Erhalts und der Veränderung von motorischen, aber auch sensorischen und kognitiven Strukturen. Die Systematik der Lernformen nach Klix (1971) kann auch auf das motorische Lernen angewendet werden.

Der motorische Lernprozess kann unterschiedliche Ziele verfolgen: das Lernen von Fertigkeiten als Kleinkind (bspw. Gehen oder gezieltes Greifen), Lernen einer neuen Sportart mit neuen Bewegungstechniken und Lernen in Form von Vervollkommnung und Automatisierung von Bewegungsabläufen im Hochleistungssport. Die damit erworbene Kompetenz sollte hinreichend zeitlich stabil und auch unter veränderten Bedingungen ausführbar sein. Damit umfasst das motorische Lernen die vielfältigen Prozesse des Erwerbs, des Erhalts und der Veränderung von motorischen, aber auch sensorischen und kognitiven Strukturen.

Nach Klix (1971) kann Lernen allgemein als umweltbedingte, relativ überdauernde Ausbildung und Korrektur von Gedächtnisbesitz angesehen werden. Das bedeutet, dass der Lernende immer mit seiner Umwelt interagiert, dass Lernprozesse in Phasen ablaufen und durch Lernen eine relativ überdauernde Veränderung des Verhaltens auftritt. Lernen betrifft aber auch viele andere Bereiche des Menschen. So gibt es neben dem motorischen Lernen z. B. kognitives, emotionales und soziales Lernen. Das Lernen wird im Wesentlichen in der Psychologie erforscht. Es existiert eine Vielzahl von Theorien und Hypothesen, jedoch keine einheitliche Lerntheorie.

> **Motorisches Lernen**
>
> » Motorisches Lernen wird als der Prozess der zeitlich relativ überdauernden Veränderung der motorischen Kompetenz verstanden, die auf gesammelten Bewegungserfahrungen beruhen, insbesondere auf spezifischen Übungsprozessen (Güllich und Krüger 2013, S. 244).

Aber wie kann man verstehen, dass es durch Training oder Übung zu zeitlich relativ stabilen Veränderungen des Bewegungsablaufes kommt? Hierfür gibt es verschiedene Modelle und Erklärungsansätze. Letztendlich entscheidet aber

6.1 · Einführung

die sportliche Praxis über den Erfolg. Damit ist es wichtig, aus den theoretischen Ansätzen und Modellen Schlussfolgerungen für die Praxis zu ziehen und diese dann auch in der Praxis zu überprüfen.

Generell können verschiedene Arten des Lernens unterschieden werden. Die ◘ Abb. 6.1 zeigt eine entsprechende Systematik nach Klix (1971), modifiziert von Loosch (1999). Generell sind diese Lernarten nicht unbedingt scharf voneinander abgegrenzt, sondern gehen ineinander über, bauen aber aufeinander auf.

Entsprechend der ◘ Abb. 6.1 ist die *Habituation* die elementarste Form des Erwerbs von Erfahrungen. Sie stellt die zentralnervös bedingte Reaktionsabnahme auf wiederholte Reize dar. So können bspw. Schutzreflexe, wie das schützende Halten der Hände vor das Gesicht bei einem ankommenden Ball, durch häufige Darbietung dieses „Reizes" abgewöhnt werden.

Die Erforschung *bedingter Reflexe* (klassische Konditionierung) geht auf den russischen Physiologen Pawlow (bekannt durch den Versuch zum Speichelflussreflex bei Hunden bei zeitlich gekoppelten Signalen) zurück. Diese Lernform bezieht sich auf Belohnungs- und Bestrafungstechniken. Sie spielt im Sport bei der Entwicklung von Antizipationsfähigkeit (bspw. der Umgang mit

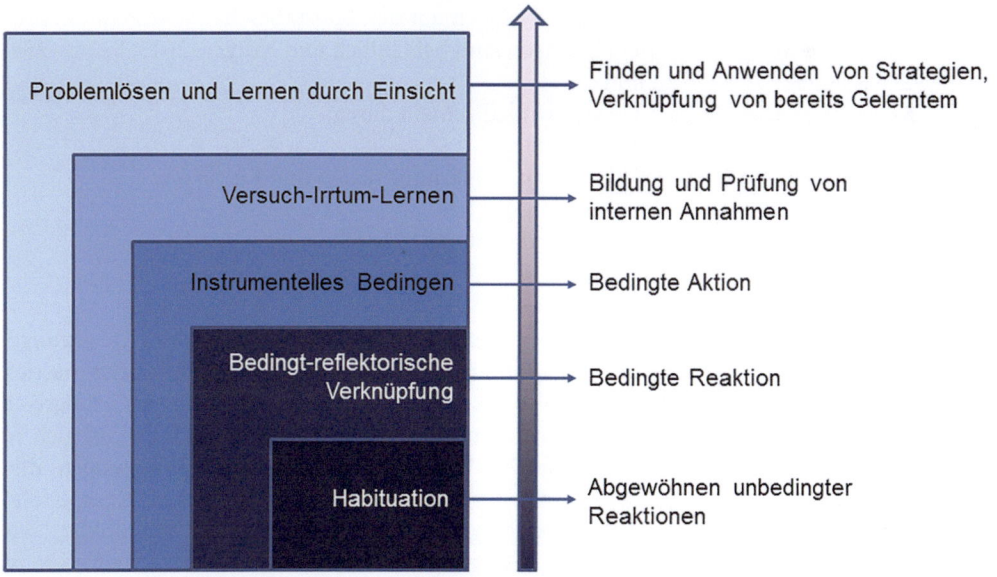

◘ **Abb. 6.1** Arten des Lernens systematisiert nach Klix (1971). (Modifziert nach Loosch [1999])

Finten) und bei der Entstehung psychophysiologischer Reaktionen des Vorstartzustandes eine Rolle. Diese klassische Konditionierung ist als Anpassung an die Umwelt mit Hilfe einer Reiz-Reaktions-Verstärkung zu verstehen. Das instrumentelle Bedingen oder auch die *operante bzw. instrumentelle Konditionierung* bedeutet das eigene Suchen nach richtigen Lösungen des Verhaltens bzw. im Sport die Suche nach einer effizienten Lösung der Bewegungsaufgabe. Beim Versuch-Irrtum-Lernen wird angenommen, dass durch Probieren, Misserfolg und Erfolg die richtige Lösung besser im Gedächtnis bleibt. Ein weiterer positiver Effekt dieser Lernform ist, dass durch das aktive Agieren die natürlichen Bedürfnisse wie Neugier und Wissensdurst gefördert werden.

Die bevorzugte Lernform ist das Problemlösen und Lernen durch Einsicht. Gerade bei Leistungsstagnation im Sport sind Trainer und Athlet besonders gefordert, neue Lösungsstrategien zu finden. Demzufolge sollten sich gute Trainer und Lehrer durch ein hohes Maß an Flexibilität und Innovationsfreudigkeit auszeichnen.

6.2 Grundstruktur des motorischen Lernens

> Allgemeine Lernformen sind: Verstärkung, Vormachen/Fehlerinformation/Korrektur, Transfer und Optimierung interner Modelle. Durch ein Regelkreismodell lässt sich das motorische Lernen verdeutlichen. Das Leistungsniveau durchläuft im Lernprozess unterschiedliche Phasen: Akquisitionsphase, Plateauphase, regressive Phase bis zum Deckeneffekt.

Da wir bereits festgestellt hatten, dass letztendlich der Erfolg in der Praxis entscheidet, welche Übungsform effektiv war oder ist, wollen wir uns nachfolgend mit grundlegenden Formen des Vermittelns, bezogen auf den Sport, beschäftigen. Ausführliche Beschreibungen sind bei Güllich und Krüger (2013, S. 244–254) zu finden.

Gelernt wird allgemein durch:
- Verstärkung,
- Vormachen, Fehlerinformation und Korrektur,
- Transfer und
- Optimierung interner Modelle.

Lernen durch Verstärkung

Diese Lernform geht davon aus, dass jede einzelne Bewegungsausführung Spuren im ZNS hinterlässt. Diese Spur vertieft sich, wird also „eingraviert", wenn die Bewegung erfolgreich war und wird damit zeitlich stabiler. Dadurch erhöht sich in der Zukunft die Wahrscheinlichkeit, dass Bewegungen dieser Spur „folgen", womit die Wahrscheinlichkeit einer erfolgreichen Bewegung zunimmt. Allerdings bleibt unklar, wie anfängliche Bewegungsmuster erzeugt werden. Weiterhin ist es durchaus möglich, dass der Übende viele Versuche benötigt, bis er die Bewegung erfolgreich ausführt oder es ihm auch gar nicht gelingt. Dann sollten Hilfestellungen oder sogenannte „methodische Reihen" eingesetzt werden. Bei Letzterem werden zunächst verwandte einfachere Bewegungen geübt und sich langsam der Zielbewegung angenähert. Innerhalb dieser Übungsreihe werden also Teilaufgaben gelöst und dann zu einer Gesamtaufgabe zusammengefügt. Dies nennt man Teillernmethode.

Generell klärt dieser Lernansatz aber nicht, wie es zu den „richtigen", also erfolgreichen Bewegungen, bspw. nach einer fehlerhaften Bewegung kommt.

- **Vormachen, Fehlerinformation und Korrektur**

Auf Grund der Bewegungsvorstellung ist der Sportler in der Lage, auf der Basis von Demonstrationen, verbalen Anleitungen, Bildern, Videos oder der eigenen Vorstellung einen neuen Bewegungsablauf auszuführen bzw. seine Bewegungstechnik zu verändern. Das Problem dabei ist, dass diese Informationen bewegungstechnisch umzusetzen sind. Hiermit beschäftigen sich die informationsverarbeitenden Ansätze. Zunächst ist der Zeitpunkt herauszustellen, zu dem die Informationen gegeben werden: zu Beginn der Übung (initial), während der Bewegung (konkurrent) oder nach Abschluss der Bewegung (terminal). Im letzten Drittel des 20. Jahrhunderts gab es im anglo-amerikanischen Bereich hierzu besonders viele Untersuchungen: Knowledge-of-Results(KR)- und Knowledge-of-Performance(KP)-Forschung, wobei die Wirksamkeit solcher ergänzenden (augmented) Informationen untersucht wurde (Magill 2011 sowie Schmidt und Lee 2011) und speziell der Einfluss von Informationsart und Informationshäufigkeit betrachtet wurde. Aus diesen Studien können folgende Schlussfolgerungen gezogen werden: Die Komplexität der Bewegung und das Leistungsniveau sind bei der Wahl der Information, deren Zeitpunkt und Häufigkeit zu berücksichtigen. Aber auch Wechselwirkungen mit mentalem Training sind möglich. Bei der Art der Information sollte beachtet werden, dass diese eine Ergänzung der Eigeninformation darstellen soll. Wird dies unterlassen, besteht die Gefahr, dass der Athlet zu sehr von äußeren Informationen abhängig ist und sich wenig auf sein eigenes Körperempfinden verlassen kann. Wichtig ist weiterhin, dass die Anzahl der Korrekturen nur die hauptsächlichen Fehler betrifft, da zu viele Informationen vom Athleten nicht verarbeitet werden können. Außerdem sind Bewegungen nie vollständig reproduzierbar, wodurch es bei zu vielem Feedback zu Überkorrekturen kommen kann. Weiterhin ist es wichtig, die Informationen so schnell wie möglich dem Übenden zu geben, da die Bewegung sonst vergessen ist. Dabei sind die Informationen verständlich zu machen, da dem Übenden oft nicht bewusst ist, welchen Fehler er gemacht hat.

Im Hochleistungssport wird zunehmend das Messplatztraining eingesetzt. Hierbei erhalten Trainer und Sportler unmittelbar nach der Bewegung bzw. kurze Zeit danach das entsprechende Feedback. Hierzu werden Bewegungen computergestützt mit unterschiedlichen Messgeräten unter Einsatz moderner Sensortechnik aufgezeichnet und mit entsprechenden Algorithmen ausgewertet. ◘ Abb. 6.2 zeigt als Beispiel den Messplatz Wurf/Stoß am Institut für Angewandte Trainingswissenschaften in Leipzig.

Abschließend ist festzuhalten, dass motorisches Lernen im Sinne des Informationsverarbeitungsansatzes als Ergebnis eines Übungsprozesses verstanden werden kann, bei dem der Prozess der Verarbeitung Informationen über den „Sollwert" und die eigene Ausführung („Istwert") des Übenden durch externe, ergänzende Informationen positiv beeinflusst wird.

- **Lernen durch Transfer**

Bisher konnte nicht geklärt werden, wie der Lernende die notwendigen Veränderungen seiner Bewegung mit Hilfe der Muskelansteuerung realisiert. Eine mögliche Variante wäre das Transfer-Prinzip. Allgemein versteht man unter Transfer die Übertragung von bereits gemachten Übungserfahrungen

◘ **Abb. 6.2** Messplatz Kugelstoßen am Institut für Angewandte Trainingswissenschaften Leipzig. (Mit freundlicher Genehmigung des IAT Leipzig)

auf eine neue Bewegungsaufgabe. Dabei gibt es zwei Möglichkeiten. Erstens kann ein bestehendes Kontrollmuster durch geeignete Anpassungen auf die neue Situation übertragen werden (Interpolation/Extrapolation). Zweitens können bestehende Teilmodule aus anderen Bewegungsaufgaben für die neue Bewegungsaufgabe kombiniert werden (Nutzung bestehender Teilmodule).

Generell kann davon ausgegangen werden, dass ein abgespeichertes oder gelerntes Bewegungsmuster viele Bewegungsvarianten erzeugen kann und damit das Üben neuer Varianten auch die alte Variante verbessert (Roth 1999). Das bedeutet für das Training das Üben mit vielen Varianten oder unter verschiedenen Bedingungen: Variation der Abwurfdistanz zum Basketballkorb, Nutzung unterschiedlicher Schläger für Rückschlagspiele, Trainieren mit unterschiedlichen Partnern im Kampfsport. Auch hier können methodische Übungsreihen konzipiert werden, wobei vorbereitende Übungen auf die nachfolgenden Übungen einen positiven Effekt haben sollten.

- **Lernen durch Optimierung interner Modelle**

Bei diesem Ansatz wird davon ausgegangen, dass dem Lernprozess ein internes Modell zugrunde liegt. Dabei muss ein Modell der Umwelt erlernt werden, wodurch vorhergesagt werden kann, welche Reaktionen unter welchen wahrgenommenen Umweltbedingungen welche Effekte hervorrufen. Dieses Modell wird in der Kontrolltheorie als „Vorwärtsmodell" (Schätzung des neuen Zustandes aus dem alten Zustand) bezeichnet, welches schematisch in der ◘ Abb. 6.3 dargestellt ist. Bei diesem theoretischen Ansatz wird also gelernt, indem der Vorhersagefehler, also die Differenz zwischen den tatsächlich eingetretenen und den vorhergesagten Effekten, zurückgemeldet wird.

> **Interne Modelle**
> In den motorischen Theorieansätzen zu internen Modellen wird von einer neuronalen Repräsentation der Zusammenhänge zwischen motorischen Kommandos und dem sensorischen Ergebnis ausgegangen (◘ Abb. 6.3). Es können Vorwärtsmodelle und inverse Modelle unterschieden werden (Richter 2001). Vorwärtsmodelle schätzen den nächsten Zustand (der Bewegung) ein. Inverse Modelle realisieren die Bewegungskontrolle. Aus dem gewünschten und dem realen Zustand werden die notwendigen Befehle für die Muskulatur generiert (Jordan 1994).

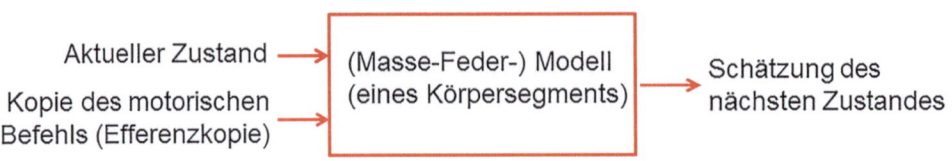

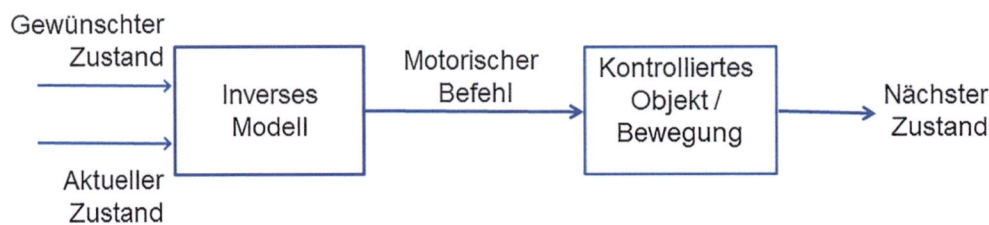

Abb. 6.3 Schematische Darstellung des Vorwärtsmodells und des inversen Modells für die Bewegungskontrolle (Erklärungen siehe Text). (Mod. nach Richter 2001)

Zusammenfassend ist festzustellen, dass der Modellansatz der Kombination aus Vorwärtsmodell und inversem Modell versucht zu erklären, wie der Lernende gezielt Veränderungen der Muskelkommandos findet, um erkannte Bewegungsfehler zu beheben oder neue Sollwerte anzusteuern (Güllich und Krüger 2013).

Mit Hilfe unseres Wissens aus den vorangegangenen Kapiteln kann nach Grosser und Neumaier (1982) die Grundstruktur des motorischen Lernens mit Hilfe eines Regelkreises dargestellt werden (◘ Abb. 6.4). Auf Grund der Demonstration und der Erklärung des Trainers oder mit Hilfe von Bild- und Videomaterial verschafft sich der Sportler seine Bewegungsvorstellung (A). Diese stellt die Voraussetzung für die Bewegungsausführung dar (B) und wird durch Eigeninformation wahrgenommen (C). Die Bewegungsausführung wird aber auch vom Trainer beobachtet, subjektiv und objektiv analysiert (D). Entsprechende Fremdinformationen werden wiederum an den Sportler als Feedback gegeben (F). Sowohl die Bewegungswahrnehmung auf der Basis von Eigen- als auch von Fremdinformationen beeinflusst wiederum die Bewegungsvorstellung, die sich dadurch präzisiert und sich wiederum positiv auf die Bewegungsausführung auswirken kann.

Als Nächstes soll der Frage nachgegangen werden, wie der Lernfortschritt zeitlich verläuft und damit das Leistungsniveau steigt. Aus der praktischen Erfahrung wissen wir, dass es unterschiedliche

6.2 · Grundstruktur des motorischen Lernens

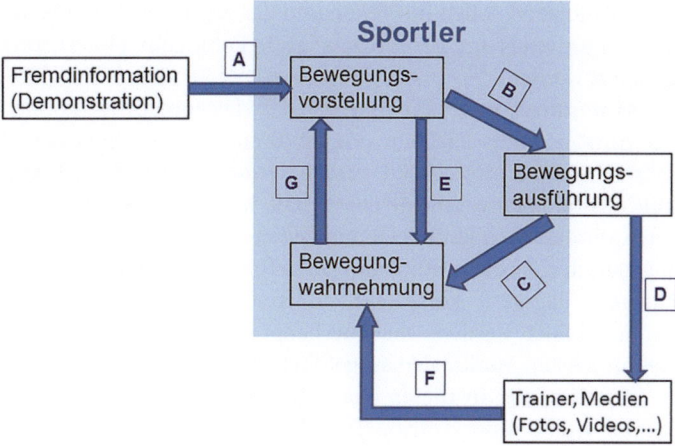

Abb. 6.4 Regelkreismodell des motorischen Lernens. (Mod. nach Grosser und Neumaier 1982, S. 69). Erklärung siehe Text

Phasen gibt: Mal kann man ein schnelles Anwachsen verzeichnen, zu anderen Zeitpunkten scheint die Leistung zu stagnieren oder sich sogar zu verschlechtern. In der ◘ Abb. 6.5 ist die Verlaufskurve eines Leistungskriteriums nach der Vorstellung zum motorischen Lernen nach Pöhlmann (1986) dargestellt.

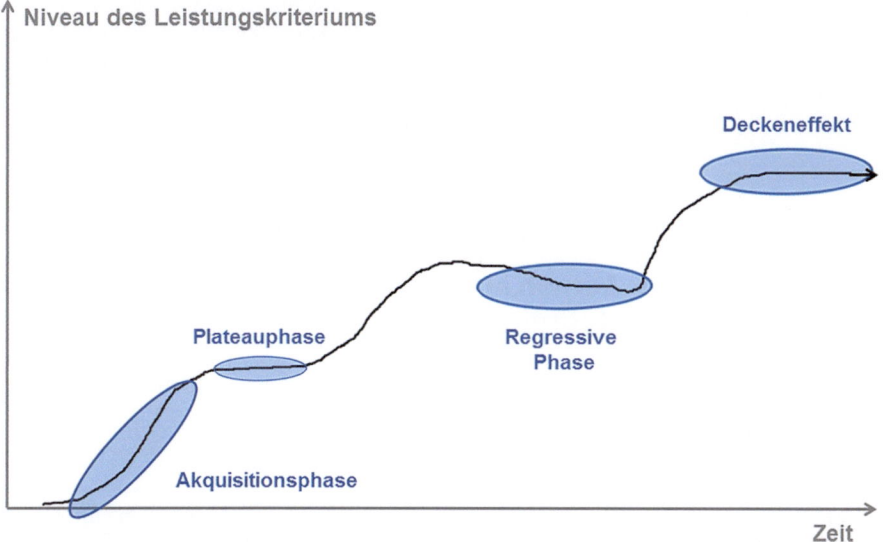

Abb. 6.5 Zeitlicher Verlauf des Leistungsniveaus im motorischen Lernprozess. (Mod. nach Pöhlmann 1986 und Loosch 1999)

Nachfolgend sollen die Teilphasen des zeitlichen Verlaufs des Leistungsniveaus im Lernprozess nach Pöhlmann (1986) kurz erläutert werden.

Akquisitionsphase: Zu Beginn des Lernprozesses können bei Aufgaben mit leichtem oder mittlerem Schwierigkeitsgrad sehr schnell Lernfortschritte erzielt werden. So kann ein Kleinkind schon relativ schnell einen Ball werfen. In Kampfsportarten werden nach kurzen Übungszeiten erste Techniken in ihrer sogenannten Grobkoordination ausgeführt. Ist die Bewegungsaufgabe dagegen komplexer, müssen erst Teilfertigkeiten herausgebildet werden, ehe überhaupt die Bewegung mit den wesentlichsten Merkmalen ausgeführt werden kann.

Plateauphase: In dieser Phase gibt es von außen betrachtet keinen Leistungsfortschritt. Trotzdem wird heute davon ausgegangen, dass sich gewisse Umstrukturierungsprozesse im Gehirn vollziehen, also es doch einen Lernfortschritt, wenn auch nicht sichtbar, gibt. Nur kann dieser noch nicht in die Bewegung umgesetzt werden.

Regressive Phase: In dieser Phase geht die Leistung zeitweilig zurück. Dieses Phänomen ist im Hochleistungssport oft dann anzutreffen, wenn Techniken oder Strategien umgestellt werden. Ein anfänglicher Leistungsabfall kann aber auch nach einer Pause eintreten (Aufwärmeffekt). Dieses Phänomen findet man oft beim Erlernen einer neuen Bewegungstechnik. Dabei benötigen die vielen neuen Informationen eine gewisse Zeit, um sich zu setzen und vom Langzeitspeicher übernommen zu werden. Wenn dann die Leistung wieder ansteigt, spricht man von Reminiszenz, wobei nun ein höheres Leistungsniveau erreicht wird.

Deckeneffekt: Wird der mögliche Grenzwert der Leistung erreicht, tritt der Deckeneffekt ein, bei dem kaum noch ein Leistungszuwachs möglich ist.

6.3 Lernen im Bereich der Sensorik und Koordination

Die Ausführungen in diesem Kapitel gehen insbesondere auf Loosch (1999) zurück.

- **Sensorik**

Wir können davon ausgehen, dass motorisches Lernen immer auch mit Veränderungen im sensorischen Bereich verbunden ist. So sollte ein gezieltes Üben von bewegungssteuernden Sinnesleistungen die Entwicklung der Bewegungskoodination positiv beeinflussen. Loosch (1999) nennt vier Grundvorgänge der sensorischen Anpassung:

Das motorische Lernen ist immer auch mit Veränderungen im sensorischen Bereich verbunden. Aber auch die Ökonomisierung der Bewegungskoordination nimmt zu.

a) Verringerung absoluter Wahrnehmungsschwellen in den verschiedenen Sinnesmodalitäten
b) Verbesserung der Reizdifferenzierung
c) Umschaltprozesse vom „äußeren" auf den „inneren" Regelkreis
d) Veränderungen komplexer Wahrnehmungsmodalitäten

a) Verringerung absoluter Wahrnehmungsschwellen in den verschiedenen Sinnesmodalitäten

Diese Anpassung bedeutet eine verbesserte Empfindungsfähigkeit für schwächere Reize. So wird mit zunehmendem Lernfortschritt die Aufmerksamkeit auf Reize gelegt, die zu Beginn des Lernens kaum eine Rolle gespielt haben. Beispiele hierfür sind: das zunehmend ausgeprägte periphere Sehen, das bewusste Gleichgewichtsempfinden, die taktile Wahrnehmung von Sportgeräten und der Veränderung der eigenen Muskelspannung. Allerdings ist es notwendig, dass der Trainer den Sportler bewusst darauf hinweist.

b) Verbesserung der Reizdifferenzierung

Unter Reizdifferenzierung wird der Unterschied zwischen zwei Reizen, die gerade noch wahrgenommen werden, verstanden. Insbesondere Anfängern fällt es schwer, zwischen ähnlichen propriozeptiven Reizen zu unterscheiden. So fand Loosch (1999) heraus, dass die Differenzierung der Muskelkraft bei Anfängern, untrainierten Versuchspersonen und Sportlern mit geringerer Qualifikation schlechter ausgeprägt ist als bei Experten. Ähnliches konnte aber auch für die Abschätzung der Winkelstellung in den Gelenken und des Gewichts von Bällen festgestellt werden (Loosch 1999).

c) Umschaltprozesse vom „äußeren" auf den „inneren" Regelkreis

Zu den Wahrnehmungen des „äußeren" Regelkreises gehören das Sehen und Hören. Zum „inneren" Regelkreis werden propriozeptive, somatosensorische, taktile und vestibuläre Wahrnehmungen gezählt. Während in der Anfangsphase des motorischen Lernens das Sehen insbesondere für die Kontrolle der eigenen Bewegung genutzt wird, wird erst später der Blick auf den Raum, die Mitspieler, die Gegner und andere situative Bedingungen gerichtet (Loosch 1999). Diese Erfahrung hat sicher jeder selbst schon gemacht. Beim Erlernen des Schlittschuhlaufens, Skifahrens oder Inlineskatens oder auch beim Dribbeln eines Balls schaut man unmittelbar vor sich auf den Boden oder im anderen Fall auf den Ball. Erst mit zunehmender Beherrschung dieser Fertigkeiten werden die anderen Wahrnehmungsprozesse einbezogen. Der Lernende hat nun Ressourcen frei, um sich auf die Wahrnehmung des eigenen Körpers, wie der Lage im Raum, der Muskelanspannung und der Gelenkstellung sowie taktile Berührungen mit dem Sportgerät oder des Untergrundes zu konzentrieren. Eine trainingspraktische Umsetzung ist das „blinde" Üben, um das visuelle System auszuschalten und die Aufmerksamkeit auf andere Reize gezielt zu lenken.

■ ■ **d) Veränderungen komplexer Wahrnehmungsmodalitäten**
Der erfahrene Sportler verfügt über spezifische Wahrnehmungsqualitäten, die ihm ein Feedback über die Güte seiner Bewegung oder das potenzielle Leistungsvermögen geben. So spürt er bereits schon vor der Beendigung der Bewegung, ob sie gelungen ist (z. B. bei Würfen und Sprüngen). Bekannt sind Termini wie „Sprunggefühl", „Ballgefühl" oder „Wassergefühl". Die Fähigkeit zur eigenen individuellen Einschätzung sollte vom Trainer verstärkt werden, indem er diese vom Athleten abfragt (Loosch 1999).

- **Koordination: Ökonomisierung und Entspannungsfähigkeit**

Um eine Bewegung auf hohem Leistungsniveau ausführen zu können, muss auch das komplexe Muskelsystem optimal koordiniert sein. Dazu zählen einerseits die intermuskuläre Koordination und andererseits aber auch die Energieminimierung des Gesamtsystems (Loosch 1999). Es konnte nachgewiesen werden, dass sich mit zunehmendem Übungsfortschritt die Gesamtmuskelaktivität (gemessen mit dem Verfahren der Elektromyographie) verringert, die Antagonisten sich mehr relaxen und die Agonisten in kürzester Zeit ein hohes Aktivierungsniveau erreichen. Weiterhin konnte festgestellt werden, dass die Latenzzeiten für die Muskelkontraktion und für die Muskelentspannung von Hochleistungssportlern kleiner sind als bei Anfängern (Loosch 1999).

6.4 Motorisches Gedächtnis

Beim sportmotorischen Lernen werden sowohl das implizite (unbewusste) als auch das explizite (bewusste) Gedächtnis genutzt. Nur durch häufiges und effektives Üben können Bewegungen im Langzeitgedächtnis abgespeichert werden.

Um eine bereits erlernte Bewegung wieder ausführen zu können, benötigen wir das sogenannte motorische Gedächtnis. Dies zeichnet sich durch einige Besonderheiten im Vergleich zum allgemeinen Gedächtnis aus und ist schematisch in der ◘ Abb. 6.6 dargestellt.

Die sensorischen Reize werden im sensorischen Gedächtnis vorverarbeitet, selektiert und für weniger als eine Sekunde gespeichert. Im nachgeschalteten motorischen Arbeitsgedächtnis (primäres Gedächtnis oder Kurzzeitgedächtnis) werden die Informationen für kurze Zeit zur Lösung der Aufgabe bereitgestellt. Es stellt sich die Frage, wie groß die Anzahl der Einzelbewegungen

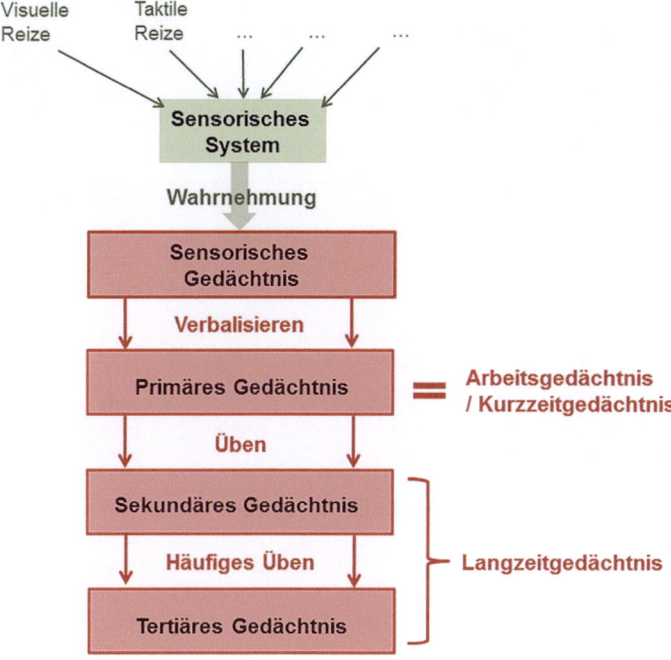

Abb. 6.6 Schema des motorischen Gedächtnisses in Anlehnung an das Dreispeichermodell von Atkinson und Shiffrin (1968) (siehe auch Abb. 3.1)

ist, die im Arbeitsgedächtnis für einige Sekunden vorhanden sein können. Bisher geht man von einer maximalen Anzahl von acht aus. Bei komplexen Bewegungen oder einer Folge von vielen Bewegungssequenzen im Hochleistungssport können es aber auch mehr sein. Wird die Bewegung geübt, gelangt sie in das sekundäre Gedächtnis, das zum motorischen Langzeitgedächtnis gehört. Nach weiterer Festigung wird die Bewegung in das tertiäre Gedächtnis übertragen, wo sie für Jahre „behalten" wird. Die Behaltensleistung wird von verschiedenen Faktoren beeinflusst: Zyklische Bewegungen werden besser behalten als komplexe azyklische Bewegungen. Wichtig sind aber auch die individuelle Bedeutung, die Position in einer Bewegungsabfolge und Anzahl der Übungswiederholungen. Beim motorischen Langzeitgedächtnis ist zwischen deklarativem Gedächtnis (welche Bewegung) und prozeduralem Gedächtnis (wie wird die Bewegung ausgeführt) zu unterscheiden.

Beim sportmotorischen Lernen werden sowohl das implizite (unbewusste) als auch das explizite (bewusste) Gedächtnis genutzt. Eine Systematik enthält die Abb. 6.7. Im prozeduralen Gedächtnis, als ein Teil des impliziten Gedächtnisses werden automatisierte zyklische Bewegungen, wie das Gehen, Laufen, Radfahren oder Schwimmen, gespeichert. Explizite Gedächtnisprozesse werden von erhöhter Aktivität der temporalen

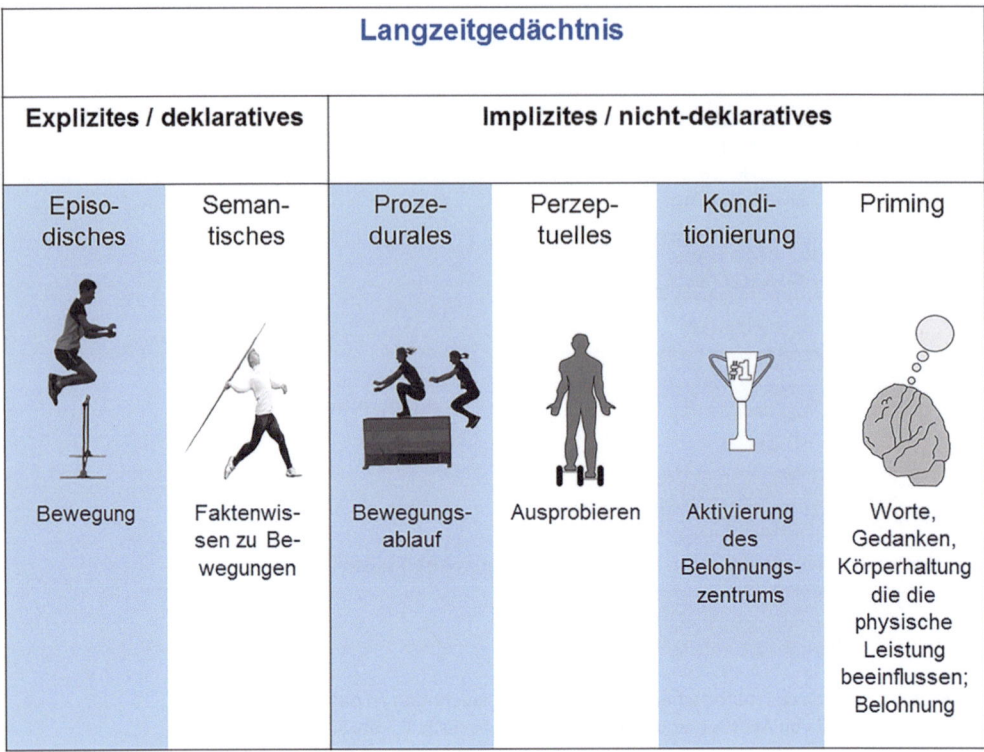

◘ **Abb. 6.7** Formen des Gedächtnisses

Hirnrinde und des Hippocampus begleitet, implizite Gedächtnisprozesse zeigen erhöhte Aktivität vom motorischen Zentrum der Großhirnrinde, des Kleinhirns und der Basalganglien.

Grundsätzlich können alle an der motorischen Kontrolle beteiligten Teile des Nervensystems motorische Gedächtnisaufgaben übernehmen. Dem Gehirn wird jedoch die wichtigste Rolle zugeschrieben.

6.5 Theoretische Ansätze

Die wesentlichen theoretischen Ansätze zum motorischen Lernen sind klassisches und operantes Konditionieren, Informationsverarbeitungsansätze, wie die Schema-Theorie, systemdynamische Ansätze und Phasenmodelle, wie das von Meinel und Schnabel.

Bisher gibt es keine übergreifende Theorie, die auf alle verschiedenen Bereiche des motorischen Lernens im Sport angewendet werden kann. So muss der Altersbereich, die Sportart oder die Bewegungserfahrung berücksichtigt werden. Nachfolgend sollen einige der bekanntesten Ansätze überblicksmäßig besprochen werden, ohne dass auf alle Vertreter und Studien eingegangen wird.

6.5.1 Behavioristische Lerntheorien: Klassisches und operantes Konditionieren

Auf diesen Ansatz wurde schon kurz im ▶ Abschn. 6.1 eingegangen. So gehören klassisches und operantes Konditionieren zu den behavioristischen Lerntheorien. Im Behaviorismus, einer psychologischen Forschungsrichtung des frühen und mittleren 20. Jahrhunderts geht man davon aus, dass Mensch oder Tier eher passiv auf einen äußeren Reiz reagieren. Bekannt ist das Pawlow'sche Hundeexperiment. Beim operanten Konditionieren wird ein bestimmtes Verhalten durch die Kopplung mit angenehmen oder unangenehmen Reizen gefördert oder unterdrückt. Das Belohnungs- oder Bestrafungssystem im Sport ist ein typisches Beispiel. Auch kennt jeder das Glücksgefühl, das nach einer starken sportlichen Belastung entsteht. Dopamin, als Glückshormon, wird freigesetzt und hebt die Stimmung. Auch bei Sportmuffeln kann man diese Methode anwenden. Jedes Mal, wenn eine Trainingseinheit erfolgreich absolviert wurde, gibt es eine Belohnung (Saunabesuch, leckeres Essen, …).

6.5.2 Lerntheorien des Informationsverarbeitungs-Ansatzes: Die Closed-Loop-Theorie und die Schema-Theorie

Seit den 1960er Jahren, der sogenannten kognitiven Wende der Psychologie, wird das Lernen eher aktiv und selbstbestimmt aufgefasst. In dieser Zeit entstand der sogenannte Informationsverarbeitungs-Ansatz. Es wird angenommen, dass der Mensch aktiv Informationen aufnimmt und sie entsprechend verarbeitet. Der bedeutendste Vertreter der Closed-Loop-Theorie ist Adams (1971) und der der Schema-Theorie ist Schmidt (1975).

Closed-Loop-Theorie

Der Ansatz der Closed-Loop-Theorie unterscheidet zwei Arten des motorischen Gedächtnisses: die Wahrnehmungsspur (perceptual trace) und die Gedächtnisspur (memory trace). Somit werden die während der Bewegung aufgenommenen sensorischen Informationen als Wahrnehmungsspur gespeichert, welche die anschließend ausgeführten Bewegungen regelt. Die Gedächtnisspur hingegen stellt ein „motorisches Programm" dar, das der Bewegungsauslösung und der Steuerung des ersten Teils der Bewegung dient (◘ Abb. 6.8). Ein wesentlicher Kritikpunkt dieses Ansatzes ist sein eingeschränkter Geltungsbereich

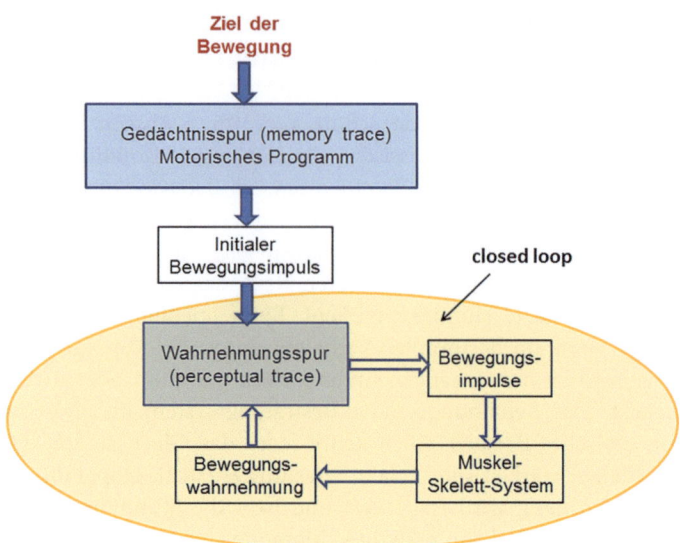

◘ **Abb. 6.8** Schematische Darstellung des Closed-Loop-Theorieansatzes nach Adams (1971)

auf langsame Bewegungsaufgaben, was mit dem Begriff Wahrnehmungslernen beschrieben wird (Olivier et al. 2013). Als Beispiele können genannt werden: Greifbewegungen, Gleichgewichtsübungen oder Krafttraining (Kniebeuge mit Langhantel).

- **Schema-Theorie**

Schmidt (1975) erweiterte den Geltungsbereich des Closed-Loop-Ansatzes auf schnelle Bewegungen durch Integration des Open-Loop-Kontrollprozesses. Er geht dabei von der Annahme aus, dass im Gedächtnis nicht einzelne Spuren (traces), sondern verallgemeinerte Regeln (Schemata) existieren. Es gibt also Schemata für die Bewegungen, wobei die Anfangsparameter den jeweiligen Gegebenheiten angepasst werden müssen. Es werden zwei Arten des motorischen Gedächtnisses unterschieden: Erinnerungs-Schema (recall schema; enthält Open-Loop-Anteile; beinhaltet Regeln für die Beziehung zwischen Anfangsbedingungen, Parametern für das Schema und das Bewegungsresultat) und Wiedererkennungs-Schema (recognition schema; enthält Closed-Loop-Anteile; beinhaltet Regeln für die Beziehung zwischen Anfangsbedingungen, sensorischen Konsequenzen und Bewegungsresultat). Damit ist es möglich, sowohl schnelle als auch langsame Bewegungen zu erklären (vgl. ◘ Tab. 6.1).

Tab. 6.1 Erklärung von langsamen und schnellen Bewegungen durch die Schema-Theorie von Schmidt (1975)

Schnelle Bewegungen	Langsame Bewegungen
Ziel und Ausgangsbedingungen legen Programmparameter fest	Feedback während der Bewegung
Abgleich der sensorische Informationen nach der Bewegung (Ist-Zustand) mit dem erwarteten Zustand (Soll-Zustand)	Bewegungssteuerung während der Bewegung durch Minimierung der Abweichungen zwischen Soll- und Ist-Zustand
Abweichungen (Fehler) werden zur Informationsverarbeitung zurückgeleitet	

Grundsätzlich liegen die Grenzen der Schema-Theorie darin, dass nicht geklärt wird, woraus das Schema resultiert, wie eine neue Bewegung erstmals ausgeführt werden kann und wie die Bewegungsvielfalt (Bewegungsvariabilität) entsteht.

6.5.3 Systemdynamische Ansätze

Systemdynamische Ansätze basieren auf dem Konzept der Selbstorganisation komplexer Systeme. Es wird davon ausgegangen, dass auch sportliche Bewegungen komplexe Systeme sind (Kelso 1997; Haken und Haken-Krell 1994; Witte 2002). Systemdynamische Ansätze gehen von verteilten parallelen Verarbeitungsprozessen aus. Es existieren viele einzelne Komponenten, die auf nichtlineare Weise miteinander interagieren. Durch Selbstorganisation können neue Zustände entstehen (Emergenz).

So kann auch das motorische Lernen als nichtlinearer Vorgang aufgefasst werden, der aber nicht direkt vorhersehbar ist. Weiterhin sind Phasenübergänge möglich, aus sportwissenschaftlicher Sicht neue oder auch verbesserte Lernniveau-Stufen.

Das Verhalten des Gesamtsystems (hier der Lernprozess) kann mit einem oder wenigen Parametern (Systemparametern) charakterisiert werden. Lernzustände können mit einem sogenannten chaotischen Attraktor beschrieben werden. Dies kann an zyklischen Bewegungen verdeutlicht werden. Da eine Bewegung niemals hundertprozentig wiederholt werden kann, sind Trajektorien eines interessierenden Körperpunktes (z. B.: Fußgelenk beim Laufen) von Zyklus zu Zyklus ähnlich, aber niemals identisch. Dieses Verhalten lässt sich mit einem sogenannten chaotischen Attraktor darstellen und Dimensionsmaße oder Lyapunov-Exponenten können der quantitativen Charakteristik dienen.

> **Begriffe**
> Ein *chaotischer oder seltsamer Attraktor* zeichnet sich durch ein unvorhersehbares, chaotisches Verhalten aus. Charakteristisch ist die exponentielle Divergenz benachbarter Trajektorien. Chaotische oder seltsame Attraktoren reagieren sehr sensibel auf kleinste Änderungen in den Anfangsbedingungen und besitzen eine gebrochene fraktale Dimension.
> Eine *Trajektorie* ist in der Physik eine Bahnkurve oder Raumkurve entlang der sich ein Merkmal bewegt. In der Bewegungswissenschaft versteht man darunter eine Bahnkurve entlang der sich bspw. der Körperschwerpunkt oder ein definierter anderer Körperpunkt bewegt. Sie wird mit Hilfe von Ortskoordinaten charakterisiert.

6.5.4 Phasenmodelle

Phasenmodelle werden oft auch als Stufenmodelle oder Stufentheorien bezeichnet. Sie gehen davon aus, dass motorisches Lernen sich als eine Folge von erreichten oder erreichbaren Zuständen beschreiben lässt. Auch die Lernkurve nach Pöhlmann (1986), die wir im ▶ Abschn. 6.2 schon kennengelernt haben, stellt ein Phasenmodell dar.

Man kann zwischen Zwei- und Dreistufenmodellen unterscheiden. Pöhlmann (1986) favorisiert zur pädagogisch-methodischen Vereinfachung ein Zweiphasenmodell: Aneignungsphase und Perfektionsphase. Das Zweiphasenmodell von Lehnertz (1991) besteht aus Technikerwerbstraining und Technikanwendungstraining (Situations- und Aufgabentraining).

Von den Dreistufenmodellen ist das bekannteste das Dreiphasenmodell nach Meinel und Schnabel (2007). Dieses Modell ist recht universell anwendbar, da es unabhängig von der Sportart, dem Geschlecht, dem Alter und dem motorischen Ausgangsniveau ist. Es orientiert sich an von außen sichtbaren Bewegungsmerkmalen und umfasst die folgenden drei Phasen:
1. Entwicklung der Grobkoordination
2. Entwicklung der Feinkoordination
3. Stabilisierung der Feinkoordination und Entwicklung der variablen Verfügbarkeit

In der Phase der Grobkoordination sind typische Merkmale der Bewegung erkennbar, allerdings stimmen der Krafteinsatz, das Verhältnis von Anspannung und Entspannung der Muskulatur, Bewegungskopplung, Bewegungsamplituden und andere koordinative Bewegungsmerkmale noch nicht. In der Phase der Feinkoordination werden diese Defizite reduziert. Es wird nun ein fließender Bewegungsablauf mit hoher Präzision und Konstanz erzielt. In der dritten Phase kann dann die erreichte stabile Feinkoordination auf die unterschiedlichen Situationen (bspw. im Wettkampf) angewendet werden. Damit ist die Bewegungstechnik unabhängig von eventuellen Störgrößen verfügbar (Birklbauer 2006).

Es gibt aber auch noch andere Dreiphasenmodelle, wie bspw.:
- Hotz und Weineck (1983): Neulernen, Umlernen und Vertiefungslernen oder
- Loosch (1999): Aneignung und Vollzugsorientierung, Vervollkommnung und Individualisierung, Perfektionierung und Leistungsorientierung.

Eine weitere Ausdifferenzierung ist von Letzelter (1978) bekannt: Erwerben, Verfeinern, Festigen, Anwenden und variables Verfügen.

Derartige Stufenmodelle sollten aber auch etwas kritisch betrachtet werden. So können bspw. die Stufen oder Phasen voneinander nicht eindeutig getrennt werden, hierzu fehlen objektive Kriterien. Die Lernstufen werden mit Hilfe äußerer Merkmale versucht zu charakterisieren. Jedoch sollte davon ausgegangen werden, dass ein Lernfortschritt nicht unbedingt äußerlich messbar ist, sondern die Verinnerlichung eine wesentliche Komponente des motorischen Lernprozesses ist.

Weitere Details zu diesen Modellansätzen sind von Birklbauer (2006) zusammengefasst.

6.6 Differenzielles Lernen

Das differenzielle Lernen geht auf Schöllhorn (Schöllhorn 1999; Schöllhorn et al. 2014) zurück und basiert auf wesentlichen Aussagen der Systemtheorie (vgl. ▶ Abschn. 6.5.3). Beim Ansatz des differenziellen Lehrens und Lernens werden die Variabilität oder auch die Fluktuationen des Bewegungsverlaufs in den Vordergrund gestellt und bewusst im Übungsprozess verwendet. So wird im gesamten Lernprozess keine Bewegungsaufgabe wiederholt, sondern der Athlet wird ständig mit neuen Aufgaben konfrontiert und muss immer wieder neue Lösungswege finden. Der differenzielle Lernansatz stützt sich auf zwei Grundannahmen:

1. Bewegungen unterliegen ständigen Schwankungen und können nicht wiederholt werden.
2. Bewegungen sind in hohem Maße individuell.

Das differenzielle Lernen betrachtet Bewegungsfehler unter folgendem Aspekt: Da Bewegungen ohne Fehler nicht möglich

Das differenzielle Lernen geht auf Schöllhorn zurück und basiert auf dem systemtheoretischen Ansatz.

sind, ist auch das Vermeiden von Bewegungsfehlern nicht möglich. Schöllhorn spricht deshalb nicht von Fehlern, sondern von „Schwankungen" oder „Fluktuationen". Diese sind aber für den Lernprozess notwendig und sollten gezielt eingesetzt werden.

Das differenzielle Lehren und Lernen wurde und wird in vielen Sportarten praktiziert: Basketball-Freiwurf, Schießen im Fußball, Lauftraining und Rehabilitationsprogramme.

❓ Fragen und Aufgaben zur Vertiefung
1. Stellen Sie eine methodische Reihe vor! Begründen Sie die Auswahl der Übungen auf Grund eines lerntheoretischen Konzepts!
2. Wie muss ein Messplatz konstruiert sein, damit ein Messplatztraining im Leistungssport möglich ist? Stellen Sie dies an einem Beispiel dar! Beispiele finden Sie bei Olympiastützpunkten und am Institut für Angewandte Trainingswissenschaft (IAT) Leipzig.
3. Unter welchen Voraussetzungen bzw. Bedingungen würden Sie Lernen durch Transfer einsetzen?
4. Erläutern Sie an einem praktischen Beispiel die Grundstruktur des motorischen Lernens!
5. Wie kann das Umschalten von äußerem zum inneren Regelkreis im Lernprozess realisiert werden?
6. Erläutern Sie Beispiele, wie im motorischen Lernprozess das implizite und das explizite Gedächtnis genutzt werden!
7. Kann klassisches und operantes Konditionieren für das Bewegungslernen genutzt werden?
8. Skizzieren Sie den systemdynamischen Ansatz im Vergleich zur Schematheorie! Was sind Open-Loop- und Closed-Loop-Kontrollvorgänge?
9. Stellen Sie das Phasenmodell nach Meinel und Schnabel vor!
10. Wie kann das Attraktormodell für das Bewegungslernen genutzt werden?
11. Stellen Sie sich eine typische Lernsituation im Sportunterricht oder im Training vor. Beantworten und begründen Sie auf der Grundlage Ihres theoretischen Wissens folgende Fragen:
    a) Welche Probleme können auftreten?
    b) Wie kann der Trainer die Bewegungsvorstellung fördern?
    c) Was muss der Trainer bei seinem Feedback berücksichtigen?
    d) Was ist bei der Übungsgestaltung zu beachten?
12. Stellen Sie das differenzielle Lernen nach Schöllhorn an einem Beispiel vor!

6.6 · Differenzielles Lernen

❓ Kontrollfragen zur Vorbereitung auf die Prüfung
1. Wie lassen sich Lernformen hinsichtlich ihrer Komplexität systematisieren?
2. Erläutern Sie das motorische Lernen durch Verstärkung, Vormachen/Fehlerinformation/Korrektur, Transfer und Optimierung interner Modelle!
3. Stellen Sie die Grundstruktur des motorischen Lernens als Funktionsmodell der Lehr- und Lernsituation grafisch dar und erläutern Sie dieses!
4. Wie sieht die idealisierte Verlaufskurve eines Leistungskriteriums beim motorischen Lernen nach Pöhlmann aus? Erklären Sie die einzelnen Phasen!
5. Welche Grundvorgänge der sensorischen Anpassung im Lernprozess lassen sich unterscheiden?
6. Erläutern Sie die Besonderheiten des motorischen Gedächtnisses!
7. Skizzieren Sie die wesentlichen theoretischen Ansätze zum motorischen Lernen: Behaviorismus, Closed-Loop-Theorie, Schema-Theorie, systemdynamische Ansätze und Phasenmodelle!
8. Leiten Sie aus den theoretischen Ansätzen zum motorischen Lernen einige praktische Hinweise für das sportliche Üben ab!
9. Auf welchen theoretischen Grundlagen basiert das differenzielle Lernen?

❓ Belegaufgabe: Erlernen einer Bewegung
Aufgabe
Erläutern Sie unter Beachtung der verschiedenen Aspekte die Herangehensweise des Lehrens und Lernens einer sportlichen Bewegung!
Vorbereitung
Legen Sie auf der Grundlage eigener Erfahrungen im Verein, Sportkurs an Ihrer Hochschule oder im Schulsport die zu betrachtende sportliche Bewegung fest!
Recherchieren Sie entsprechende Fachliteratur (sportspezifisch, sportdidaktisch).
Durchführung
Definieren Sie den Bereich der Lernenden hinsichtlich Alter, Geschlecht, Vorerfahrungen, sportliche Ausbildung, …
Erläutern Sie Ihre Vorgehensweise insbesondere unter Berücksichtigung der folgenden Gesichtspunkte:
– Möglichkeiten der Bewegungsvorstellung
– Wahl der Lernform
– Entwicklung einer methodischen Reihe
– Welche sensorischen Bereiche sollen angesprochen werden?
– Geben von Feedback

Arbeiten Sie diese Aspekte ausführlich aus!
Auswertung
Besprechen Sie Ihr Konzept mit einem erfahrenen Trainer bzw. Lehrer. Würden Sie Ihr Konzept verändern? Begründen Sie!

Literatur

Adams, J. A. (1971). A closed-loop theory of motor learning. *Journal of Motor Bahavior, 3*(2), 111–149.

Atkinson, R. C., & Shiffrin, R. M. (1968). Human memory: A proposed system and its control processes. In K. W. Spence & J. T. Spence (Hrsg.), *The psychology of learning and motivation: Advances in research and theory* (S. 89–195). New York: Academic Press.

Birklbauer, J. (2006). *Modelle der Motorik*. Aachen: Meyer & Meyer.

Grosser, M., & Neumaier, A. (1982). *Techniktraining*. München: BLV.

Güllich, A., & Krüger, M. (Hrsg.). (2013). *Sport. Das Lehrbuch für das Sportstudium* (S. 244–254). Berlin: Springer.

Haken, H., & Haken-Krell, M. (1994). *Erfolgsgeheimnisse der Wahrnehmung. Synergetik der Schlüssel zum Gehirn*. Frankfurt a. M.: Ullstein.

Hotz, A., & Weineck, J. (1983). *Optimales Bewegungslernen: anatomisch-physiologische und bewegungspsychologische Grundlagenaspekte des Techniktrainings*. Erlangen: Perimed-Fachbuch-Verlagsgesellschaft.

Jordan, M. I. (1994). Komputationale Aspekte der Bewegungssteuerung und des motorischen Lernens. In H. Heuer & S. Keele (Hrsg.), *Psychomotorik* (S. 87–146). Göttingen: Hogrefe.

Kelso, J. A. S. (1997). *Dynamic patterns. The self-organization of brain and behavior*. Massachusetts: MIT Press.

Klix, F. (1971). *Information und Verhalten*. Berlin: Deutscher Verlag der Wissenschaften.

Lehnertz, K. (1991). Techniktraining. In: H. Rieder, & K. Lehnertz (Hrsg.), *Bewegungslernen und Techniktraining. Studienbrief der Trainerakademie Köln des Deutschen Sportbundes* (Bd. 21, S. 105–195). Schorndorf: Hofmann.

Letzelter, M. (1978). *Trainingsgrundlagen. Training, Technik, Taktik*. Reinbek: Rowohlt.

Loosch, E. (1999). *Allgemeine Bewegungslehre*. Wiebelsheim: Limpert.

Magill, R. A. (2011). *Motor learning and control. Concepts and applications* (9. Aufl.). New York: McGraw-Hill.

Meinel, K., & Schnabel, G. (2007). *Bewegungslehre Sportmotorik* (11., überarbeitete und erweiterte Aufl.). Aachen: Meyer & Meyer.

Olivier, N., Rockmann, U., & Krause, D. (2013). *Grundlagen der Bewegungswissenschaft und -lehre* (2, überarbeitete u. erweiterte Aufl.). Schorndorf: Hofmann.

Pöhlmann, R. (1986). *Motorisches Lernen. Psychomotorische Grundlagen der Handlungsregulation sowie Lernprozessgestaltung im Sport* (1. Aufl.). Berlin: Sportverlag.

Richter, S. (2001). *Vorwärtsmodelle und die Vorhersage des Bewegungsverlaufs. Ein Beitrag zur Erforschung interner motorischer Modelle*. Dissertation, Universität Köln. ► https://docserv.uni-duesseldorf.de/servlets/DeriveServlet/Derivate-2110/110.pdf. Zugegriffen: 2. Aug. 2017.

Roth, K. (1999). Motorisches Lernen und Übungsvariabilität – Zur praxisrelevanten Erweiterung der variability-of-practice-Hypothese von Schmidt. *Sportpsychologe, 4*(4), 27–30.

Schmidt, R. A., & Lee, T. D. (2011). *Motor control and learning. A behavioural emphasis* (5. Aufl.). Champaign: Human Kinetics.

Literatur

Schmidt, R. A. (1975). A schema theory of discrete motor skill learning. *Psychological Review, 82,*225–260.

Schöllhorn, W. I. (1999). Individualität – Ein vernachlässigter Faktor? *Leistungssport,* 2(99), 3–11.

Schöllhorn, W. I., Hegen, P., & Eekhoff, A. (2014). Differenzielles Lernen und andere motorische Lerntheorien (Differential learning and other motor learning theories). *Spectrum der Sportwissenschaft, 2,*35–55.

Witte, K. (2002). *Stabilitäts- und Variabilitätserscheinungen der Motorik des Sportlers unter nichtlinearem Aspekt.* Aachen: Shaker.

Bewegungskoordination

7.1 Grundlagen – 130

7.2 Systematik koordinativer Fähigkeiten – 132

7.3 Entwicklung der Koordination im Kindes- und Jugendalter – 136

7.4 Tests zur Erfassung koordinativer Fähigkeiten – 138

Literatur – 147

© Springer-Verlag GmbH Deutschland, ein Teil von Springer Nature 2018
K. Witte, *Grundlagen der Sportmotorik im Bachelorstudium (Band 1)*,
https://doi.org/10.1007/978-3-662-57868-1_7

Wie ist es überhaupt möglich, dass ein Sportler eine zielgerichtete bzw. feinabgestimmte Bewegung ausführen kann? Hierfür spielt die Bewegungskoordination eine wesentliche Rolle, die auf komplizierten Steuerungs- und Regulationsprozessen basiert. Wie kann Bewegungskoordination untersucht werden? Bewegungen können mit Hilfe von koordinativen Fähigkeiten beurteilt und mit sportmotorischen Tests bewertet werden.

7.1 Grundlagen

Bewegungskoordination ist das Zusammenwirken von Wahrnehmungs-, Steuerungs- und Regelungsprozessen in Verbindung mit den zugeordneten Muskelaktivitäten mit dem Ziel einer ganzheitlichen möglichst optimalen Bewegungsausführung. Bekannt ist das Regelkreismodell von Meinel und Schnabel.

Mit der Bewegungskoordination und eng damit verbunden mit koordinativen Fähigkeiten haben wir uns in vorangegangenen Abschnitten unter verschiedenen Aspekten bereits beschäftigt: morphologische und fähigkeitsorientierte Betrachtungsweise und Bewegungsmerkmale, Entwicklung motorischer Fähigkeiten und das Dreiphasenmodell zum motorischen Lernen nach Meinel und Schnabel (2007).

Die Bedeutung einer breiten koordinativen Ausbildung wird auch in der Trainingswissenschaft als sehr hoch eingestuft (Roth 2014; Mechling 2003; Hohmann et al. 2014). So werden in Nachwuchszentren berühmter Fußballvereine in den Trainingsplan von 8- bis 10-Jährigen Übungen und Spiele zum Training von Gleichgewicht, Orientierung, Schnelligkeit und Präzisierung mit einbezogen.

Der Begriff der Bewegungskoordination kann unter verschiedenen Aspekten betrachtet werden. Beispielsweise kann Bewegungskoordination als das Zusammenspiel der verschiedenen Teilbewegungen einer Bewegung aufgefasst werden. Ebenso kann Bewegungskoordination mit dem Ziel einer optimalen Bewegungsgestaltung als die Abstimmung konditioneller Fähigkeiten wie Kraft, Schnelligkeit und Ausdauer verstanden werden. Aus physiologischer Sicht spricht man oft von intermuskulärer Koordination, also dem optimalen Zusammenspiel von Agonisten, deren Synergisten und Antagonisten. Es geht also immer um das harmonische Zusammenwirken von Teilsystemen und Teilprozessen auf unterschiedlichen Ebenen (Olivier et al. 2013). Vereinfacht kann man unter Bewegungskoordination das Zusammenwirken des zentralen Nervensystems und der Skelettmuskulatur während des Absolvierens einer willkürlichen Bewegung verstehen. Eine umfassende Definition ist bei Meinel und Schnabel (2007) zu finden:

> » Bewegungskoordination: Prozess der ziel- und situationsbestimmten Organisation von Bewegungen, der sich in der Auseinandersetzung des motorischen Systems mit den Umweltgegebenheiten vollzieht. Sie kommt zum Ausdruck in der Abgestimmtheit der

7.1 · Grundlagen

Bewegungsparameter, der Bewegungsphasen, Einzel- und Teilbewegungen und in der Ausprägung der einzelnen Bewegungsmerkmale. Bewegungskoordination ist Bestandteil der Handlungsregulation und mit dem Inhalt des Begriffs ‚Bewegungsregulation' weitgehend identisch (Meinel und Schnabel 2007, S. 467).

Modelle über die Bewegungskoordination werden meist als Regelkreismodelle dargestellt. In der ◘ Abb. 7.1 ist das Regelkreismodell von Meinel und Schnabel (2007) dargestellt. Die wichtigsten Teilprozesse dieses Regelkreismodells sind:

— eine Zielstellung mit gleichzeitiger motivierender Informationsaufnahme und -aufbereitung,
— die Programmierung des Grobentwurfs der Bewegung mit einer Ergebnisvorausnahme auf der Basis des Handlungsziels, sensorischer Informationen (innen und außen), Information über den Ausgangszustand und Auswertung des motorischen Gedächtnisses,
— Generierung der Steuerimpulse an die Skelettmuskulatur,
— Bewegungsausführung durch das Muskel-Skelett-System unter Einwirkung äußerer Kräfte,
— kontinuierliche Rückinformation über den Bewegungsablauf,
— Vergleich der Rückinformationen mit dem Ziel (Soll-Ist-Wert-Vergleich),
— Erteilung von Korrekturbefehlen an die Muskulatur.

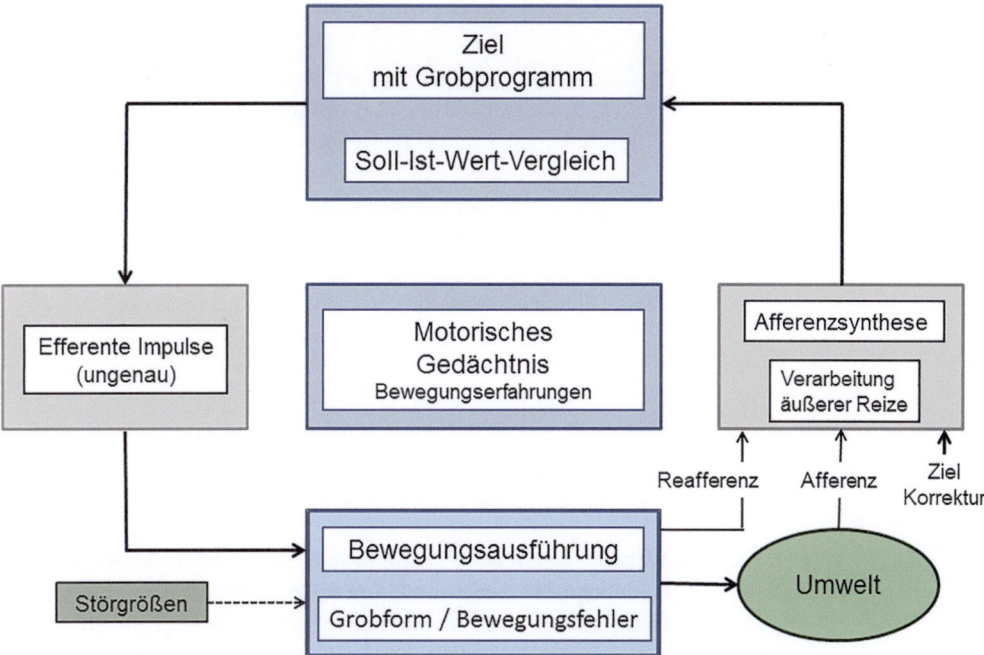

◘ **Abb. 7.1** Regelkreismodell der Bewegungskoordination. (Modifiziert nach Meinel und Schnabel 2007)

7.2 Systematik koordinativer Fähigkeiten

Koordinative Fähigkeiten können unterschiedlich systematisiert werden und orientieren sich an der sportpraktischen Relevanz.

In der Motorik ist es üblich, die entsprechende Leistungsvoraussetzungen in zwei Gruppen einzuteilen: motorische Fertigkeiten und motorische Fähigkeiten (Roth 2014, siehe auch ▶ Abschn. 1.4.3. in diesem Buch). Während Fertigkeiten als spezifische Leistungsvoraussetzungen zu verstehen sind, beschreiben Fähigkeiten übergreifende Leistungsvoraussetzungen. Da auf Grund der Begriffsbestimmung der Motorik (siehe nebenstehenden Kasten) eine Einteilung zwischen Informationsprozessen und energetischen Prozessen möglich ist, wird entsprechend zwischen koordinativen und konditionellen Fähigkeiten unterschieden (Roth 2014).

> **Motorik**
>
> Gesamtheit aller informationellen Steuerungs- und energetischen Funktionsprozesse, die unseren wahrnehmbaren Bewegungsausführungen zugrunde liegen (Roth und Willimczik 1999, S. 10).

Unter koordinativen Fähigkeiten versteht Roth (2014) den Ausprägungsgrad der Informationsverarbeitung und damit der zentralnervösen Bewegungssteuerung und -regelung. Andere Definitionen, die aber keinen Widerspruch darstellen, sind im nachfolgenden Kästchen angegeben.

> **Koordinative Fähigkeiten sind**
>
> … spezifische Leistungsvoraussetzungen des zentralen Nervensystems für die Bewältigung einer bestimmten (sport-)motorischen Anforderungsklasse (Wollny 2007, S. 43).
> … sind auf Bewegungserfahrungen beruhende Verlaufsqualitäten spezifischer und situationsgemäßer Bewegungssteuerungsprozesse (Martin et al. 1993, S. 56).
> … Fähigkeiten, die vorrangig durch die Prozesse der Bewegungsregulation bedingt sind und relativ verfestigte und generalisierte Verlaufsqualitäten dieser Prozesse darstellen. Sie sind Leistungsvoraussetzungen zur Bewältigung dominant-koordinativer Anforderungen (Meinel und Schnabel 2007, S. 472).

Weitere motorische Fähigkeiten sind unter konditionellem Gesichtspunkt Kraft und Ausdauer. Koordinativ-konditionelle Fähigkeiten sind Schnelligkeit und Beweglichkeit. Keine koordinative Fähigkeit bestimmt einzeln die sportliche Leistung. Ein Koordinationstraining beinhaltet daher nie eine einzige koordinative Fähigkeit an sich, da sich diese untereinander beeinflussen.

Es kann festgestellt werden, dass es bis heute keine einheitliche Begriffsbestimmung und Systematik der koordinativen Fähigkeiten gibt. Die Begriffsvielfalt wird bspw. unter dem Aspekt Adaptationsfähigkeit und motorische Lernfähigkeit deutlich. So zählen zur *Adaptationsfähigkeit* u. a. Anpassungsvermögen, motorische Vorstellungsfähigkeit, dynamische Flexibilität, Orientierungsvermögen, Muskelentspannungsfähigkeit und zur motorischen Lernfähigkeit u. a. Auge-Hand-Koordination, Antizipationsfähigkeit, Geschicklichkeit, Raumgefühl und Umstellungsfähigkeit (Roth 2014).

Aktuell können in Deutschland zwei Systematiken der koordinativen Fähigkeiten unterschieden werden (Roth 2014), die nachfolgend erläutert werden. Beide orientieren sich an der praktischen Relevanz im Unterricht bzw. Training.

7.2.1 Ostdeutsche Systematik: Koordinative Fähigkeiten nach Blume und Hirtz

Blume (1978) untersuchte die Anforderungsprofile einiger Sportarten (Gerätturnen, Schwimmen, Boxen und Fußball) unter dem Aspekt der Unterrichts- und Trainingspraxis. Daraus definierte er sieben fundamentale koordinative Fähigkeiten: Reaktions-, Rhythmus-, Gleichgewichts-, Orientierungs-, Differenzierungs-, Kopplungs- und Umstellungsfähigkeit (Roth 2014). Hirtz et al. (1988) führte theoretische und empirische Untersuchungen dieser Fähigkeiten auf der Basis der schulischen Lehrpläne, psychischer und neurophysiologischer Mechanismen und dem motorischen Entwicklungsstand von Kindern und Jugendlichen durch. Damit entwickelte er ein Strukturmodell der koordinativen Fähigkeiten, das die Fähigkeiten nach Blume (1978) auf fünf eingrenzt – mit dem Vorteil der Überschaubarkeit dieser Leistungskomponenten.

Nachfolgend sollen jedoch alle sieben koordinativen Fähigkeiten erklärt und mit Beispielen dokumentiert werden.

- **Kinästhetische Differenzierungsfähigkeit**

Sie stellt das Vermögen zur differenzierten und präzisen Aufnahme und Verarbeitung kinästhetischer Informationen (aus Muskeln, Bändern, Sehnen und Gelenken) dar, um den Bewegungsablauf mit großer Genauigkeit ausführen zu können. Die Bedeutung in der Sportpraxis ist einerseits in der feinmotorischen Abstimmung der Teilbewegungen und andererseits in der Bewegungsökonomie zu sehen, wie bspw. einer zweckmäßigen Muskelanspannung und -entspannung.

Die kinästhetische Differenzierungsfähigkeit wird durch häufige Wiederholung und variantenreiches Üben verbessert. Beispiele können sein: Wurfübungen und Dribbeln mit verschiedenen Bällen.

- **Rhythmusfähigkeit**

Rhythmusfähigkeit oder auch Rhythmisierungsfähigkeit ist das Vermögen, einen von außen vorgegebenen oder im Bewegungsablauf enthaltenen Rhythmus zu erfassen und motorisch möglichst genau umzusetzen. Diese Fähigkeit betrifft nicht ausschließlich „rhythmische" Sportarten (Gymnastik, Tanz), obwohl sie dort leistungsbestimmend ist. Jede Bewegung hat ihren eigenen Rhythmus, wie bspw. der Anlaufrhythmus in den leichtathletischen Disziplinen. Bewusste Rhythmusstörungen können aber auch in Rückschlagspielen genutzt werden, um den Gegner aus seinem eigenen Rhythmus zu bringen.

- **Reaktionsfähigkeit**

Reaktionsfähigkeit ist das Vermögen, mit einer schnellen zweck- und aufgabenentsprechenden Einleitung und Ausführung kurzzeitiger Bewegungshandlungen (oder motorischer Aktionen) auf verschiedene Signale (optisch, taktil, akustisch) oder auf vorausgehende Bewegungshandlungen bspw. des Gegners zu reagieren. Die Anwendung im Sport ist immer dort zu finden, wo es notwendig ist, die Zeit zwischen einem Reiz und der Antwort möglichst zu verkürzen, wie bspw. bei Startvorgängen beim Laufen und Schwimmen. Entsprechende Übungen oder auch Spiele können helfen, die Reaktionsfähigkeit zu verbessern.

- **Kopplungsfähigkeit**

Unter Kopplungsfähigkeit versteht man die Fähigkeit, Teilkörperbewegungen untereinander und in Beziehung auf ein bestimmtes Ziel räumlich, zeitlich und dynamisch genau aufeinander abzustimmen. Adäquat finden wir in der Biomechanik das Prinzip der zeitlichen Koordination von Teilbewegungen. Beispiele sind die Mitnahme der Arme beim Gehen und Laufen, Koordinierung der Schwungbewegung mit der Hauptbewegung bei Sprüngen oder die Beckenbewegung des Reiters in Bezug zum Oberkörper und Kopf.

- **Umstellungsfähigkeit**

Umstellungsfähigkeit ist die Fähigkeit, dass während des Vollzugs einer Bewegung auf Grund veränderter Umweltbedingungen die Bewegung noch verändert werden kann. Diese Situationsveränderungen können unvorhergesehene Aktionen des Doppelpartners im Tennis, Umstellung der Taktik des Gegners, Finten des Gegners oder veränderte Sicht- oder Schneeverhältnisse im Alpinsport sein.

- **Räumliche Orientierungsfähigkeit**

Räumliche Orientierungsfähigkeit bezieht sich auf die Fähigkeit zur Bestimmung und Veränderung der Lage und Bewegung des Körpers im Raum. Dabei ist die aktive Wahrnehmung der räumlichen Bedingungen der sportlichen Handlung von besonderer Wichtigkeit. Dies betrifft bspw. die Orientierung im Spielfeld, auf der Kampffläche oder am Turngerät oder auch in Bezug zu Mitspielern, Gegnern und Ball. Besonders entscheidend sind hierbei die visuellen Informationen und deren schnelle Verarbeitung. So können infolge einer effektiven Koordinationsschulung die Stellung des eigenen Körpers im Raum, die räumlichen Bedingungen, die Bewegungen der Mit- und Gegenspieler und die Rolle von Sportgeräten besser eingeschätzt werden.

- **Gleichgewichtsfähigkeit**

Gleichgewichtsfähigkeit ist das Vermögen, einen Gleichgewichtszustand in Haltung oder Bewegung bei wechselnden Umweltbedingungen zu erreichen und aufrechtzuerhalten. Arten der Gleichgewichtsfähigkeit sind: statisches Gleichgewicht (bei relativer Ruhe oder bei sehr langsamen Bewegungen), dynamisches Gleichgewicht (bei umfangreichen und sehr schnellen Lageveränderungen des Körpers) sowie das Objektgleichgewicht (Balancieren eines Gegenstandes). Fast jede sportliche Handlung verlangt zuallererst eine ständige Erhaltung des Körpergleichgewichts bzw. deren Wiederherstellung. Trainingsmöglichkeiten gibt es viele. So ist eine Reihe von sportartunspezifischen Gleichgewichtsübungen auf Balance Boards, Balken oder Bosu-Ball beidbeinig, einbeinig, mit geöffneten oder geschlossenen Augen bekannt.

7.2.2 Westdeutsche Systematik: Modelle von Roth, Neumaier und Mechling

Roth führte 1982 eine aufgabenorientierte Strukturierung der koordinativen Fähigkeiten ein und verwendete dabei den Begriff der Druckbedingungen (Roth 2014). So lassen sich koordinative Fähigkeiten in zwei Hauptkategorien einordnen:
— Fähigkeit zur Koordination unter Zeitdruck (koordinative Aufgabenstellungen, bei denen es auf Zeitminimierung bzw. Geschwindigkeitsmaximierung ankommt)
— Fähigkeit zur Koordination unter Präzisionsdruck (koordinative Aufgabenstellungen, bei denen es auf höchstmögliche Genauigkeit ankommt)

Eine weitere, aber zweitrangige Druckbedingung ist der Variabilitätsdruck (koordinative Aufgabenstellungen, bei denen es auf die Bewältigung von Anforderungen unter wechselnden Umgebungs- bzw. Situationsbedingungen ankommt).

Von Neumaier und Mechling (1995) wurde dieser Ansatz aufgenommen und um drei weitere Komponenten erweitert:
- Komplexitätsdruck (koordinative Aufgabenstellungen, bei denen es auf die Bewältigung vieler hintereinander geschalteter (sukzessiver) Anforderungen ankommt)
- Organisationsdruck (koordinative Aufgabenstellungen, bei denen es auf eine Bewältigung vieler gleichzeitiger (simultaner) Anforderungen ankommt)
- Belastungsdruck (koordinative Aufgabenstellungen, bei denen es auf die Bewältigung von Anforderungen unter physisch-konditionellen oder psychischen Beanspruchungsbedingungen ankommt)

Allerdings sprechen Neumaier und Mechling (1995) nicht direkt von koordinativen Fähigkeiten, sondern von Anforderungen. Daraus resultiert, dass die „westdeutsche" Systematik statt Fähigkeiten sechs sportartübergreifende koordinative Aufgabenstellungen umfasst (Roth 2014).

7.3 Entwicklung der Koordination im Kindes- und Jugendalter

Koordinative Leistungen und deren Trainierbarkeit sind in den Lebensaltersphasen im Kindes- und Jugendbereich unterschiedlich ausgeprägt.

Allgemein haben wir uns bereits im ▶ Abschn. 5.2 mit der motorischen Entwicklung in der Lebensspanne beschäftigt. Nachfolgend soll detailliert auf die Entwicklung und Trainierbarkeit koordinativer Fähigkeiten im Kindes- und Jugendalter eingegangen werden.

Unter biologischem Gesichtspunkt sind die Voraussetzungen für ein koordinatives Training eindeutig früher ausgebildet als für ein konditionelles Training (Weineck 2007). Als Ursache hierfür wird die schnelle – im Vergleich zu anderen Wachstums- und Reifungsprozessen – Entwicklung des Nervensystems angeführt.

- **Vorschulalter**

Der Erfolg eines koordinativen Übens ist im Vorschulalter sehr hoch. Dies sollte genutzt werden, damit Vorschulkinder eine Vielzahl von relativ einfachen Bewegungsfertigkeiten erwerben, um für die anschließenden Lernphasen in den folgenden Altersabschnitten eine große und vielseitige Ausgangsbasis zu besitzen, womit später die Lerneffektivität gesteigert werden kann.

7.3 · Entwicklung der Koordination im Kindes- und Jugendalter

- **Frühes Schulkindalter**

Auf Grund der Reifung des Gehirns und der hohen Plastizität der Hirnrinde können koordinative Fähigkeiten sehr gut entwickelt werden. Da die Differenzierungsfähigkeit noch nicht ausreichend ausgeprägt ist, leidet die Bewegungspräzision. Aber durch wiederholtes Üben werden die Bewegungen präziser und auch stabiler.

- **Spätes Schulkindalter**

Durch den relativen Abschluss der Hirnreife wird ein gutes Zusammenspiel zwischen unwillkürlicher (stammhirngebundener) und willkürlicher (kortikaler) Motorik möglich. Weiterhin verbessert sich auch die Wahrnehmungsfähigkeit, Informationsverarbeitung und Aufmerksamkeitslenkung, so dass viele Bewegungen neu erlernt werden können. In dieser Phase erfolgt der größte Zuwachs koordinativer Fähigkeiten, insbesondere der Differenzierungs-, Reaktions-, Gleichgewichts- und Rhythmusfähigkeit. Daraus kann für das sportliche Training geschlussfolgert werden: Die gezielte Erweiterung der Bewegungserfahrungen und das Erlernen sportlicher Grundtechniken durch variable Übungsgestaltung und ausreichende Vertiefung sind möglich.

- **Pubeszenz**

In dieser Lebensphase kommt es zu einer Stagnation oder gar Verschlechterung des koordinativen Leistungsniveaus. Durch den hormonellen Umbau und den Gestaltwandel mit der starken Größenzunahme resultieren individuelle Beeinträchtigungen der koordinativen Fähigkeiten. Bewegungen mit hohen Anforderungen an Präzision und Genauigkeit können oft nur auf niedrigerem Niveau ausgeführt werden. Allerdings steigt mit zunehmendem Alter die Fähigkeiten neue Bewegungen schneller und besser zu erlernen.

- **Adoleszenz**

In diesem Altersbereich werden im Allgemeinen die höchsten Ausprägungen koordinativer Fähigkeiten erreicht. Bis zum Eintritt ins Erwachsenenalter prägen sich nun individuelle koordinative „Handschriften" aus. In dieser Lebensphase gibt es für das Koordinationstraining keine Einschränkungen mehr. Prägend sind der eigene Lebensstil und das sportliche Umfeld bzw. die eigene sportliche Betätigung.

Bei Betrachtung des Geschlechts gibt es bis zum Grundschulalter keine Unterschiede der motorischen Leistungen. In der Pubeszenz und Adoleszenz sind allerdings die Jungen den Mädchen hinsichtlich Koordination unter Zeitdruck überlegen. Später erreichen jedoch die Mädchen bessere Resultate hinsichtlich Anforderungen an Rhythmisierung und Präzision.

7.4 Tests zur Erfassung koordinativer Fähigkeiten

Auf der Grundlage der Testtheorie werden hohe Anforderungen an sportmotorische Tests gestellt. Hierzu zählen insbesondere das Einhalten und die Überprüfung der Hauptgütekriterien: Objektivität, Reliabilität und Validität. In einem Testmanual sind die Instruktionen zum Test ausführlich dokumentiert.

In diesem Kapitel wollen wir uns damit beschäftigen, wie koordinative Fähigkeiten diagnostiziert werden können. Hierzu werden sogenannte sportmotorische Tests verwendet. Eine systematische Zusammenstellung sportmotorischer Test wurde von Bös (2001) unter folgenden Gesichtspunkten erstellt:

A) Motorische Verhaltenstests
  - Konditions- und Fitnesstests
  - Koordinationstests
  - Entwicklungstests und Entwicklungsskalen
  - Diagnoseverfahren für sonderpädagogische Gruppen

B) Motorische Funktionstests
  - Tests zur Erfassung von Haltung, Beweglichkeit, Muskelfunktion, Ausdauer, Gleichgewicht
  - Komplexe Untersuchungsverfahren und Testbatterien
  - Koordinative Funktionstests
  - Tests zur Erfassung von Händigkeit und Graphomotorik

C) Körperlich-sportliche Aktivität und sportpsychologische Diagnoseverfahren

Zunächst ist festzustellen, dass es relativ wenige Tests gibt, die einzelne koordinative Fähigkeiten untersuchen. Komplexere Tests sind dagegen häufiger.

Von Bös et al. (2009) wird die Bedeutung sportmotorischer Tests herausgestellt:
- Messen des aktuellen Leistungsstands
  - Screening
  - Eingangsdiagnose (insbesondere vor einer bestimmten Trainingsintervention)
  - Leistungsprofil und Defizitanalyse zur Diagnostik individueller Stärken und Schwächen zur Modifizierung des Trainings
  - Charakterisierung von Subpopulationen zur Kennzeichnung von Gemeinsamkeiten und Unterschieden (Geschlecht, Altersklassen, …)
- Messung von Leistungsveränderungen
  - Beschreibung von Entwicklungsverläufen
  - Evaluation von Interventionen

> **Definition „motorische Tests"**
>
> Motorische Tests sind wissenschaftliche Routineverfahren zur Untersuchung eines oder mehrerer theoretisch definierbarer und empirisch abgrenzbarer Persönlichkeitsmerkmale. Gegenstandsbereiche sind das individuelle, allgemeine und spezielle motorische Fähigkeitsniveau. Ziel

> ist eine möglichst quantitative Aussage über den relativen Grad der individuellen Merkmalsausprägung. Tests müssen unter Standardbedingungen durchgeführt werden und den statistischen Gütekriterien des jeweiligen theoretischen Modells genügen (Bös 2001, S. 533).

7.4.1 Allgemeines zu sportmotorischen Tests

Tests sind nicht einfach Untersuchungen, sondern unterliegen relativ strengen Kriterien und Regeln zu ihrer Entwicklung und Durchführung. Das bedeutet für den Anwender, dass eine motorische Fähigkeit nicht einfach mit einem Verfahren getestet werden kann. Oft bedarf es vieler Jahre, bis standardisierte Tests entwickelt sind. Deshalb ist es für den Trainer oder Sportwissenschaftler wichtig, möglichst publizierte Tests zu verwenden. Ist dies unter den gegebenen Umständen nicht möglich, muss dies eindeutig gekennzeichnet werden und Verallgemeinerungen sind in der Regel nicht zulässig.

Standardisierte Tests haben im Allgemeinen folgende Gliederung (Bös 2001):
- Dokumentation: Charakteristik, Quellenangabe und Literatur
- Konzeption: Inhalt und Geltungsbereich, Aufgabenbeschreibung, Anwendungs- und Gültigkeitsbereich, Zielsetzung, Konstruktionsmerkmale
- Durchführung: Organisation und Ablauf, Raum-, Zeit- und Personalbedarf, Instruktionen, Geräte und Materialien
- Statistik: Standardisierungsgrad, Hauptgütekriterien, Normen
- Allgemeiner Kommentar

Bei der Testkonstruktion sind einige Gesichtspunkte zu beachten. So muss zunächst entschieden werden, ob es sich um einen Einzeltest oder eine Testbatterie handelt. Bei Einzeltests ist zu beachten, dass diese meist nur einen einzigen Aspekt der motorischen Leistung abdecken. Deswegen werden häufig sogenannte Testbatterien verwendet. Wichtig bei den Testaufgaben ist, dass diese möglichst keinen Übungseffekt aufweisen. Das ist insbesondere dann von Bedeutung, wenn Leistungsveränderungen vor und nach einer Trainingsintervention diagnostiziert werden sollen. Verwendet man dann Testaufgaben mit einem Lern- oder Gewöhnungseffekt, kann ein verbessertes Testergebnis nach der Intervention nicht unbedingt auf den Effekt des Trainings zurückgeführt werden.

Bei der Durchführung als auch bei der Auswertung der Tests mit statistischen Verfahren sind eindeutige Messvorschriften erforderlich. Diese wurde von Bös (2001) für motorische Testaufgaben systematisiert (◘ Tab. 7.1).

Tab. 7.1 Systematik der Messwerterfassung für motorische Tests. (Mod. nach Bös 2001)

Aufgabentyp	Messwerterfassung
Aufgaben mit dichotomer Bewertung	Unterscheidung von zwei Kategorien, z. B. gelöst – nicht gelöst
Aufgaben mit qualitativer Bewertung (Expertenrating)	Unterscheidung von mehrstufigen, qualitativen Kategorien, basierend auf Bewegungsmerkmalen
Aufgaben mit Punktbewertung	Kategoriale Erfassung der Bewertungsausführung (Treffer, Wiederholungszahlen)
Aufgaben mit metrischer Erfassung	Messwerte im engeren Sinn (Zeiten, Längen, …)

Für Tests müssen die sogenannten Testgütekriterien gelten, wobei die Hauptgütekriterien unverzichtbar sind und ihre statistische Absicherung in den Testbeschreibungen enthalten sind. Nebengütekriterien sind als „bedingte Forderungen" einzustufen, deren Bedeutung vom Testziel und den Anwendungsinteressen abhängt (Bös 2001).

Hauptgütekriterien

Hauptgütekriterien, denen ein Test, insbesondere die hier behandelten koordinativen Tests, genügen müssen sind: Objektivität, Reliabilität und Validität. Ausführlichere Informationen sind bei Bös (2001) zu finden.

- **Objektivität**

Die Objektivität misst den Grad der Unabhängigkeit vom Untersucher (oder Testleiter) und von situativen Bedingungen. Man unterscheidet Durchführungsobjektivität, Auswertungsobjektivität und Interpretationsobjektivität. Diese Anforderungen sind notwendig, um gleiche Ergebnisse und Bewertungen unabhängig von den jeweiligen Untersuchungsbedingungen zu erzielen. Hierfür sind eindeutige Regeln und Vorschriften notwendig. Um die Objektivität hinsichtlich der Untersucher bestimmen zu können, werden Objektivitätskoeffizienten (auf der Basis von Korrelationen) zwischen den Messreihen der Untersucher berechnet.

- **Reliabilität**

Die Reliabilität gibt den Grad der Genauigkeit an, mit dem der Test vorgibt, das entsprechende Merkmal zu messen. Sie kann auch als Wiederholbarkeit oder Zuverlässigkeit verstanden werden. Eine ausreichende Reliabilität ist nicht gegeben, wenn die Ergebnisse stark von situativen Bedingungen (z. B.: Tageszeit, Raumtemperatur,

Konzentrationsschwankungen der Testpersonen) beeinflusst werden. Mathematisch ausgedrückt ist die Reliabilität das Verhältnis zwischen der wahren Varianz zu der Testvarianz. Es gibt verschiedene Verfahren zur Reliabilitätsbestimmung:

a) Test-Retest-Methode (Testwiederholungsmethode)

Dieselbe Probandenstichprobe wird zweimal innerhalb eines definierten Zeitintervalls, das entsprechend dem Sachverhalt festzulegen ist, getestet. Der Reliabilitätskoeffizient ergibt sich aus der Korrelation beider Messreihen.

b) Paralleltestreliabilität

Hierfür ist die Konstruktion paralleler Testitems bzw. inhaltlich äquivalenter Tests notwendig. Beispielsweise könnten Tests mit unterschiedlichem Geräteaufwand entwickelt werden.

c) Testhalbierungsmethode

Diese Methode wird für motorische Tests angewendet, die aus mehreren Items bestehen und in sich homogen sind. Der Test wird in zwei äquivalente Testhälften geteilt und die Ergebnisse beider Testteile miteinander korreliert.

d) Konsistenzanalyse

Auch dieses Verfahren kann nur auf motorische Tests angewendet werden, die homogen sind und aus mehreren Items bestehen. Der Test wird in so viele Teile zerlegt, wie Items vorhanden sind. Ein bekanntes Verfahren ist Cronbach's α (Alpha) als Maß für die interne Konsistenz einer Messreihe oder Skala.

- **Validität**

Die Validität klärt darüber auf, inwieweit der Test auch wirklich das Merkmal oder die Eigenschaft bestimmt, die er zu messen vorgibt. Hier gilt es, inhaltliche und messtheoretische Überlegungen vorzunehmen.

a) Inhaltsvalidität

Die Inhaltsvalidität basiert meist auf Plausibilitätserklärungen. Diese ist allerdings meist nicht gegeben, wenn es sich um komplexe Tests handelt, die mehrere koordinative Fähigkeiten erfassen. Einfacher ist es bei konditionellen Fähigkeiten, wie bspw. die Bestimmung der Zeit bei einem Lauf als Maß für die Ausdauerleistung.

b) Konstruktvalidität

Die Konstruktvalidität überprüft, inwiefern der Test die Gesamtheit der Indikatoren misst. Es geht also um die theoretische Klärung, was der Test erfasst. Ein methodischer Zugang zur Konstruktvalidität kann über die explizite theoriegeleitete Formulierung und Überprüfung von hypothetischen Annahmen zu Merkmalszusammenhängen gefunden werden, wie z. B. mittels Fragebögen (Bös 2001).

c) Kriterienbezogene Validität

Die kriterienbezogene Validität wird mittels Vergleich mit einem bereits auf Gültigkeit überprüften Test nachgewiesen.

Das können in der Sportwissenschaft biomechanische Untersuchungen, physiologische Belastungstests, psychologische Tests und andere motorische Paralleltests sein (Bös 2001).

Nebengütekriterien

In der Testtheorie sind die Nebengütekriterien eher von untergeordneter Bedeutung. Sie werden in der Literatur auch unterschiedlich benannt. Eine Ausnahme bildet die Normierung. Aus diesem Grund soll nur kurz auf die gebräuchlichsten Nebengütekriterien, die sich eher mit der Nützlichkeit und Anwendbarkeit des Tests beschäftigen, eingegangen werden.

- **Normierung**

… dient dem Vergleich der Testergebnisse mit den Ergebnissen der Referenzgruppe. Diese Referenzgruppe bezieht sich bspw. auf Geschlecht, Alter, Ausbildung, Wettkampferfahrung oder Sportart. Oft werden Normwerte auch in Form von Normskalen bzw. Nomogrammen dargestellt.

- **Nützlichkeit**

… entscheidet, ob der Test für die Beantwortung einer entsprechenden Fragestellung sinnvoll ist.

- **Testfairness**

… entscheidet darüber, ob alle Probandengruppen gleichbehandelt werden und die gleichen Chancen haben.

- **Testökonomie**

… beurteilt den Aufwand des Tests im Verhältnis zum Nutzen hinsichtlich Personal, Materialien und Zeit.

- **Transparenz**

… bezieht sich auf die Verständlichkeit der Aufgabenstellung für den Probanden und ein angemessenes Feedback nach dem Test. Gegebenenfalls können Übungsitems dem Probanden vor dem Test helfen, die Aufgabenstellung besser zu verstehen.

- **Unverfälschbarkeit**

… bedeutet, dass der Proband nicht willentlich das Testergebnis beeinflussen kann.

- **Zumutbarkeit**

… überprüft die Belastung des Probanden unter physischem, psychischem und zeitlichem Aspekt. Oft werden Tests generiert, die schon auf Grund ihres Zeitbedarfs das Konzentrationsvermögen des Probanden zum Ende des Tests stark einschränken.

7.4 · Tests zur Erfassung koordinativer Fähigkeiten

- **Vergleichbarkeit**
… bezieht sich auf andere Tests mit ähnlicher Zielstellung.

7.4.2 Beispiele für koordinative Tests

Nachfolgend werden zwei Tests vorgestellt, an denen die Anforderungen an einen Test verdeutlicht werden sollen.

- **Der Deutsche Motorik-Test 6–18 (DMT 6–18)**

Der Deutsche Motorik-Test 6–18 (DMT 6–18) wurde von Bös et al. (2009) entwickelt. Die wichtigsten Charakteristika sind in der ◘ Tab. 7.2 zusammengefasst.

◘ **Tab. 7.2** Zusammenfassung zum Deutschen Motorik-Test 6–18 nach Bös et al. (2009)

Gliederungspunkt	Erläuterungen
Zielstellungen	– Erhebung des Niveaus motorischer Fähigkeiten von Kindern und Jugendlichen in der Bundesrepublik Deutschland und deren möglicher Veränderungen – Testen von aerober Ausdauer, Kraftausdauer, Schnellkraft, Schnelligkeit und Koordination sowie Beweglichkeit und anthropometrischer Daten – Keine Erfassung von sportlichen Fertigkeiten
Anwendungsbereich	– Für Kinder und Jugendliche im Altersbereich von 6 bis 18 Jahren in Schulen und Vereinen – Einsetzbarkeit im Routinebetrieb des Unterrichts und des Trainings mit geringem Materialaufwand – Evtl. Testleiterschulung mittels Testmanual – Einfache Auswertetabellen
Testmaterialien	– Standardmaterialien/Verbrauchsmaterial: Stoppuhren, Maßband, Markierungshütchen, … – Spezielle Testmaterialien: Balancierbalken, Holzkasten, rutschfeste Teppichmatte
Testdurchführung	– Unterscheidung zwischen Routinetestung (z. B.: Stationsbetrieb) und wissenschaftlicher Testung (festgelegte Reihenfolge)
Testitems	– Anzahl: 8 (jeweils mit spezifischen Erklärungen zur Durchführung und Auswertung) – 20-m-Sprint, Balancieren rückwärts, seitliches Hin- und Herspringen, Rumpfbeuge, Liegestütz, Sit-ups, Standweitsprung und Sechs-Minuten-Lauf
Gütekriterien	– Für die einzelnen Items werden Objektivitätskoeffizienten, Reliabilitätskoeffizienten und die Ergebnisse der Überprüfung von inhaltlicher Validität, Konstruktvalidität und Kriteriumsvalidität angegeben
Normierung der Testwerte	– Kriteriumsnorm und statistische Norm – Klasseneinteilung der Testwerte in fünf Leistungskategorien – Angabe von alters- und geschlechtsbezogenen Normwerttabellen
Testauswertung	– Interpretation der Ergebnisse in den Einzeltests – Bildung eines Gesamtwertes und Interpretation – Profilauswertung

- **Gleichgewichtstest-Reha**

Als ein weiteres Beispiel (siehe nebenstehender Kasten) soll der Gleichgewichtstest-Reha von Theisen und Wydra (2011) dienen.

Beispiel

Zusammenfassung des Gleichgewichtstests-Reha von Theisen und Wydra (2011)

Zielstellung
Erfassung des statischen und dynamischen Gleichgewichts von Rehabilitationsteilnehmerinnen und -teilnehmern

Anwendungs- und Gültigkeitsbereich
Alter: 20–76 Jahre, Männer und Frauen, Rehateilnehmer mit überwiegend neurologischen Erkrankungen, Gesundheitssportler, im Rahmen der Sporttherapie, in Vereinen und Fitnessstudio

Testitems (jeweils sechs Items pro Aufgabenblock)
- Statisches Gleichgewicht (Block 1): Füße parallel zusammen mit geöffneten und geschlossenen Augen, Füße hintereinander mit geöffneten und geschlossenen Augen, Einbeinstand mit geöffneten und geschlossenen Augen
- Dynamisches Gleichgewicht (Block 2): Liniengang und Balancieren vorwärts, rückwärts und mit Drehung sowie mit geschlossenen Augen
- Statisches Gleichgewicht unter erschwerten Bedingungen (Block 3): verschiedene Stände auf instabiler Unterlage

Testauswertung
- Entsprechend der Ausführungsqualität der Bewegung werden 0 bis 3 Punkte pro Item vergeben
- Auswertung der Gesamtanzahl der Punkte und der Summe der Punkte für jeden Block

Gütekriterien
Der Test wurde hinsichtlich der Hauptgütekriterien überprüft. Das Testmanual enthält Angaben zur Ökonomie, Nützlichkeit und Normierung.

❷ Fragen und Aufgaben zur Vertiefung
1. Erläutern Sie anhand von Beispielen aus der Sportpraxis, wie die verschiedenen koordinativen Fähigkeiten nach Hirtz trainiert werden können! Fertigen Sie hierzu eine Tabelle an! Finden Sie für jede koordinative Fähigkeit sportartspezifische und sportartübergreifende Trainingsmöglichkeiten! Arbeiten Sie in Arbeitsgruppen mit Kommilitonen mit Erfahrungen in verschiedenen Sportarten zusammen.

7.4 · Tests zur Erfassung koordinativer Fähigkeiten

2. Erläutern Sie einen motorischen Test! Gehen Sie dabei auf folgende Aspekte ein:
   - Kurzcharakteristik
   - Anwendungs- und Gültigkeitsbereich
   - Testdurchführung
   - Untersuchungsdetails
   - Testitems (wenn vorhanden)
   - Bewertungskriterien/Auswertung
   - Gütekriterien
   - Normierung

3. Informieren Sie sich über Reaktionstests mit dem Wiener Testsystem! Unterscheiden Sie zwischen Einfach- und Wahlreaktionstests!
4. Stellen Sie Übungen zusammen, mit denen Sie Ihre Reaktionsschnelligkeit verbessern können!

❓ Kontrollfragen zur Vorbereitung auf die Prüfung
1. Was versteht man unter Bewegungskoordination?
2. Unterscheiden Sie zwischen motorischen Fertigkeiten und motorischen Fähigkeiten! Nennen Sie Beispiele!
3. Welche Systematisierung der koordinativen Fähigkeiten kennen Sie?
4. Nennen und erklären Sie die koordinativen Fähigkeiten nach Blume und Hirtz!
5. Welche Bedingungen muss ein koordinativer Test erfüllen?

❓ Belegaufgabe 1: Fallstabtest nach Fetz und Kornexl (1993)
Der Fallstabtest stellt einen simplen Reaktionstest in Bezug auf einen visuellen Reiz dar, der in der Sportpraxis einfach angewendet werden kann.

Aufgabe
Machen Sie sich mit Ziel, Durchführung, Auswertung des Fallstabtests vertraut (Fetz und Kornexl 1993; Loosch 1999). Erstellen Sie ein Testmanual, wobei Sie insbesondere auf folgende Aspekte eingehen: Dokumentation, Konzeption mit Zielsetzung und Aufgabenbeschreibung, Durchführung, Auswertung.
Führen Sie nach diesem Testmanual den Test mit mindestens drei Personen durch! Überarbeiten Sie ggf. Ihr Testmanual. Wiederholen Sie den Test mit einer anderen Personengruppe (z. B.: Kinder, ältere Personen). Interpretieren Sie die Ergebnisse.

Durchführung
Mit jeder Person sind fünf Wiederholungen durchzuführen. Entscheiden Sie selbst, inwiefern ein Fehlversuch zu streichen ist.

Information zur Auswertung
Sie müssen die Falllänge (L) bestimmen und können daraus auch die Fallzeit (RZ = Reaktionszeit) berechnen: $RZ = \sqrt{2 \cdot L/g}$ (mit g als Erdbeschleunigung).
Wenn Sie Reaktionszeiten <100 ms erhalten, sollten Sie überlegen, ob es sich um Fehlversuche handelt. Berechnen Sie aus den gewerteten Versuchen Mittelwerte der Falllängen bzw. Fallzeiten.

Diskussion
Bewerten Sie kritisch Ihr Testmanual und überarbeiten Sie es. Werten Sie die Versuche der Testwiederholungen beider Probandengruppen aus! Wie groß sind Ihre bestimmten Reaktionszeiten im Vergleich zu allgemeinen Reaktionszeiten auf visuelle Reize? Begründen Sie eventuelle Unterschiede auf der Grundlage der Literatur!

Belegaufgabe 2: Gleichgewichtstest-Reha von Theisen und Wydra (2011)

Aufgabe
Machen Sie sich mit der Organisation, Durchführung und Auswertung des Tests vertraut. Planen Sie diesen Test mit Ihrer Kommilitonen-Gruppe.

Vorbereitung
Bereiten Sie eine entsprechende Auswertetabelle vor, in der jeder Proband enthalten ist und in der Sie dokumentieren können, ob das Item erfolgreich absolviert wurde. Planen Sie jede Bewegungsaufgabe auch hinsichtlich ihrer Eindeutigkeit. Wie wollen Sie diese sicherstellen (z. B.: durch eigene Demonstration)? Bereiten Sie den Raum mit den notwendigen Testinstrumentarien vor. Nehmen Sie auch eine zeitliche Planung vor. Benennen Sie notfalls einen Assistenten.

Durchführung
Führen Sie den Test mit der gesamten Gruppe durch. Entscheiden Sie, welche Bewegungsaufgaben zusammen oder einzeln durchgeführt werden können. Dokumentieren Sie die Ergebnisse nach jedem Item!

Auswertung
Werten Sie den Test für jeden Probanden individuell und für die ganze Gruppe aus! Bedenken Sie bei der Diskussion Ihrer Ergebnisse, inwiefern dieser Test für Ihre Kommilitonen geeignet ist, die Gleichgewichtsfähigkeit zu testen. Wie könnte der Test ggf. modifiziert werden oder welche anderen Tests stehen zur Verfügung?

Literatur

Blume, D. D. (1978). Zu einigen wesentlichen theoretischen Grundpositionen für die Untersuchung koordinativer Fähigkeiten. *Theorie und Praxis der Körperkultur, 27*(1), 29–36.

Bös, K. (Hrsg.). (2001). *Handbuch Motorische Tests*. Göttingen: Hogrefe.

Bös, K. et al. (2009). *Deutscher Motorik-Test 6–18 (DMT 6–18)*. Hamburg: Czwalina.

Fetz, F., & Kornexl, E. (1993). *Sportmotorische Tests: praktische Anleitung zu sportmotorischen Tests in Schule und Verein* (3, überarbeitete u. erweiterte Aufl.). Wien: ÖBV Pädagogischer.

Hirtz, P. et al. (1988). *Koordinative Fähigkeiten im Schulsport. Vielseitig – variantenreich – ungewohnt*. Berlin: Volk und Wissen.

Hohmann, A., Lames, M., & Letzelter, M. (2014). *Einführung in die Trainingswissenschaft*. Wiesbaden: Limpert.

Loosch, E. (1999). *Allgemeine Bewegungslehre*. Wiebelsheim: Limpert.

Martin, D., Carl, K., & Lehnertz, K. (1993). *Handbuch Trainingslehre*. Schorndorf: Hofmann.

Mechling, H. (2003). Von koordinativen Fähigkeiten zum Strategie-Adaptations-Ansatz. In H. Mechling & J. Munzert (Hrsg.), *Handbuch Bewegungswissenschaft – Bewegungslehre*. Hofmann: Schorndorf.

Meinel, K., & Schnabel, G. (2007). *Bewegungslehre Sportmotorik* (11, überarbeitete u. erweiterte Aufl.). Aachen: Meyer & Meyer.

Neumaier, A., & Mechling, H. (1995). Allgemeines oder sportart-spezifisches Koordinationstraining. *Leistungssport, 25*(5), 14–18.

Olivier, N., Rockmann, U., & Krause, D. (2013). *Grundlagen der Bewegungswissenschaft und -lehre* (2, überarbeitete u. erweiterte Aufl.). Schorndorf: Hofmann.

Roth, K. (2014). Begriffliche und theoretische Grundlagen der Koordinationsschulung. In C. Kröger & K. Roth (Hrsg.), *Koordinationsschulung im Kindes- und Jugendalter: eine Übungssammlung für Sportlehrer und Trainer*. Schorndorf: Hofmann.

Roth, K., & Willimczik, K. (1999). *Bewegungswissenschaft*. Reinbek: Rowohlt.

Theisen, D., & Wydra, G. (2011). Untersuchung der Gleichgewichtsfähigkeit. *Bewegungstherapie und Gesundheitssport, 27,* 231–239.

Weineck, J. (2007). *Optimales Training: Leistungsphysiologische Trainingslehre unter besonderer Berücksichtigung des Kinder- und Jugendtrainings*. Balingen: Spitter.

Wollny, R. (2007). *Bewegungswissenschaft. Ein Lehrbuch in 12 Lektionen*. Aachen: Meyer & Meyer.

Diagnostische Verfahren zur Bestimmung der Gehirnaktivität

8.1 Einführung – 150

8.2 Elektroenzephalographie – 151

8.3 Funktionelle Magnetresonanztomographie – 161

Literatur – 166

© Springer-Verlag GmbH Deutschland, ein Teil von Springer Nature 2018
K. Witte, *Grundlagen der Sportmotorik im Bachelorstudium (Band 1)*,
https://doi.org/10.1007/978-3-662-57868-1_8

Willkürbewegungen sind ohne ZNS nicht möglich. Doch was passiert im Gehirn bei Bewegungsvorstellungen, Bewegungsplanungen und Bewegungsausführungen? Dank der Elektroenzephalographie und bildgebender Verfahren wie die funktionelle Magnetresonanztomographie haben die Bewegungswissenschaftler zusammen mit Neurologen und Kognitionswissenschaftlern die Möglichkeit, immer mehr über die Prozesse im Gehirn zu erfahren. Was hinter diesen Verfahren steht, soll in diesem Kapitel erklärt werden.

8.1 Einführung

EEine Reihe von nichtinvasiven bildgebenden Verfahren, die auf unterschiedlichen physikalischen Effekten basieren, werden aktuell genutzt, die Aktivitäten einzelner Gehirnareale zu bestimmen. Weit verbreitet sind die Elektroenzephalographie (EEG) und die funktionelle Magnetresonanztomographie (fMRT).

Nachfolgend wollen wir uns mit Untersuchungsmethoden beschäftigen, die uns ein besseres Verständnis der Aktivität einzelner Gehirnareale verschaffen. Dank moderner Technologien können Neurowissenschaftler viele Informationen über das Gehirn auf der Grundlage unterschiedlicher physikalischer Effekte gewinnen. Dies betrifft in unserem Fall bspw. die Wahrnehmung, die Programmierung von motorischen Aktionen und Gedächtnisprozesse. Es muss natürlich berücksichtigt werden, dass man nicht Informationen über das Verhalten einzelner Neurone erhält, sondern über das Verhalten dynamischer Verbünde von Neuronen Da Silvia 2010. Weiterhin werden immer neuronale Modelle benötigt, um die Signale zu interpretieren. In der ◘ Tab. 8.1 sind verschiedene nichtinvasive bildgebende Verfahren und deren physikalischen Grundprinzipien aufgeführt, die zur Bestimmung von Gehirnaktivitäten genutzt werden.

◘ **Tab. 8.1** Nichtinvasive bildgebende Verfahren in der Gehirnforschung und ihre physikalischen Prinzipien. (Mod. nach Villringer et al. 2010)

Methode	Physikalisches Prinzip
Computertomographie (CT)	Absorption von Röntgenstrahlen
Positronen-Emissions-Tomographie	Emission von hochenergetischen Photonen bei Wechselwirkung eines Positrons (werden von Radionukliden emittiert) mit einem Elektron
Magnetresonanztomographie (MRT)	Kernspinresonanz
Optische Verfahren	Lichtabsorption, Lichtstreuung, Fluoreszenz, Lumineszenz
Elektroenzephalographie (EEG)	Elektrische Potenziale
Magnetoenzephalographie (MEG)	Magnetfelder
Elektrische Impedanz-Tomographie (EIT)	Änderungen der elektrischen Impedanz
Funktionelle Transkranielle Ultraschall-Dopplersonographie (fTCD)	Dopplereffekt mit Ultraschall

8.2 Elektroenzephalographie

Die Elektroenzephalographie (EEG) dient der medizinischen Diagnostik und der neurologischen Forschung und zunehmend auch der Bewegungswissenschaft zur Erfassung der Aktivitäten einzelner Hirnareale. Hierzu werden summierte elektrische Aktivitäten von Hirnarealen durch die Registrierung von Potenzialschwankungen auf der Kopfoberfläche gemessen.

> Der Begriff der Elektroenzephalographie geht auf den Neurologen Hans Berger zurück, der im Jahre 1924 an der Universität Jena die ersten Elektroenzephalographien an Menschen registrieren konnte. Sie wurden von ihm „Elektrenkephalogramme" oder auch „Elektrophalogramme" genannt. Nach vielen Selbstzweifeln und wiederholten Untersuchungen entstand 1929 seine erste Publikation zum EEG. Doch zunächst wurde diese Entdeckung nicht angewendet. Erst der englische Neurophysiologe Edgar Douglas Adria (1932 Nobelpreisträger für Medizin zusammen mit Charles Scott Sherrington zu Forschungen auf dem Gebiet der Funktionen von Neuronen) erkannte 1934 die Bedeutung der Entdeckung von Berger.

8.2.1 Messverfahren

Generell lassen sich auf der Basis der summierten Aktionspotenziale einzelner Neurone und Neuronengruppen des Gehirns bzw. einzelner Gehirnareale Potenzialunterschiede an der Kopfhaut ableiten. Dabei muss zwischen den unmittelbaren Potenzialquellen (Potenzialgeneratoren), die in der Hirnrinde lokalisiert sind, und den Strukturen, die das Potenzialmuster beeinflussen, unterschieden werden (Zschocke und Hansen 2012). Die von den Potenzialgeneratoren erzeugten und aufgenommenen Signale gelten auf Grund der physiologischen Grundlagen als gut gesichert. Dagegen sind die Potenzialmuster relativ variabel und unterliegen komplexen Übertragungseigenschaften, die die Potenzialsignale verfälschen, so dass bei ihrer Interpretation Vorsicht geboten ist (Zschocke und Hansen 2012).

Als Potenzialgeneratoren sind die Synapsen bekannt. Werden diese aktiviert, so kommt es an den nachgeschalteten Nervenzellen zu lokalen Membranpotenzialschwankungen (postsynaptische Potenziale). Sie überlagern sich im Bereich der Dendriten mit anderen Potenzialen und bilden so die relativ

EEG-Signale werden auf der Kopfoberfläche abgeleitet und entstehen größtenteils aus synaptischen Aktivitäten.

langsam veränderlichen Summenpotenziale. Diese wiederum bilden den Ausgangspunkt der räumlich weitreichenden Potenzialfelder, die als EEG-Signale aufgezeichnet werden können und als Elektroenzephalogramm (auch hier wird die Abkürzung EEG verwendet) bezeichnet werden. Die ◘ Abb. 8.1 verdeutlicht die Entstehung dieser Potenziale. Das dendritische Summenpotenzial hängt stark von der Verzweigung der Dendriten ab.

Die Entstehung des EEG-Signals aus dem postsynaptischen Potenzial ist in der ◘ Abb. 8.2 dargestellt.

Da zwischen dem Gehirn und der Ableitelektrode noch komplexe Dielektrika auf Grund der Hirnhäute, der Schädeldecke und der Kopfhaut existieren und diese auf Grund der komplexen Übertragungseigenschaften das Potenzialsignal beeinflussen, entstehen weitere Potenzialmuster und elektrische Gleichspannungspotenziale (DC-Potenziale), die das Gesamt-EEG-Signal beeinflussen.

Weiterhin ist anzumerken, dass nur die neuronalen Dipole und deren Verschiebungen mit den EEG-Elektroden gemessen werden können, die sich senkrecht zur Kopfoberfläche entwickeln. Andere Dipolfelder im Bereich der Hirnfurchen gehen nur teilweise in das EEG-Signal mit ein.

Insgesamt kann man sich die Entstehung des EEG-Signals nach dem Schema in ◘ Abb. 8.3 vorstellen.

Die Amplituden der EEG-Signale liegen im Bereich von 1 µV bis 200 µV und die Frequenzen im Bereich von 0,5 Hz bis 100 Hz. Als Messverfahren wird meist die unipolare Ableitung gewählt, also die Messung von Potenzialunterschieden einzelner auf der Kopfoberfläche fixierter Elektroden gegen eine gemeinsame Referenzelektrode.

Auf Grund der kleinen Amplitudenwerte des EEG-Signals muss der Übergangswiderstand zwischen Elektrode und Kopfhaut recht klein sein. Das wird durch die Verwendung von meist Ag/AgCl-Elektroden und eines Abrasiv-Gels erreicht. Zur Gewährleistung der Vergleichbarkeit erfolgt die Anordnung der Elektroden auf dem Kopf nach einem international standardisierten System. Die Basis hierfür bildet das 10–20-System, das den Kopf ausgehend von Referenzpunkten in Sektoren von 20 % bzw. 10 % einteilt, womit eine definitive Elektrodenposition gegeben ist (◘ Abb. 8.4). Es sind aber auch feinere Sektoreneinteilungen möglich. So werden im Klinikbereich 64 und für Forschungszwecke oft 128 Kanäle verwendet.

Die Auswertung von EEG-Signalen ist recht kompliziert und bedarf jahrelanger Erfahrungen. Außerdem existiert eine Reihe von Störeinflüssen: physiologische Einflüsse, Bewegungsartefakte, externe und interne Störungen, induzierte Spannungen und andere physikalische Störungen.

8.2 · Elektroenzephalographie

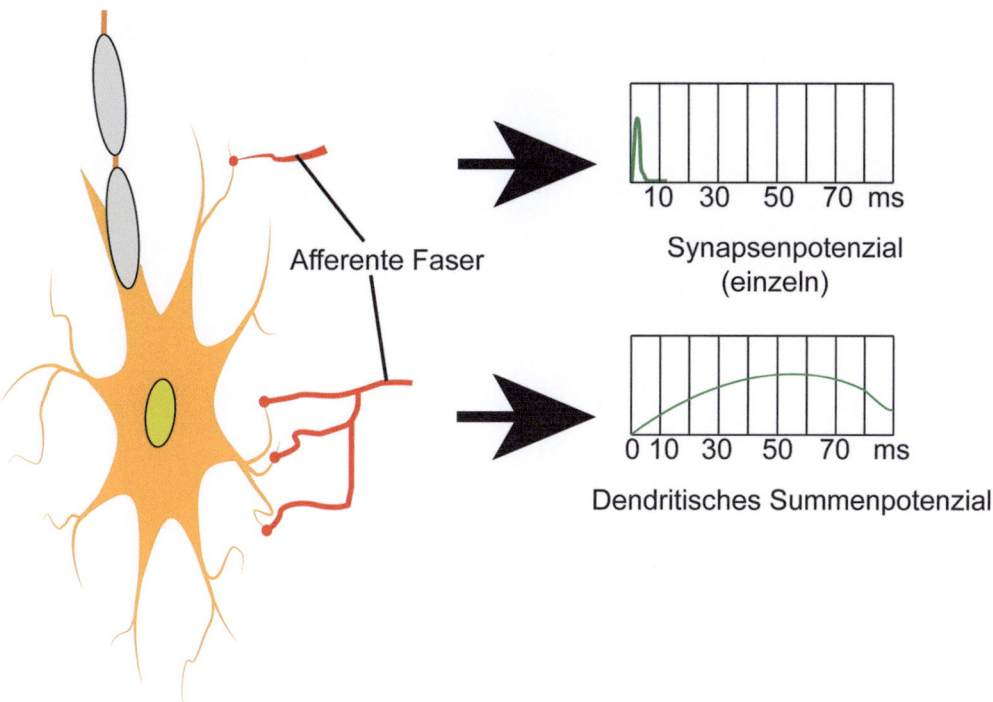

Abb. 8.1 Entstehung der elektrischen Potenziale an einem Neuron. (Mod. nach Zschocke und Hansen 2012, S. 3)

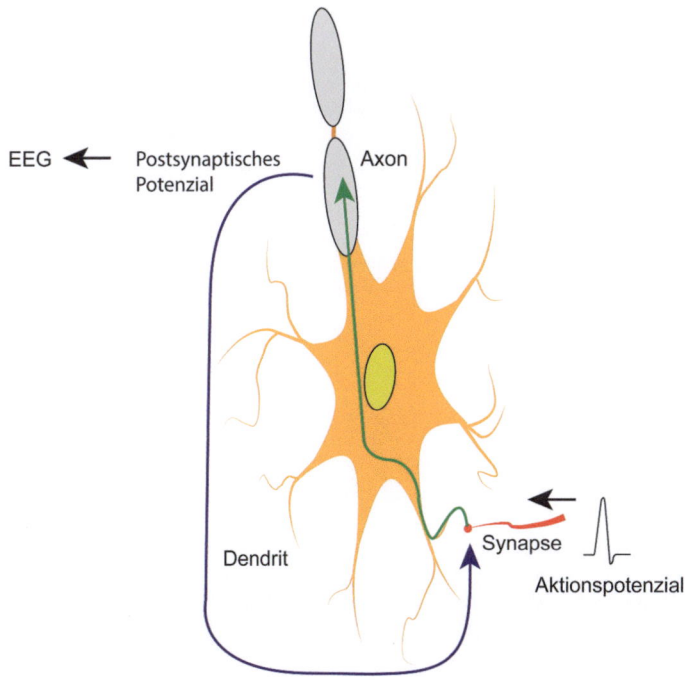

Abb. 8.2 Erzeugung des EEG-Signals aus dem postsynaptischen Potenzial. (Mod. nach Zschocke und Hansen 2012)

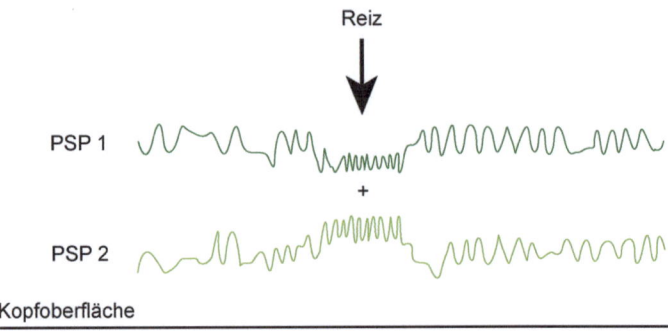
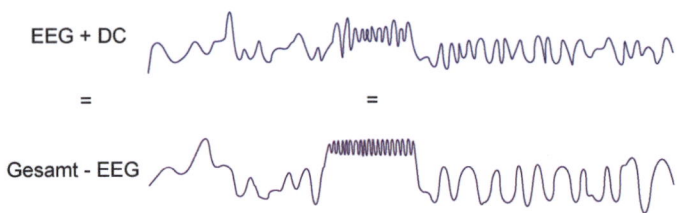

Abb. 8.3 Entstehung des EEG-Signals an der Kopfoberfläche als Summe einzelner postsynaptischer Potenzale (PSP1, PSP2, …) und dem DC-Potenzial (Gleichspannungspotenzial). (Mod. nach Zschokke und Hansen 2012)

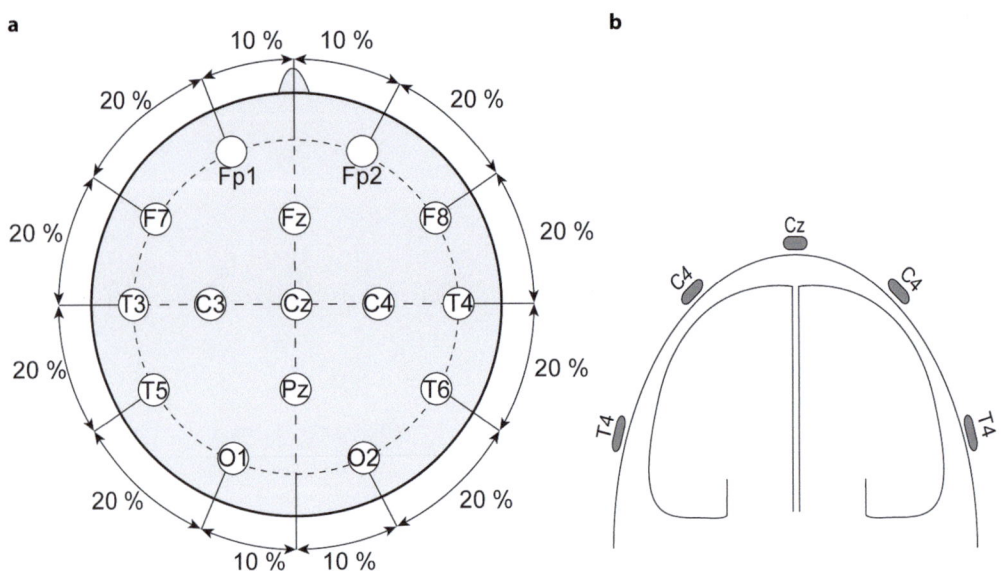

Abb. 8.4 Elektrodenposition nach dem 10–20-System

8.2.2 EEG-Signale

Da EEG-Signale sehr vielgestaltig sind, gibt es internationale Richtlinien und Empfehlungen für ihre Beschreibung. Dabei hat man sich auf folgende Parameter geeinigt:
— Frequenz
— Amplitude
— Form bzw. Potenzialmuster
— Häufigkeit
— Zeitliche Abfolge
— Zeitliche Beziehung
— Topographische Verteilung

EEG-Signale unterscheiden sich hinsichtlich vieler Parameter voneinander. Die Frequenzen der spontanen EEG-Signale geben Aufschluss auf den Spannungs- bzw. Anspannungszustand.

Diese Merkmale beziehen sich auf EEG-Ableitungen unter drei Bedingungen:
— Ruhe
— Bei äußeren Reizen
— Unter Provokationen (Zschocke und Hansen 2012)

Besonders wichtig ist das Merkmal Frequenz. Grundsätzlich können die EEG-Signale in Bezug zur Grundaktivität in fünf Frequenzbereiche eingeteilt werden (vgl. ◘ Tab. 8.2). In der Literatur findet man oft weitere Unterteilungen.

◘ Tab. 8.2 EEG-Frequenzbänder bezogen auf spontane EEG-Signale. (U. a. nach Graf und Hamer 2012)

Frequenzband	Frequenz	Zustand	Mögliche Effekte
Delta (δ)	0,1 bis < 4 Hz	Traumloser Tiefschlaf, Trance	
Theta (θ)	4 bis 6,5 Hz	Einschlafphase, Hypnose, Wachträumen	
	6,5 bis < 8 Hz	Tiefe Entspannung, Meditation, Hypnose, Wachträumen	Erhöhte Erinnerungs- und Lernfähigkeit, Konzentration und Kreativität
Alpha (α)	8 bis 13 Hz	Leichte Entspannung, unterbewusstes Lernen, nach innen gerichtete Aufmerksamkeit, Augen geschlossen	Erhöhte Erinnerungs- und Lernfähigkeit
Beta (β)	>13 bis 15 Hz	Entspannte nach außen gerichtete Aufmerksamkeit	Gute Aufnahmefähigkeit und Aufmerksamkeit
	15 bis 21 Hz	Hellwach, normale bis erhöhte nach außen gerichtete Aufmerksamkeit und Konzentration	Gute Intelligenzleistung
	21 bis 38 Hz	Hektik, Stress, Angst oder Überaktivierung	Sprunghafte Gedankenführung
Gamma (γ)	>38 bis 70 Hz	Anspruchsvolle Tätigkeiten mit hohem Informationsfluss	Transformation ohne neuronale Reorganisation

Interessant ist bspw. die α-Aktivität als ein Maß für die Entspannung. Sie kann insbesondere durch visuelle Reize beeinflusst werden. Sie ist besonders stark bei geschlossenen Augen, wenn also kein visueller Reiz vorliegt. Für uns von Interesse ist die μ-Aktivität im selben Frequenzbereich wie die α-Aktivität. Sie tritt bei motorischen Aktivitäten (Bewegungen) auf und reagiert nicht auf visuelle Reize. Sie kann direkt über dem motorischen Kortex abgeleitet werden.

Für viele neurophysiologische Untersuchungen ist die Unterscheidung von Wach- und Schlafrhythmus wichtig. Dies kann auf der Grundlage der Frequenzbänder erfolgen.

8.2.3 Ereigniskorrelierte Potenziale

> Ereigniskorrelierte Potenziale werden durch exogene oder endogene Reize ausgelöst und können auf Grund der unterschiedlichen Stimuli systematisiert werden. Sie helfen, neurologische Erkrankungen zu diagnostizieren.

Ereigniskorrelierte Potenziale werden durch äußere (exogene) oder innere (endogene) Reize ausgelöst (◘ Abb. 8.5). Diese Ereignisse bewirken eine charakteristische Potenzialänderung.

- **Evozierte Potenziale**

Durch gezielte Stimulation eines Sinnesorgans oder einzelner peripherer Nervenfasern werden elektrische Potenziale im Nervensystem erzeugt. Diese führen im sensorischen Kortex wiederum zu Potenzialänderungen, die im EEG-Signal sichtbar werden.

Als evozierte Potenziale werden Potenzialänderungen bezeichnet, die durch äußere Sinnesreize hervorgerufen werden. Da ihre Amplituden (1–15 μV) im Vergleich zu den Amplituden der spontanen EEG-Signale (50–100 μV) deutlich geringer sind, muss für die Auswertung das EEG-Signal gemittelt und der Reiz mehrfach dargeboten werden, um ein interpretierbares Signal-Rausch-Verhältnis zu erhalten. Wie auch in der ◘ Abb. 8.5 dargestellt, unterscheidet man entsprechend der Reizsetzung verschiedene Potenziale:
- Visuell evozierte Potenziale **(VEP)**: bspw. zur Feststellung von Schädigungen der Sehbahn
- Akustisch evozierte Potenziale **(AEP)**: bspw. zur Messung der Leitfähigkeit des Hörnervs

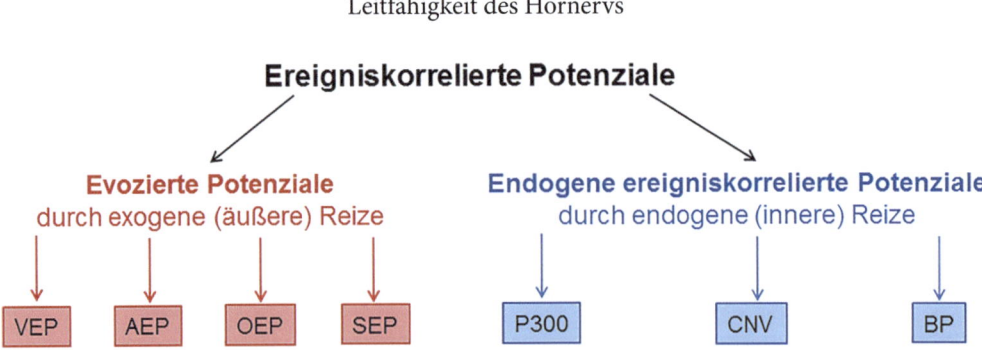

◘ Abb. 8.5 Einteilung ereigniskorrelierter Potenziale (Erklärungen im Text)

8.2 · Elektroenzephalographie

- Olfaktorisch evozierte Potenziale **(OEP)**: bspw. zur Überprüfung des Geruchssinns
- Somatosensorisch evozierte Potenziale **(SEP)**: bspw. zur Überprüfung der Leitfähigkeit von peripheren Nervenfasern und Diagnostik von Sensibilitätsstörungen

Die einzelnen evozierten Potenziale unterscheiden sich einerseits durch die Art des stimulierenden Reizes und andererseits auch durch die Signalform.

> **Visuell evozierte Signale (VEPs)**
> Zur Stimulation von VEPs werden Blitzlampen (Helligkeitsstimulation) oder blinkende Muster (Musterstimulation) verwendet. Dieser Reiz wird von den Neuronen im visuellen Kortex (Sehrinde) registriert. Die darüber angebrachte EEG-Elektrode zeichnet ein typisches Signal mit den charakteristischen Wellen N75, P100 und N135 auf (siehe ◘ Abb. 8.6): bei 75 ms ein Minimum (negativ), bei 100 ms ein Maximum (positiv) und bei 135 ms wieder ein Minimum (negativ). Daraus lässt sich die Zeit berechnen, die ein Lichtreiz von der Netzhaut des Auges bis zur Sehrinde im Hinterkopf benötigt. Sie liegt im Normalfall zwischen 95 ms und 115 ms.

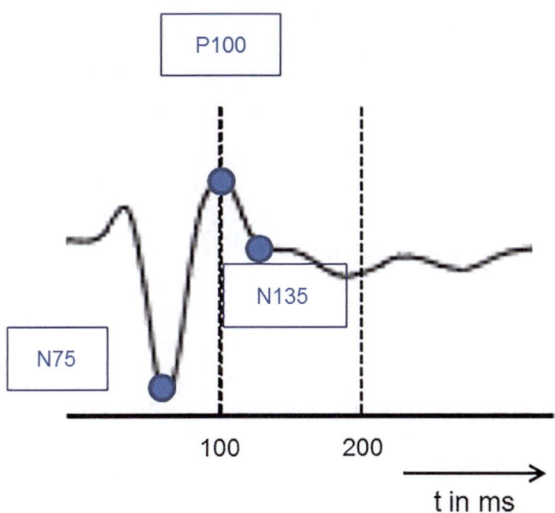

◘ **Abb. 8.6** Schematische Darstellung eines visuell evozierten Potenzials (VEP)

- **Endogene ereigniskorrelierte Potenziale**

Kurz sollen drei ereigniskorrelierte Potenziale aufgeführt werden, die durch endogene Reize hervorgerufen werden und von relativ hoher Bedeutung sind.

P300-Welle
Dieses Signal tritt allgemein nach einem Ereignis oder Reiz auf, dem die Person eine besondere Bedeutung beimisst. Dabei kann es sich auch um eine zu erwartende Belohnung handeln. Die Latenz dieses Signals, das am besten über dem parietozentralen bis zum frontalen Kortex messbar ist, beträgt zwischen 300 und 500 ms. Unter P300 wird eine ganze Gruppe von Signalen verstanden, die bei vielen Informationsverarbeitungsprozessen und damit kognitiven Prozessen entstehen: z. B.: Signaldetektionsaufgaben, sprachliche Wahrnehmung oder arithmetische Operationen (Trimmel 1990). Sie dienen bei klinischen Untersuchungen der Testung von kognitiven Funktionen, wie bspw. bei Demenz und Schizophrenie.

Erwartungspotenzial – Contingent Negative Variation (CNV)
Dieses Signal hat seine Bedeutung in der Erwartung eines Reizes nach einem ersten Signal oder Stimulus S1. Dabei folgt nach dem ersten Stimulus (S1) ein zweiter (S2) mit langsam zunehmenden negativen Werten des Potenzials, was als ein Ausdruck kortikaler Verarbeitungsprozesse interpretiert wird. Durch den vorherigen Reiz wird die Effektivität der nachfolgenden Reaktion erhöht. In der Psychiatrie wird dieses Verfahren genutzt, um zu überprüfen, ob der erste Reiz (visuell oder akustisch) wahrgenommen und verarbeitet wird. Beispiele für derartige Reizmuster sind an der Ampel die Farbfolge Gelb–Grün oder Gelb–Rot bzw. beim Start in der Leichtathletik Fertig–Los.

Bereitschaftspotenzial (BP)
Wie es der Name schon sagt, ist dieses Signal kurz vor einer willentlichen Bewegung bereits messbar und wird als Ausdruck von Aktivierungs- und Vorbereitungsprozessen verstanden. Dieses Signal bricht bei Bewegungsbeginn ab. Das BP spiegelt also die neuronale Bewegungsorganisation bzw. -programmierung wider. Es wird durch das anschließende Motorpotenzial, das nur auf der zur Bewegung kontralateralen Seite des Kortex auftritt, abgelöst. Bereitschaftspotenziale sind für Bewegungswissenschaftler von besonderer Bedeutung.

8.2.4 EEG und Bewegungswissenschaft

Das EEG wird auch in der Bewegungswissenschaft

Für einige Anwendungen in der Motorik bzw. in der Sportwissenschaft sind EEG-Untersuchungen von Interesse.

Brünner et al. (2011) gehen davon aus, dass sportliche Erfahrungen, Sportart und Intensität den Effekt der sportlichen Bewegung auf Gehirnaktivitäten beeinflussen.

Ein nicht unerhebliches Problem bei der Anwendung von EEG im Sport sind Bewegungsartefakte, die durch das Verrutschen der Elektroden auf der Kopfhaut während der Bewegung entstehen. Deshalb werden die meisten Untersuchungen in Ruhe durchgeführt, so dass allerdings der Fokus der Studien auf Bewegungsvorstellung und kleinmotorische Bewegungen (z. B.: Greifbewegungen) liegt. Um dies zu beheben, gibt es Gummikappen mit integrierten Elektroden, die Sportlern aufgesetzt werden. So konnte festgestellt werden, dass sich bei Ausbelastung die Intensität von β-Wellen reduziert (Vogt et al. 2012).

Weiterhin untersuchten Ludyga, Hottenrott und Gronwald (2015) den Einfluss einer Ausdauerbelastung mittels Fahrradergometrie (quantifiziert über Intensität, Dauer und Bewegungsfrequenz). In Auswertung verschiedener Studien konnte festgestellt werden, dass sich die EEG-Leistung der α- und β-Frequenzbänder mit zunehmender kardiovaskulärer und muskulärer Beanspruchung im Vergleich zum Ruhezustand erhöht. Bei einer länger andauernden Belastung reduziert sich dann die spektrale Leistungsdichte in diesen Frequenzbändern (Ludyga et al. 2015).

Sivakami und Shenbaga (2015) untersuchten EEG-Muster während durchgeführter und vorgestellter Handbewegungen. Mit Hilfe verschiedener Signalverarbeitungs-Methoden gelang es, die EEG-Signale unterschiedlicher Handbewegungen zu klassifizieren.

Weiterhin gibt es erste Versuche auch ein Feedback von Bewegungsfehlern im EEG sichtbar zu machen (Helbing 2015). Mit dem sogenannten Ne/ERN (abgeleitet aus Ne – fehlerbehaftete Negativierung bzw. ERN – Event Related Negativity) kann gezeigt werden, dass sich EEG-Signale sehr schnell nach einem Stimulus unterscheiden, wenn eine korrekte oder eine fehlerhafte Reaktion vorliegt. Insbesondere unterscheiden sich beide Signalverläufe durch ihre Vorzeichen. Der veränderte Signalverlauf einer fehlerhaften Bewegung kann auch dann registriert werden, wenn der Bewegungs- oder Reaktionsfehler der Versuchsperson nicht bewusst ist. Dies wurde bspw. bei einer Zielwurfbewegung untersucht (Joch et al. 2017).

eingesetzt, bspw. um den Einfluss von Ausdauerbelastungen auf die Gehirnaktivität zu untersuchen oder Veränderungen der Gehirnaktivität während motorischer Aufgaben zu kontrollieren.

EEG und Gleichgewicht – eine vergleichende Studie zwischen jungen und älteren Menschen

Der Erhalt des statischen Gleichgewichts ist eine grundlegende Fähigkeit des Menschen. Doch hierfür ist die parallele Verarbeitung von visuellen, somatosensorischen und vestibulären Reizen erforderlich. Wie schon von vielen Autoren festgestellt wurde, verschlechtert sich mit zunehmendem Alter die Gleichgewichtsfähigkeit. Es wird angenommen, dass die Aufmerksamkeit auf die Gleichgewichtsaufgabe bei älteren Personen größer ist als bei jüngeren Personen. Gujar (2017) bestimmte die Aktivität der α-Frequenzbänder im EEG während verschiedener statischer Gleichgewichtsaufgaben mit einem Balance Master (der Firma NeuroCom®). Zunächst war festzustellen, dass die Gruppe der jüngeren Probanden (n=20, 25±3,2 Jahre) über eine signifikant bessere Gleichgewichtsfähigkeit verfügt als die Gruppe der älteren Probanden (n=20, 70±4,1 Jahre). Mit der synchron gekoppelten EEG-Messung wurde für die Gruppe der älteren Personen eine erhöhte Aktivität der α-Frequenzbänder im Frontallappen (Steuerung und Kontrolle von Bewegungen, beteiligt an höheren kognitiven Aufgaben) festgestellt (vgl. ◘ Abb. 8.7). Das spricht für eine stärkere bewusste Kontrolle des Gleichgewichts bei den Seniorinnen und Senioren.

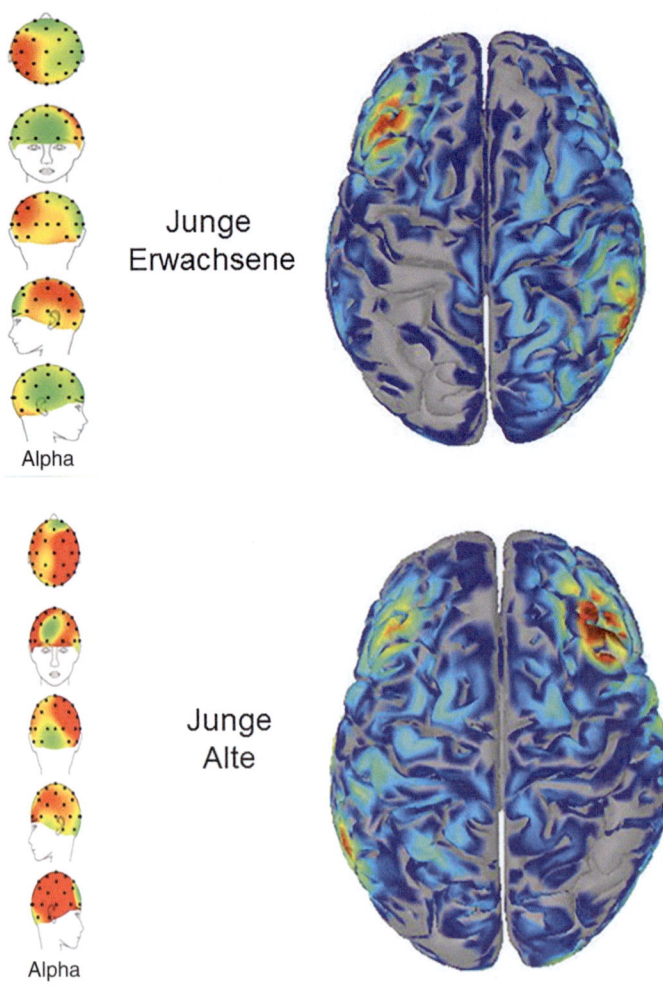

◘ **Abb. 8.7** Mittlere Aktivität der α-EEG-Frequenzbänder von jüngeren und älteren Probanden. (Mit freundlicher Genehmigung von Herrn T. Gujar [2017])

8.3 Funktionelle Magnetresonanztomographie

Die Magnetresonanztomographie ist allgemein ein weitverbreitetes nichtinvasives bildgebendes Verfahren, das in der medizinischen Diagnostik eingesetzt wird, ohne dass der Patient bspw. durch ionisierende Strahlung gesundheitlich beeinträchtigt wird. Es dient der Darstellung der morphologischen Struktur der unterschiedlichen Gewebearten des menschlichen Körpers. Es können bspw. Organe oder Gelenke durch Schnittbilder quasi dreidimensional dargestellt werden, wobei die Resonanz des Gewebes mit hochfrequenten elektromagnetischen Wellen genutzt wird (Wolf 2013). Die Magnetresonanztomographie basiert physikalisch auf der Kernspinresonanz. Die Methode wurde 1973 von Lauterbur und Mansfield, die später mit dem Nobelpreis ausgezeichnet wurden, unabhängig voneinander entwickelt.

Die funktionelle Magnetresonanztomographie (fMRT) ist eine bildgebende Methode zum Nachweis neuronaler Aktivitäten. Im engeren Sinne werden mit fMRT Verfahren bezeichnet, die aktivierte Hirnareale mit hoher räumlicher Auflösung darstellen. Im Unterschied zum MRT kann das fMRT Veränderungen im Gehirn wiedergeben und dies mit Hilfe farbiger dreidimensionaler Bilder darstellen. Damit ist es möglich, bei standardisierten Aufgaben Änderungen der Aktivitäten der einzelnen Hirnareale zu erfassen und zu lokalisieren, um sie anschließend statistisch auszuwerten (Schneider und Fink 2013). Damit erhält man wertvolle Hinweise auf die funktionell-zerebralen Zusammenhänge, was wiederum zu einem besseren Verständnis der funktionellen Neuroanatomie führt.

Es muss jedoch angemerkt werden, dass mit diesem Verfahren physiologische Prozesse sichtbar gemacht werden und daraus auf neuronale Aktivitäten geschlossen wird. Jedoch ist dieser Zusammenhang bis heute nicht eindeutig geklärt.

> Die Magnetresonanztomographie ist ein nichtinvasives bildgebendes Verfahren.

8.3.1 Physikalische Grundlagen

Die physikalischen Grundlagen der Magnetresonanztomographie werden nachfolgend vereinfacht dargestellt (Weishaupt et al. 2014). Das Verfahren basiert auf dem Verhalten von Wasserstoffatomen, deren Vorkommen im menschlichen Organismus sehr hoch ist.

Die Grundlage bildet die Kernspinresonanz. Als einfachstes Beispiel wird ein Wasserstoffatomkern (◘ Abb. 8.8) genutzt.

> Magnetresonanztomographie basiert auf der Kernspinresonanz von Wasserstoffatomen, die im menschlichen Körper sehr häufig vorkommen.

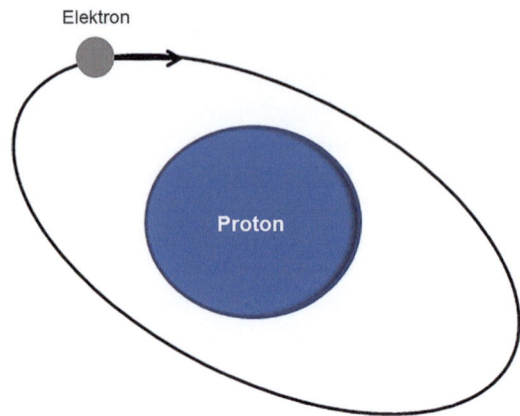

Abb. 8.8 Schematische Darstellung eines Wasserstoffatoms

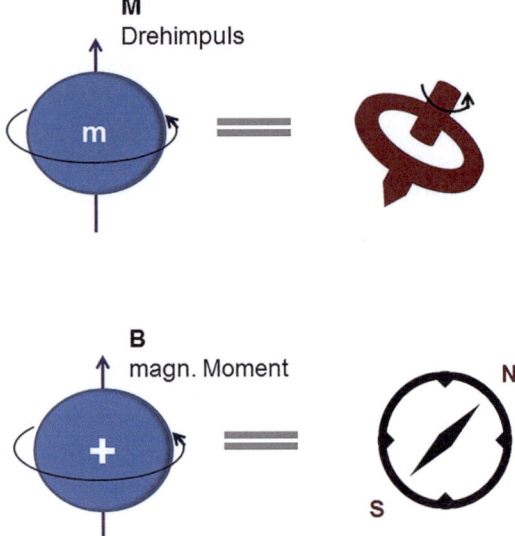

Abb. 8.9 Schematische Darstellung des Drehimpulses (oben) und des magnetischen Momentes (unten) eines Wasserstoffprotons. (Mod. nach Weishaupt et al. 2014)

Dieser besteht aus einem Proton, welches eine Eigenrotation vollführt und damit einen Eigendrehimpuls (Spin) besitzt. Dieser Spin hat zwei Wirkungen (Abb. 8.9):

8.3 · Funktionelle Magnetresonanztomographie

- Auf Grund der Masse des Protons lässt sich der Drehimpuls analog zur Mechanik bestimmen: $L = m \cdot r^2 \cdot \omega$ (m – Masse, r – Abstand der Masse zur Drehachse, ω – Winkelgeschwindigkeit). Das Proton verhält sich ähnlich wie ein Kreisel, der die räumliche Lage der Rotationsachse beibehalten will.
- Da das Proton aber auch eine elektrische Ladung (hier positiv) besitzt, hat es auch ein magnetisches Moment B. Damit verhält es sich wie ein kleiner Magnet, wenn er von äußeren Magnetfeldern und elektromagnetischen Wellen beeinflusst wird. Wirkt also auf dieses magnetische Moment ein äußeres Magnetfeld, so wird ein Drehmoment erzeugt. Wenn er sich bewegt, induziert er in einer Empfangsspule eine elektrische Spannung.

Befindet sich nun das Proton mit seinem Spin in einem starken äußeren Magnetfeld, versucht dieses den Spin (wie bei einer Kompassnadel) entlang des Magnetfeldes auszurichten. Dabei kann der Spin nur zwei Werte annehmen: Spin aufwärts (parallel zum Feld) und Spin abwärts (antiparallel zum Feld) (vgl. ◘ Abb. 8.10).

Unter dem Einfluss des Magnetfeldes spaltet sich die Energie in zwei Zustände auf: niedrigere Energie bei Spin aufwärts und höhere Energie bei Spin abwärts. Im Fall der Kernspinresonanz wird die sich in einem statischen Magnetfeld befindliche Probe mit elektromagnetischer Strahlung (Photonen) bestrahlt. Wenn die Frequenz dieser Strahlung exakt der Energiedifferenz ($\Delta E = h \cdot f$, mit h – Planck'sches Wirkungsquantum, f – Frequenz) entspricht, werden die Photonen absorbiert (Resonanzeffekt) und viele Kerne gelangen vom energetisch niedrigen in den energetisch höheren Zustand

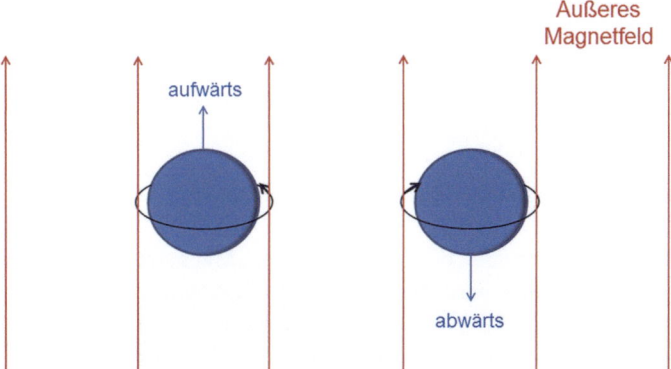

◘ **Abb. 8.10** Proton in einem Magnetfeld mit seinen zwei möglichen Spinzuständen. (Mod. nach Giancoli 2006)

(Giancoli 2006). Dabei „kippen" die Spins mit der gesamten Längsmagnetisierung. Diese „Bewegung" induziert eine elektrische Wechselspannung und wird als MR-Signal bezeichnet. Dieses MR-Signal wird nun verstärkt und graphisch weiterverarbeitet (Weishaupt et al. 2014). Wird das hochfrequente Wechselfeld ausgeschaltet, richten sich die Spins wieder parallel zum äußeren Magnetfeld aus, wozu eine charakteristische Abklingzeit benötigt wird. Dies hängt von der jeweiligen chemischen Verbindung ab, in der sich die Wasserstoffatome befinden. Damit lassen sich die verschiedenen Gewebearten durch unterschiedliche Signalstärke, woraus unterschiedliche Bildhelligkeiten resultieren, unterscheiden.

> **Relaxation und Bildkontrast (Weishaupt et al. 2014)**
> Nach Ausschalten des elektromagnetischen Wechselfeldes richten sich die Spins wieder langsam zum äußeren Magnetfeld aus, das erzeugte MR-Signal nimmt langsam wieder ab, bis der stabile Ausgangszustand durch zwei voneinander unabhängig wirkende Vorgänge wieder erreicht wird: Spin-Gitter-Wechselwirkung und Spin-Spin-Wechselwirkung. Die Zeitkonstante der Spin-Gitter-Wechselwirkung heißt T1 und ist verbunden mit der Abgabe der Energie an die Umgebung „Gitter". T1 ist abhängig von der Stärke des äußeren Magnetfeldes und der inneren Bewegung der Moleküle. Für Gewebe liegt T1 bei einer Magnetfeldstärke von $B_0 = 1{,}5$ T im Bereich von einer halben bis zu mehreren Sekunden. Die T1-Zeit eines Gewebes bestimmt, wie schnell sich die Spins von einer Anregung neu ausrichten.
> T2 ist mit der sogenannten Dephasierung der einzelnen Spins verbunden, wobei die Spins untereinander Energie austauschen. Dieser Zeitbereich wird mit 100 bis 300 ms angegeben. T2* charakterisiert weitere Inhomogenitäten, die zu einem zusätzlichen Phasenzerfall führen. Die T2-Zeit bestimmt, wie schnell das MR-Signal nach einer Anregung abklingt.
> Protonendichte, T1 und T2 sind Merkmale, mit denen sich verschiedene Gewebearten unterscheiden lassen.

8.3.2 Spezielle Funktionsweise der fMRT

Mit der funktionellen Magnetresonanztomographie werden aktive und nicht-aktive Areale des Gehirns dargestellt.

An die Methode der funktionellen Magnetresonanztomographie (fMRT) wird die Anforderung gestellt, dass ein Kontrast zwischen aktiven und nicht-aktiven Hirnarealen abbildbar ist. Das Prinzip des funktionellen MRT basiert auf Stoffwechselaktivitäten des Gehirns. So steigert sich bei erhöhter

8.3 · Funktionelle Magnetresonanztomographie

Aktivität des Gehirns auch sein Stoffwechselverbrauch und der Blutfluss ändert sich ebenso.

Es gibt drei Verfahren: exogene Kontrastmittel, perfusionsbasierte Methoden und BOLD-fMRT (Schneider und Fink 2013). Da das BOLD-fMRT den stärksten Kontrast liefert, wird es am häufigsten eingesetzt und soll nachfolgend kurz erläutert werden.

Das BOLD-fMRT beruht auf der Tatsache, dass der Sauerstoffgehalt des Blutes (oder auch Oxydationsgrad des Hämoglobins) das MRT beeinflusst. Bei erhöhter Aktivität wird mehr Sauerstoff benötigt und vom Hämoglobinmolekül im Blut transportiert. Das Hämoglobinmolekül enthält ein Eisenatom, das zusammen mit dem Sauerstoffmolekül die magnetischen Eigenschaften bestimmt, ähnlich wie das umliegende Hirngewebe.

Es muss jedoch angemerkt werden, dass die physiologischen Prozesse im Detail noch nicht vollständig verstanden werden. Fest steht jedoch, dass die Überkompensation des Sauerstoffgehalts zeitlich um ca. 4 s zur eigentlichen Gehirnaktivität verzögert ist (Schneider und Fink 2013). Einflussfaktoren des BOLD-Signals sind schematisch in der ◘ Abb. 8.11 dargestellt.

8.3.3 fMRT in der Bewegungswissenschaft

Die funktionelle Magnetresonanztomographie wird zunehmend auch in der Bewegungswissenschaft angewendet. Obwohl fMRT-Aufnahmen synchron zu sportlichen Bewegungen nicht durchführbar sind, gibt es doch viele Applikationen, die Aufschluss über die Bewegungssteuerung geben.

So konnte bspw. festgestellt werden, dass der primäre sensomotorische Kortex bei der *Bewegungsvorstellung als auch bei der Ausführung der Bewegung gleichermaßen aktiv ist.* Hierzu wurden Bewegungen der Zunge, der Hände und der Füße mit fMRT untersucht (Stippich et al. 2002).

> Das funktionelle MRT erlaubt weitere Erkenntnisse über die Aktivitäten spezieller Gehirnareale in der Motorikforschung.

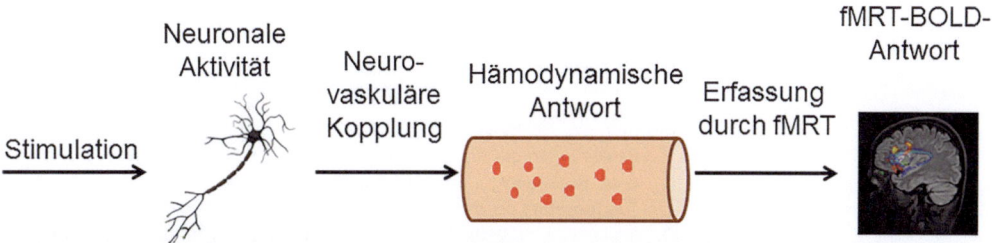

◘ **Abb. 8.11** Einflussfaktoren des BOLD-Signals. (Mod. nach Helbing 2015): neuronale Reaktion auf einen Reiz, komplexe Wechselwirkungsprozess zwischen neuronaler Aktivität und neurovaskulärer Kopplung, hämodynamische Reaktion (Blutfluss, Sauerstoffsättigung, Blutvolumen), Erfassung des MRT-Signals mit unterschiedlichen Einstellungen/Wichtungen

Lotze (2011) gelang es, die funktionelle Repräsentation verschiedener Handbewegungen (Faustschluss), visuell geführte Schreibbewegungen und taktil geführte Handbewegungen von 23 gesunden jungen Menschen mittels fMRT darzustellen und somit die aktivierten kortikalen Bereiche zu lokalisieren.

In einer Studie von Taubert et al. (2010) konnte mittels fMRT belegt werden, dass sich die Gehirnstruktur von Erwachsenen durch Umwelteinflüsse und Lernprozesse verändern. So zeigte ein spezielles Balanciertraining im Verlauf der Zeit nicht nur eine Leistungsverbesserung, sondern auch strukturelle Veränderungen in der grauen und weißen Substanz in frontalen und parietalen Gehirnbereichen. Das lässt auf eine relativ große Anpassungsmöglichkeit des erwachsenen Gehirns (Neuroplastizität) an motorische Trainingsbelastungen schließen.

Neuroplastizität erlaubt auch im höheren Alter Anpassungen an externe und interne Anforderungen. Bedeutend für den Menschen ist diese Plastizität auch nach neuronalen Schädigungen. So können motorisch-kognitive Trainingsformen auch mittels fMRT kontrolliert werden. Die Studie von Rehfeld et al. (2017) konnte zeigen, dass sich durch sportliches Training (Tanz und Fitness) die Plastizität des Hippocampus (lokalisiert am inneren Rand des Temporallappens) bei Seniorinnen und Senioren im Alter von durchschnittlich 68 Jahren erhöht.

> **Kontrollfragen zur Vorbereitung auf die Prüfung**
> 1. Erläutern Sie das grundlegende Prinzip der Entstehung von EEG-Signalen!
> 2. Charakterisieren Sie die fünf Frequenzbereiche der Grundaktivität beim EEG!
> 3. Was sind ereigniskorrelierte Potenziale? Nennen Sie Beispiele!
> 4. Auf welchen physikalischen Wirkungsweisen baut ein MRT auf?
> 5. Wie funktioniert ein fMRT? Beschreiben Sie eine Anwendung in der Bewegungswissenschaft!

Literatur

Brünner, V., Schneider, S., & Raab, M. (2011). *Einfluss verinnerlichter Bewegungen auf die Gehirnaktivität*. In T. Heinen, A. Milek, T. Hohmann, & M. Raab (Hrsg.), *Embodiment: Wahrnehmung – Kognition – Handlung. Tagungsband der dvs-Sektion Sportmotorik*, Köln.

Da Silvia, F. L. (2010). EEG*: Origin and Measurement*. In C. H. Mulert & L. Lemieux (Hrsg.), *EEG-fMRI. Physiological basic, technique and applications* (S. 19–35). Berlin: Springer.

Giancoli, D. C. (2006). *Physik. Pearson Studium* (3. Aufl.). München: Pearson Education Deutschland GmbH.

Graf, W., & Hamer, H. M. (2012). Elektroenzephalografie. *Nervenheilkunde, 5,* 325–333.
Gujar, T. (2017). *Vergleichende EEG-Untersuchungen bei Gleichgewichtsaufgaben zwischen jungen und älteren Erwachsenen.* Mündliche Mitteilungen: Otto-von-Guericke-Universität Magdeburg.
Helbing, C. (2015). *Visualisierung aktivitätsabhängiger Interaktionen des Hippocampus mit subcorticalen und corticalen Regionen mit fMRT.* Diss. OVGU Magdeburg.
Joch, M., Hegele, M., Maurer, H., Müller, H., & Maurer, L. K. (2016). On the contribution of different sensory sources to error prediction in a complex motor task measured with EEG. In J. Wiemeyer & A. Seyfarth (Hrsg.) Human Movement and Technology, Book of abstracts, 11th joint dvs Conference on Motor Control & learning, Biomechanics & Training, Darmstadt.
Joch, M., Hegele, M., Maurer, H., Müller, H., & Maurer, L. K. (2017). Brain negativity as an indicator of predictive error processing: The contribution of visual action effect monitoring. *Journal of Neurophysiology, 118,* 486–495.
Lotze, M. (2011). Zentrale Representation von Bewegung. *Neuroreha, 1,* 10–17.
Ludyga, S., Hottenrott, K., & Gronwald, T. (2015). Einfluss verschiedener Belastungssituationen auf die EEG-Aktivität. *Deutsche Zeitschrift fur Sportmedizin, 66,* 113–120.
Rehfeld, K., Müller, P., Aye, N., Schmicker, M., Dordevic, M., Kaufmann, J., et al. (2017). Dancing or fitness sport? The effects of two training programs on hippocampal plasticity and balance abilities in healthy seniors. *Frontiers in Human Neuroscience, 11,* 305.
Schneider, F., & Fink, G. R. (2013). *Funktionelle MRT in Psychiatrie und Neurologie.* Berlin: Springer Medizin.
Sivakami, A., & Shenbaga, D. S. (2015). Analysis of EEG for motor imagery based classification of hand activities. *International Journal of Biomedical Engineering and Science, 2*(3), 11–22.
Stippich, C., Ochmann, H., & Sartor, K. (2002). Somatotopic mapping of the human primary sensorimotor cortex during motor imagery and motor execution by functional magnetic resonance imaging. *Neuroscience Letters, 331,* 50–54.
Taubert, M., Draganski, B., Anwander, A., Müller, K., Horstmann, A., Villringer, A., et al. (2010). Dynamic properties of human brain structure: Learning-related changes in cortical areas and associated fiber connections. *The Journal of Neuroscience, 30*(35), 11670–11677.
Trimmel, M. (1990). *Angewandte und Experimentelle Neuropsychologie.* Berlin: Springer.
Villringer, A., Mulert, C. H., & Lemieux, L. (2010). Principles of multimodal functioning imaging and data integration. In C. H. Mulert, & L. Lemieux (Hrsg.), *EEG-fMRI. Physiological basic, technique, and applications* (S. 3–18). Berlin: Springer.
Vogt, T., Schneider, S., Abeln, V., Anneken, V., & Strüder, H. K. (2012). Exercise, mood and cognitive performance in intellectual disability – Aneurophysiological approach. *Behavioral Brain Research, 226,* 473–480.
Weishaupt, D., Köchli, V. D., & Marincek, B. (2014). *Wie funktioniert MRTI? Eine Einführung in Physik und Funktionsweise der Magnetresonanzbildgebung* (7, überarbeitete u. ergänzte Aufl.). Berlin: Springer Medizin.
Wolf, S. (2013). *Einfluss der Geometrie und Struktur von Körpermodellen auf die lokale Energiedeposition in der Hochfeld MRT.* OVGU Magdeburg: Diss.
Zschocke, S., & Hansen, H. C. H. (Hrsg.). (2012). *Klinische Elektroenzephalographie* (3, aktualisierte u. erweiterte Aufl.). Berlin: Springer.

Motorik, Diagnostik und Intervention bei ausgewählten Krankheitsbildern mit Bewegungsstörungen

9.1 Morbus Parkinson – 170

9.2 Schlaganfall – 175

9.3 Themen für Referate – 179

Literatur – 181

Parkinson-Patienten leiden an Bewegungseinschränkungen bzw. Bewegungsauffälligkeiten. Ihre Ursachen und Ausprägungen werden in diesem Kapitel ausführlich betrachtet. Auch bei Schlaganfallpatienten können, in Abhängigkeit vom betroffenen Gehirnareal, Probleme in der Gleichgewichtsfähigkeit und im Gangbild auftreten. Bewegungswissenschaftler sind zunehmend aufgefordert, gezielte Interventionen anzubieten, die eine Verbesserung von Haltung und Bewegung oder zumindest keine Verschlechterung bewirken.

Das abschließende Kapitel dieses Bandes beschäftigt sich mit zwei sehr verbreiteten neurologischen Krankheitsbildern, die oft motorische Auffälligkeiten aufweisen. Auf der Grundlage des Wissens der vorherigen Kapitel wird speziell auf die physiologischen Grundlagen, Diagnostik und Interventionsmaßnahmen, mit denen zunehmend auch Bewegungswissenschaftler zu tun haben, eingegangen. Es soll nicht die Aufgabe dieses Abschnitts sein, umfassend über diese Krankheitsbilder zu informieren, da es hier hinreichend Fachliteratur gibt (z. B.: Berlit 2006; Ceballas-Baumann und Conrad 2005). Allerdings sollten die Studierenden jetzt in der Lage sind, sich selbstständig Wissen, auch mit Hilfe von Fachartikeln, anzueignen. Aus diesem Grund werden im ▶ Abschn. 9.3 Anleitungen und Hinweise zur vertiefenden Arbeit mit der vorgeschlagenen Literatur gegeben.

9.1 Morbus Parkinson

9.1.1 Einleitung und Einordnung

Die Parkinson-Erkrankung ist eine Basalganglienerkrankung, die durch Bewegungsverlangsamung (Bradykinese), Verminderung der Bewegungsamplituden (Hypokinese) und Hemmung der Bewegungsinitiation (Akinese) charakterisiert ist. Bei Parkinson-Patienten sterben die dopamin-produzierenden Neurone ab, wodurch ein Ungleichgewicht dieser Transmitter und eine Störung der Basalganglien entstehen.

Die Parkinson-Syndrome gehören nicht zu den alterstypischen Veränderungen der Gleichgewichtsfähigkeit und des Gangbildes, sondern sind Ausdruck einer neurodegenerativen Erkrankung.

Die Parkinson-Erkrankung ist eine Bewegungsstörung, die zu den Basalganglienerkrankungen gehört. Unter Bewegungsstörungen versteht man allgemein Syndrome, die mit einer Störung in der Initiation und Durchführung von willkürlicher und unwillkürlicher Motorik einhergeht (Haslinger und Ceballas-Baumann 2007). Sehr vereinfacht ausgedrückt, gibt es Bewegungsstörungen mit einem Zuviel an Motorik und Bewegungsstörungen mit einem Zuwenig an Motorik. Zu Letzterem gehört die Parkinson-Erkrankung.

Die Symptome der Parkinson-Erkrankung wurden erstmals vom englischen Arzt James Parkinson 1817 unter dem Namen Schüttellähmung beschrieben. Sie gilt als unheilbare neurodegenerative Erkrankung des extrapyramidal-motorischen Systems. Bereits Parkinson verwies auf das langsame Fortschreiten dieser Erkrankung, die meist zwischen dem 50. und dem 79. Lebensjahr beginnt. Sie ist mit 100–200 Erkrankten pro 100.000 Einwohner eine der häufigsten neurologischen Erkrankungen (Poeck und Hacke 2006).

Die wichtigste und häufigste Variante der relativ heterogenen Gruppe der Parkinson-Erkrankungen ist der Morbus Parkinson. Er ist eine idiopathische Erkrankung, also ohne bekannte äußere oder genetische Auslöser. Weiterhin unterscheidet man noch symptomatische (sekundäre) Parkinson-Syndrome und atypische Parkinson-Syndrome (im Rahmen anderer neurodegenerativer Erkrankungen).

Das motorische Leitsymptom der Parkinson-Erkrankung ist die Bewegungsarmut mit drei Komponenten: Bewegungsverlangsamung (Bradykinese), Verminderung der Bewegungsamplituden und Spontanbewegungen (Hypokinese) und Hemmung der Bewegungsinitiation (Akinese) (Haslinger und Ceballas-Baumann 2007; Lemke 2005).

9.1.2 Physiologische Ursachen der Erkrankung

Bei der Parkinson-Krankheit tritt das Parkinson-Syndrom als Ausdruck eines degenerativen Prozesses der kleinen, dopaminergen Zellen in der Substantia nigra auf (Poeck und Hacke 2006). Die Parkinson-Erkrankung ist ursächlich auf eine Erkrankung der Basalganglien zurückzuführen. Bisher weiß man, dass Basalganglien an motorischen und komplex-integrativen Handlungsmustern beteiligt sind und diesbezüglich in einen Regelkreis eingebunden sind, der ausgehend vom Kortex über den Thalamus wieder zum Kortex verläuft.

> **Basalganglien**
> Basalganglien sind eine Gruppe von Endhirn- und Zwischenhirnkernen, die sich unter der Großhirnrinde in der weißen Substanz befinden. Striatum, Pallidum, Substantia nigra, Nucleus subthalamicus und motorischer Thalamus werden als Basalganglien bezeichnet. Basalganglien sind sowohl an motorischen, aber auch an kognitiven und emotionalen Prozessen beteiligt (Schneider und Fink 2007). Basalganglien liegen also in tiefen Bereichen des Gehirns, können sich weitläufig vernetzen und realisieren durch ihre gegenseitige Hemmung und Erregung eine gezielte willkürliche Bewegung. Schädigungen der Basalganglien führen zu Dystonie (Schädigung im Muskeltonus), woraus anhaltende, unwillkürliche Kontraktionen der Skelettmuskeln resultieren, sowie Hyperkinese (unwillkürliche, unvorhersehbare Bewegungen).

> **Dopamin**
> Dopamin ($C_8H_{11}NO_2$) ist ein überwiegend erregend wirkender Neurotransmitter des ZNS. Dopamin wird in Nervenendigungen und im Nebennierenmark als Vorstufe von Noradrenalin gebildet. Dopaminerge Neurone sind Nervenzellen, in denen Dopamin vorkommt.

Die Bedeutung der Basalganglien bezieht sich bspw. auf Spontaneität, Affekt, Initiative, Willenskraft, Antrieb, schrittweises Planen, vorweggenommenes Denken und Erwartungen sowie auf die motorische Selektion (Blischke 2010). Über absteigende Bahnen beeinflussen die Basalganglien die Zielregionen im Hirnstamm und dann weiterhin die sensomotorischen Kontrollmechanismen des Rückenmarks. Sind die Basalganglien erkrankt, wird auch die motorische Kontrolle gestört. Ursache hierfür kann Dopaminmangel sein.

Bei Parkinson-Patienten sterben die dopamin-produzierenden Neurone ab, wodurch ein Ungleichgewicht dieser Transmitter und eine Störung der Basalganglien entstehen. Dadurch wird die Nervenimpulsübertragung gestört. Allerdings ist dieser Prozess schleichend. Die typischen Parkinson-Symptome treten erst dann ein, wenn 50 % der dopamin-produzierenden Neurone abgestorben sind.

> **Ungleichgewicht in der Funktion der Basalganglien (Poeck und Hacke 2006)**
> Für die parallele Übertragung und Bearbeitung der Signale aus dem Striatum zu den beiden Ausgangskernen gibt es einen direkten und einen indirekten Weg innerhalb des Systems der Basalganglien: Der direkte Weg wirkt hemmend auf die Ausgangskerne, der indirekte Weg (über den Globus Pallidus, Pars Externa zum Nucleus subthalamicus) wirkt aktivierend auf die Ausgangkerne. Wird dieses Gleichgewicht gestört, kommt es zu einer Verminderung oder Verstärkung der tonisch-inhibitorischen Aktivität der Ausgangskerne.
> Nur durch die komplexe interne Verschaltung innerhalb des Basalgangliensystems erfolgt die optimale Modulierung der Aktivität in den absteigenden motorischen Projektionen der Hirnrinde. Die hypokinetischen Bewegungsstörungen entstehen durch bei Degeneration der dopaminergen Neurone in der Substantia nigra, Pars compacta, wodurch primär hemmende Neurone aktiviert werden (Bradykinese und Akinese).

9.1.3 Motorische Beeinträchtigungen, Therapien und Interventionen

Die Parkinson-Erkrankung ist mit hypokinetischen Störungen verbunden. Hierzu gehören, wie in ▶ Abschn. 9.1.1 bereits erwähnt:

— Akinese (Schwierigkeit des Startens einer Bewegung, Mangel an Spontanbewegungen),
— Hypometrie (reduzierte Bewegungsamplitude),
— Bradykinese (reduzierte Bewegungsgeschwindigkeit),
— Muskelrigidität (Tonuserhöhung der Muskulatur) und
— Tremor (Muskelzittern, charakteristischer Ruhetremor: 4–5 Hz).

Weitere motorische Symptome sind schlürfende Trippelschritte, eine nach vorn gebeugte Körperhaltung und Gleichgewichtsprobleme. Die Bradykinese ist besonders auffällig. So reagieren die Betroffenen langsamer auf visuelle oder akustische Reize, verfügen über eine verringerte Maximalgeschwindigkeit und eine längere Bewegungsdauer beim Gehen, Sprechen, Schreiben, Greifen und Zeigen (Blischke 2010). Weiterhin werden Bewegungen von Gegenständen schlechter antizipiert.

Nachfolgend soll auf einige Bewegungsstörungen detailliert eingegangen werden (Blischke 2010).

- **Gleichgewichtsstörungen**

Wenn bei einem Parkinson-Patienten Körperschwankungen provoziert werden (bspw. durch externe taktile Reize oder Schwankung des Bodens), reagiert er mit einer verstärkten Kokontraktion der proximalen agonistischen und antagonistischen Muskulatur, indem Agonisten und Antagonisten gleichzeitig aktiviert werden und eine verstärkte Hintergrundaktivität der Bein-, Hüft- und Rumpfmuskulatur auftritt. Somit versteift sich der gesamte Körper und dem Betroffenen ist es oft nicht möglich, die notwendigen Ausgleichsbewegungen mit entsprechender Schnelligkeit und Amplitude auszuführen. Besonders stark ist dieser Effekt bei Rückwärtsschwankungen. Die Patienten sind meist nicht in der Lage, sich an unterschiedliche, das Gleichgewicht betreffende Bedingungen anzupassen (Aufstehen, veränderte Standunterlage, äußere Manipulationen/Stöße).

- **Störungen der Fortbewegung**

Auf Grund der Bradykinese ist die Fortbewegung, wie Gehen, Treppensteigen, aber auch das Aufstehen und Hinsetzen, verlangsamt. Bei einer Ganganalyse fällt nicht nur die verringerte Gehgeschwindigkeit auf, sondern auch viele andere

Gangparameter verändern sich: Verkürzung der Schrittlänge und Erhöhung ihrer Variabilität, Verlängerung der Stütz- und Doppelstützphasen, verringerte Geschwindigkeiten der Schwungbewegungen, flacher Fußaufsatz, verminderte Rumpfrotation, keine ausgeprägte Streckung des Hüftgelenks bzw. auch Beugung des Sprunggelenks am Ende der Stützphase.

Der bereits erwähnte schlürfende Trippelgang resultiert daraus, dass die aufeinanderfolgenden Schritte nicht mehr richtig zeitlich koordiniert werden können. Die Akinese führt dazu, dass es den Patienten schwerfällt, die Schrittfolge überhaupt zu beginnen, Hindernisse zu überqueren oder die Richtung zu ändern.

- **Störungen zielgerichteter Handlungen**

Unter zielgerichteten Handlungen wird die Kopplung zwischen einer Zielbewegung und einer Greifbewegung verstanden. Dabei sind sowohl die einzelnen Bewegungen beeinträchtigt als auch deren Zusammenspiel. Die Bewegungen sind durch verlängerte Ausführungszeiten charakterisiert. Schwer fällt es den Betroffenen auch, die Abbremsbewegung zu kontrollieren, um die Greifbewegung ungehindert ausführen zu können. Zur Unterdrückung des Tremors neigen die Patienten oft dazu, mit erhöhter Kraft zu greifen.

- **Deautomatisierung der motorischen Fertigkeiten**

Bei Gesunden erfordern hochautomatisierte motorische Fertigkeiten, wie das Gehen, nur geringe kognitive Ressourcen. Parkinson-Patienten fällt es dagegen schwer, Mehrfachaufgaben zu bewältigen. Dies zeigt sich bei vielen sogenannten Dual-Task-Aufgaben, bei denen die Versuchsperson die Aufgabe erhält, während des Gehens bspw. Rechenaufgaben zu lösen. Da Parkinson-Patienten sich viel stärker auf die Gehbewegung konzentrieren müssen, verschlechtert sich nicht nur ihr Gangbild, sondern auch das Lösen der kognitiven Aufgabe (Mächtel 2015). Ähnliches findet man auch bei Gleichgewichtsuntersuchungen mit Dual-Task (Turbanski 2005). Motorische Fertigkeiten können also schnell zu einer kognitiven Überforderung führen.

- **Therapien**

Kommerzielle Therapiemethoden sind dopaminerge Medikation, hirnchirurgische Maßnahmen und elektrische Tiefenstimulation bestimmter Hirnregionen.

Weiterhin gibt es aber auch eine Vielzahl von physiologischen Interventionen: physiotherapeutisches Geh- und Gleichgewichtstraining, Kräftigungsübungen im Wasser und Sturzprophylaxe, aber auch Sprech- und Mimiktraining.

9.2 · Schlaganfall

Generell muss festgestellt werden, dass im Verlauf der Parkinson-Erkrankung die körperliche Aktivität der Betroffenen abnimmt, wodurch sich die Kondition zunehmend verschlechtert (Reuter und Knapp 2013).

Reuter und Knapp (2013) gingen in ihrer Meta-Analyse der Frage nach, ob Sport die Symptome der Parkinson-Erkrankung signifikant verbessern kann. Zunächst kann festgestellt werden, dass Parkinson-Patienten Sportarten mit wenig Verletzungsrisiko bevorzugen (z. B.: Nordic Walking, Gymnastik, Radfahren, Benutzen von Ergometern und Absolvieren von leichtem Krafttraining im Fitnessstudio). In Bezug auf Effekte von Sporttherapien können durch Studien Verbesserungen in folgenden Bereichen belegt werden: Haltung und Gleichgewicht, Gang und Ganggeschwindigkeit, Kondition, Muskelkraft und Bewegungsumfang. Weiterhin wirkt sich ein sportliches Training positiv auf die Lebensqualität und die Kognition aus (Reuter und Knapp 2013).

9.2 Schlaganfall

9.2.1 Grundlagen der Erkrankungen und ihre Vielfalt

Der Schlaganfall stellt den häufigsten neurologischen Notfall dar und ist oft Ursache schwerer und bleibender Behinderungen (Schulz 2011).

Die Ursache eines Schlaganfalls sind plötzliche Durchblutungsstörungen des Gehirns. Diese können unterschiedliche Ursachen haben: Verstopfung durch einen Thrombus (Blutgerinnsel in einem Blutgefäß) oder durch einen Embolus (nicht lösliches Gebilde in einem Blutgefäß, das zu seiner Verstopfung, auch Embolie genannt, führt) und anschließender Schädigung des Gehirngewebes. Dabei spricht man von einem ischämischen Infarkt, der 75 % aller Schlaganfälle betrifft. Bei 15 % aller Erkrankungen handelt es sich um einen hämorrhagischen Infarkt, der durch einen Riss eines Blutgefäßes im Gehirn entsteht. Eine weitere Ursache ist die Subarachnoidalblutung (5 %), bei der Blut in den mit Hirnwasser gefüllten Spalt zwischen Gehirn und Schädelknochen austritt.

Die Symptome nach einem Schlaganfall hängen von seiner Lokalisation im Gehirn und dem Ausmaß ab. Die am häufigsten betroffenen Gefäße liegen im vorderen Kreislauf der Hirngefäße, die durch die Halsschlagader versorgt werden. Wenn die mittlere Hirnarterie (Arteria carotis interna) geschädigt ist, handelt es sich um einen Mediainfarkt. In diesem Fall sind das prämotorische Gebiet des Gehirns und große Teile des motorischen Kortex betroffen. Da dieser Infarkt sich immer auf eine Gehirn-

> Die Ursache des Schlaganfalls ist eine plötzliche Durchblutungsstörung des Gehirns. Eine Vielzahl von Beeinträchtigungen kann die Folge sein. In Bezug auf die Motorik sind der hemiparetische Gang und Defizite in der posturalen Kontrolle zu nennen. Hierfür gibt es eine Reihe verschiedener Interventionsansätze.

seite bezieht und diese die Muskulatur der gegenüberliegenden Körperseite steuert, resultiert daraus eine halbseitige Lähmung (Hemiparese). Diese kann Arme und Beine betreffen, aber auch Gefühlsstörungen dieser Körperseite nach sich ziehen. Weitere Symptome sind Beeinträchtigungen der Sprache und Sehstörungen. Defizite, die aus einem Schlaganfall weiterhin resultieren können, sind Haltungsstörungen mit erhöhtem Sturzrisiko, Aufmerksamkeits- und Gedächtnisstörungen.

> **Zerebrale Reorganisation**
> Aktuell wird davon ausgegangen, dass in bestimmten Hirnarealen auch bei Erwachsenen Neurone aus Vorläuferzellen (entstehen nach der Teilung einer Stammzelle in eine neue Stammzelle und der Vorläuferzelle, die selbst und ihre Nachkommen bestimmte Differenzierungen enthält) gebildet werden können. Doch ist dieser Effekt der Neurogenese noch nicht groß genug, um die Schädigungen des Gehirns nach einem Schlaganfall zu kompensieren. Vielversprechender ist dagegen die Plastizität der Synapsenverbindungen. Diese konnektionale Reorganisation ist Gegenstand verschiedener Therapien.

9.2.2 Motorische Beeinträchtigungen

Die häufigsten Beeinträchtigungen nach einem Schlaganfall sind (Zayfang et al. 2013):
- Halbseitige Lähmungen oder Schwächen (Hemiparese)
- Sehschwäche oder Sehstörungen
- Sensibilitätsdefizite (z. B.: Taubheitsgefühl)
- Sprachstörungen
- Schluckstörungen
- Bewusstseinsstörung
- Unspezifische Symptome: Schwindel, Tinnitus und Kopfschmerzen

Als wesentliche neuropsychologische Störungen werden genannt (Zayfang et al. 2013):
- Fehlende Wahrnehmung einer Seite (Neglect)
- Störung zielgerichteter Bewegungen
- Nicht-Wahrnehmung der Schädigung, so dass dem Patienten nicht bewusst wird, dass bspw. ein Bein gelähmt ist, woraus Stürze entstehen können
- Zentrale Sprachstörung
- Verlust erworbener Fertigkeiten, wie Rechnen, Schreiben und Lesen

Nachfolgend soll auf zwei für den Schlaganfall mit motorischen Einschränkungen charakteristische Merkmale eingegangen werden.

- **Der hemiparetische Gang**

Der hemiparetische Gang ist eine ganze Klasse von Bewegungsstörungen und ist durch die Bewegungseinschränkung einer Körperseite gekennzeichnet. Er wird verursacht durch unzureichende Muskelaktivierung, verringerte Muskelstärke und veränderte intermuskuläre Koordination. Generell müssen zwei Voraussetzungen für ein „normales" Gangbild erfüllt sein: dynamische Gleichgewichtsfähigkeit und Erzeugung von antreibenden Impulsen. Durch Spastizität (erhöhte Eigenspannung der Skelettmuskulatur auf Grund der Schädigung des Gehirns oder auch des Rückenmarks), Schwächung der Muskulatur und Koordinationsstörungen wird das Gehen stark beeinträchtigt. Typische Merkmale sind: geringere Geschwindigkeit durch verkürzte Schrittlängen, Verlagerung des Oberkörpers in Richtung der betroffenen Körperseite, verringerte Kniebeugung, gestörter Abrollprozess und seitliches Vorwärtsschwingen des betroffenen Beins. Damit verlängert sich die Schwungphase und verkürzt sich die Standphase. Der hemiparetische Gang unterscheidet sich vom „normalen" Gang weiterhin durch eine verlängerte Doppelstützphase.

- **Posturale Kontrolle**

Die Kontrolle der aufrechten Körperposition mit der notwendigen Gleichgewichtsfähigkeit stellt eine notwendige Voraussetzung für viele andere motorische Fertigkeiten dar. Bei einer gesunden Person erfolgt die muskuläre Ansteuerung von distal (von der Körpermitte entfernt) nach proximal (zur Körpermitte). Bei der durch einen Schlaganfall geschädigten Körperseite ist dies aber nicht der Fall. Die gestörte Ansteuerung der proximalen Muskelgruppe (nahe der Standfläche) führt dazu, dass der Patient durch Armbewegungen Gleichgewichtsschwankungen auszugleichen versucht. Es kommt zu verzögerten Reaktionen und einer erhöhten Fallneigung. Die mögliche schlechtere kinästhetische Wahrnehmung führt ebenfalls zu einer Beeinträchtigung der posturalen Kontrolle.

9.2.3 Therapien und Interventionsansätze

Es kann davon ausgegangen werden, dass der Schlaganfall teilweise beeinflussbare zerebrovaskuläre (Erkrankungen von Blutgefäßen im Gehirn) Risikofaktoren besitzt, auf die durch regelmäßige körperliche Aktivität Einfluss genommen werden kann: Bluthochdruck, Diabetes, erhöhte Cholesterin-Blutwerte, Migräne und Vorhofflimmern (Brooks et al. 2013, Kap. 9).

In diesem Unterkapitel sollen nachfolgend nur solche Interventionsansätze nach Zentgraf (2010) vorgestellt werden, die sich auf die Bewegungsmotorik des Patienten beziehen.

- **Armtraining**

Bei größeren Schädigungen erfolgt das sogenannte Arm-Basis-Training zur Wiederherstellung der Grobmotorik. Hierbei wird hauptsächlich der betroffene Arm trainiert. Ein Beispiel ist das Taub'sche Training, bei der die Bewegung der gesunden Extremität durch Fixierung eingeschränkt wird, um sich verstärkt auf das Training der paretischen Extremität zu konzentrieren und nicht das „Nichtverwenden" der betroffenen Seite zu verstärken (Wolf et al. 2006).

Das Arm-Fähigkeits-Training umfasst Übungen für gezielte Hand- und Fingerbewegungen, das Hantieren mit Kleingeräten und das zielgenaue Führen des Armes (z. B.: Greifbewegungen), wobei auch Schnelligkeit trainiert wird.

- **Bilaterales Training**

Unter bilateralem Training versteht man gleichzeitige spiegelbildliche Bewegungen der oberen Extremitäten. Kelso (1995) fand heraus, dass es dem Menschen leichter fällt, beidseitige Handbewegungen spiegelbildlich (symmetrisch) auszuführen als asymmetrisch. Begründet wird dies durch die gleichzeitige Aktivierung homologer Muskeln. Neurophysiologisch gibt es aber noch keine ausreichende Erklärung.

- **EMG-getriggerte Elektrostimulation**

Dieses Verfahren kombiniert die aktive muskuläre Ansteuerung mit der Elektrostimulation. Es basiert darauf, dass durch wiederholtes Training die Bewegungspräsentation im Gehirn verstärkt wird. Geringe Muskelaktivitäten, die möglicherweise nicht für eine sichtbare Bewegung ausreichen, werden elektromyographisch registriert und damit die Elektrostimulation der Muskulatur gesteuert, so dass die Bewegungsamplituden größer werden und sich der Übungseffekt verstärkt.

- **Laufbandtraining mit Körpergewichtsentlastung**

Bei diesem Gangtraining auf einem Laufband wird ein Gurtsystem zur Gewichtsentlastung verwendet. Damit muss der Proband weniger Muskelkraft aufwenden, womit insbesondere die Koordination beim Gehen trainiert wird. Ein weiterer Vorteil dieser Methode ist die Prävention von Stürzen. Durch die gleichmäßige Bewegung des Laufbandgurtes ist der Patient außerdem gezwungen, auch gleichmäßig zu gehen, wodurch sich die Symmetrie der Gangparameter verbessert.

- **Bewegungsvorstellung und mentales Training**

Um Bewegungen wieder neu zu erlernen, spielt die Bewegungsvorstellung eine bedeutende Rolle, welche die Voraussetzung zur Durchführung der Bewegung ist. Diese Therapieform wird oft dann angewendet, wenn der Patient noch nicht in der Lage ist, die Bewegung real auszuführen.

- **Spiegeltraining und Beobachtungstraining**

Diese Therapieform wurde zunächst für die Behandlung von Phantomschmerzen nach Amputationen angewendet. Hierbei wird ein Spiegel vor dem Patienten aufgebaut. Er beobachtet die Bewegung des gesunden Armes oder Beines und projiziert dies auf die andere betroffene Extremität. Eine mögliche Erklärung für dieses Phänomen könnte sein, dass der Spiegel für zusätzliche visuelle Reize bzw. Input sorgt, wodurch die verschlechterte propriozeptive Wahrnehmung ausgeglichen wird. So scheint sich dadurch die motorische Repräsentation zu verbessern.

Zukünftig scheint die roboterassistierende Rehabilitation von größerer Bedeutung (Zayfang et al. 2013). Darunter zählen bspw. elektronisch gesteuerte Arm- und Beinprothesen und Exoskelette.

9.3 Themen für Referate

9.3.1 Morbus Parkinson

- **Allgemeiner Hinweis**

Von Blischke (2010) wurden die physiologischen Ursachen der Erkrankung, motorische Auffälligkeiten und Interventionen zusammengefasst.

Ziel der Referate soll es sein, sich einerseits mit dem aktuellen Kenntnisstand hinsichtlich der Therapie bei Parkinson-Patienten zu beschäftigen und andererseits verschiedene Forschungsmethoden (hier: empirische kontrollierte Studie und Meta-Analyse) kennenzulernen.

Werten Sie die nachstehenden Artikel aus. Hierzu werden zwei Vorschläge gegeben. Gern können Sie auch andere Artikel verwenden.

- **Thema 1: Diskussion der Publikation von Ghielen et al. (2017)**

Hierbei handelt sich um eine empirische randomisierte kontrollierte Studie. Erläutern Sie zunächst, welche Anforderungen an eine randomisierte kontrollierte Studie (RCT) gestellt werden und vergleichen Sie dies mit der vorliegenden Studie.

In Bezug auf die Darstellung des Inhalts der Studie gehen Sie folgendermaßen vor:
- Erläuterung des theoretischen Hintergrundes
- Methoden: Studiendesign, Patienten (Erläuterung des Flowcharts), Interventionen, Outcome-Parameter, Datenanalyse/Statistik)
- Ergebnisse
- Diskussion der Ergebnisse
- Zusammenfassung

- **Thema 2: Diskussion der Publikation von Flach et al. (2017)**

Dieser Artikel beschreibt eine Meta-Analyse. Recherchieren Sie, was allgemein unter einer Meta-Analyse zu verstehen ist!

Erläutern Sie den theoretischen Hintergrund, die Zielstellung und die Vorgehensweise der Autoren! Wie werden die Ergebnisse dargestellt? Zu welchen Schlussfolgerungen kommen die Autoren?

9.3.2 Schlaganfall

- **Thema 1: Spiegelneuronentherapie**

Erläutern Sie die physiologischen Grundlagen der Spiegelneuronentherapie! Beschreiben Sie die Nutzung der virtuellen Realität zur Realisierung dieser Therapieformen nach Schüler (2015)! Setzen Sie sich mit diesem Verfahren kritisch auseinander, indem Sie Vor- und Nachteile diskutieren!

- **Thema 2: Trainingsinhalte**

Im Kap. 9 in (Brooks et al. 2013) finden Sie auf der Basis einer umfassenden Literaturrecherche konkrete Hinweise für Trainings- und Therapieinhalte nach einem Schlaganfall. Studieren Sie diese und setzen Sie sich mit Parametern der Trainingssteuerung auseinander!

9.3.3 Multiple Sklerose (MS)

Informieren Sie sich über die Erkrankung Multiple Sklerose. Detaillierte Informationen finden Sie bspw. bei Wiethölter (2006). Stellen Sie die physiologischen Ursachen, das Krankheitsbild und mögliche Therapieformen dar!

- **Thema 1: Diskussion der Publikation von Otte et al. (2016)**

In dieser Publikation wird die Kinect V2 zur Bewegungsanalyse von Patienten verwendet. Die Ergebnisse werden mit dem Motion-Tracking-System VICON vergleichen. Diskutieren Sie das Paper unter zwei Gesichtspunkten:

a) Vergleich zwischen den beiden Bewegungsanalysesystemen und Ableitung von Schlussfolgerungen für den Einsatz der Kinect V2 in der Diagnostik von MS-Patienten.
b) Charakteristik des Ganges von MS-Patienten.

- **Thema 2: Diskussion der Publikation von Behrens et al. (2016)**

Diskutieren Sie die Ergebnisse dieser Publikation hinsichtlich des Gleichgewichtsverhaltens von MS-Patienten. Wie wurde methodisch vorgegangen und wie können die Ergebnisse auf der Grundlage der Erkrankung interpretiert werden?

❓ Kontrollfragen zur Vorbereitung auf die Prüfung

1. Erläutern Sie die physiologischen Grundlagen der Entstehung von Morbus Parkinson!
2. Fassen Sie die motorischen Beeinträchtigungen von Parkinson-Patienten zusammen!
3. Welche Bewegungstherapien bzw. welche Sportarten würden Sie Parkinson-Patienten empfehlen? Begründen Sie!
4. Welche motorischen Einschränkungen können aus einem Schlaganfall resultieren?
5. Erläutern Sie einige mögliche Interventionen nach einem Schlaganfall!

Literatur

Behrens, J. R., Mertens, S., Krüger, T., Grobelny, A., et al. (2016). Validity of visual perceptive comuting for static posturography in patients with multiple sclerosis. *Multiple Sclerosis Journal, 22*(12), 1596–1606.

Berlit, P. (Hrsg). (2006). *Klinische Neurologie* (2. Aktualisierte Aufl.). Heidelberg: Springer Medizin.

Blischke, K. (2010). Motorik, Diagnostik und Intervention bei Morbus Parkinson. In N. Schott & J. Munzert (Hrsg.), *Motorische Entwicklung*. Göttingen: Hogrefe.

Brooks, A., Knapp, G., Mewes, N., Reimers, C. D., Reuter, I., Tettenborn, B., et al. (2013). *Prävention und Therapie neurologischer und psychischer Krankheiten durch Sport* (1. Aufl.). München: Elsevier GmbH.

Ceballas-Baumann, A., & Conrad, B. (Hrsg.). (2005). *Bewegungsstörungen*. Stuttgart: Georg Thieme.

Flach, A., Jaegers, L., Krieger, M., Bixler, E., Kelly, P., Weiss, E. P., et al. (2017). Endurance exercise improves function in individuals with Parkinson's disease: A meta-analysis. *Neuroscience Letters, 659*, 115–119. ▶ https://doi.org/10.1016/j.neulet.2017.08.076.

Ghielen, I., van Wegen, E. E. H., Rutten, S., de Goede, C. J. T., Houniet-de Gier, M., Collette, E. H., et al. (2017). Body awareness training in the treatment of wearing-off related anxiety in patients with Parkinson's disease: Results from a pilot randomized controlled trial. *Journal of Psychosomatic Research, 103*, 1–8. ▶ https://doi.org/10.1016/j.jpsychores.2017.09.008.

Haslinger, B., & Ceballas-Baumann, A. (2007). Bewegungsstörungen. In F. Schneider & G. R. Fink (Hrsg.), *Funktionelle MRT in Psychiatrie und Neurologie*. Heidelberg: Springer Medizin.

Kelso, J. A. S. (1995). *Dynamic patterns. The self-organization of brain and behavior*. Massachusetts: MIT Press.

Lemke, M. R. (2005). Motion und Emotion: Morbus Parkinson und Depression. In H. Förstl (Hrsg.), *Frontalhirn – Funktionen und Erkrankungen* (2., neu bearbeitete und erweiterte Aufl.). Heidelberg: Springer Medizin.

Mächtel, M. C. (2015). *Gangbildveränderungen im Rahmen von Dual-Tasking bei Parkinson-Patienten und Gesunden*. Dissertation, Universität Tübingen.

Otte, K., Kayser, B., Mansow-Model, S., Verrel, J., Paul, F., Brandt, A. U., & Schmitz-Hübsch, T. (2016). Accuracy and reliability of the kinect version 2 for clinical measurement of motor function. *PLOS ONE*, Nov. 18. ▶ https://doi.org/10.1371/journal.pone.0166532.

Poeck, K., & Hacke, W. (2006). *Neurologie* (12. Aufl.). Heidelberg: Springer Medizin.

Reuter, I., & Knapp, G. (2013). Parkinson-Syndrom. In A. Brooks, G. Knapp, N. Mewes, C. D. Reimers, I. Reuter, B. Tettenborn, & N. Thürauf (Hrsg.), *Prävention und Therapie neurologischer und psychischer Krankheiten durch Sport* (1. Aufl.). München: Elsevier GmbH, Kap. 10.

Schneider, F., & Fink, G. R. (Hrsg.). (2007). *Funktionelle MRT in Psychiatrie und Neurologie*. Heidelberg: Springer Medizin.

Schüler, T. (2015). *Abstrakte virtuelle Illusionen für die Schlaganfalltherapie*. Wiesbaden: Springer Fachmedien.

Schulz, B. J. (2011). *Neurologie … in 5 Tagen*. Heidelberg: Springer Medizin.

Turbanski, St. (2005). *Zur posturalen Kontrolle bei Morbus Parkinson – biomechanische Diagnose und Training*. Diss. Frankfurt a. M.

Wiethölter, H. (2006). Multiple Sklerose. In P. Berlit (Hrsg.), *Klinische Neurologie* (2. Aktualisierte Aufl., S. 1105–1137). Heidelberg: Springer Medizin.

Wolf, S. L., Winstein, C. J., Miller, J. P, Taub, E. et al. (2006). Effect of constraint-induced movement therapy on upper extremity function 3 to 9 months after stroke. The EXCITE randomized clinical trial. *JAMA. 2006, 296* (17), 2095–2104. ▶ https://doi.org/10.1001/jama.296.17.2095.

Zayfang, A., Hagg-Grün, U., & Nikolaus, T. (2013). *Basiswissen Medizin des Alterns und des alten Menschen* (2., überarbeitete Aufl.). Berlin: Springer.

Zentgraf, K. (2010). Motorik, Diagnostik und Intervention nach Schlaganfall. In N. Schott & J. Munzert (Hrsg.) (2010) *Motorische Entwicklung*. Göttingen: Hogrefe.

Serviceteil

Sachverzeichnis – 185

Sachverzeichnis

A

Acetylcholin 40
Adaptation 63
Adoleszenz, Training in der 137
Adrenalin 40
Akinese 171, 173
Akkomodation des Auges 23
Akquisitionsphase 114
Alter
– Leistungsfähigkeit 97
– Sturzrisiko 97
Altersstufe 90
Aquin, Thomas von 5
Areas of Interest 24
Aristoteles 4
Aristotelische Täuschung 64
Armtraining als Infarkttherapie 178
Attraktor, seltsamer oder chaotischer 122
Auflösungsvermögen
– räumliches 26
– zeitliches 26
Auge 22
Augenfolgebewegung 23
Axon 34

B

Bahn, extrapyramidale 38
Basalganglien 47, 171
Behaltensleistung 117
Behaviorismus 119
Belastungsdruck 136
Beobachtungstraining als Infarkttherapie 179
Bereitschaftspotenzial 158
Berger, Hans 6
Bernstein, Nikolai A. 6
Betrachtungsweise
– biomechanische 9
– fähigkeitsorientierte 10, 14
– funktionale 9, 13
– ganzheitliche 10
– morphologische 10
Beugereflex 50
Bewegung
– automatische 42
– azyklische 11
  – Endphase 11
  – Hauptphase 11
  – Vorbereitungsphase 11
– Hauptfunktionsphase 14
– Hilfsfunktionsphase 14
– willkürliche und unwillkürliche 3
– zyklische 11
  – Zwischenphasen 11
Bewegungsfluss 13
Bewegungskonstanz 13
Bewegungskoordination 130
Bewegungskopplung 12
Bewegungsphase 14
Bewegungspräzision 13
Bewegungsrhythmus 12
Bewegungsstärke 13
Bewegungsstörung 170
– bei Infarkten 176
– bei Parkinson 173
Bewegungsstruktur 11
Bewegungstempo 13
Bewegungsumfang 13
Bewegungsverlangsamung 171
Bewegungsvorstellung 76
Bewegungsvorstellungsfähigkeit 82
Bewegungswahrnehmung 60
Bewegungswissenschaft 2
Bewusstseinsstörung bei Infarkten 176
Blickmotorik 67
Bogengangsorgan 29
BOLD-fMRT 165
Borelli, Giovanni 5
BP s. Bereitschaftspotenzial
Bradykinese 171, 173
Buridan 5

C

Central Pattern Generator 49
Cerebellum 48
Cerebrum 43
Chronometrie, mentale 83
Closed-Loop-Theorie 119
CNV s. Contingent Negative Variation
Computertomographie 150
Contingent Negative Variation 158
CPG s. Central Pattern Generator
CT s. Computertomographie

D

Deautomatisierung bei Parkinson 174
Dehnungsreflex 30, 50
Dendrit 34
Deutscher Motorik-Test 6-18 143
Differenzierungsfähigkeit, kinästhetische 133
DMT 6-18 s. Deutscher Motorik-Test 6-18
Dopamin 40, 172
– Belohnung 119
Dreispeichermodell 61
Dreistufenmodell des Lernens 122
Druckbedingung 135
Dürer, Albrecht 5

E

EEG s. Elektroenzephalographie
Effektorzelle 37
EIT s. Magnetoenzephalographie
Elektrische Impedanz-Tomographie 150
Elektroenzephalographie 150, 151
– 10-20-System 152
– Frequenzband 155
– Signal 155
Elektrookulographie 68
Elektrostimulation als Infarkttherapie 178
Embodiment 69
Endorphine 48
Entspannungsfähigkeit 116
Entwicklung, motorische 88
– Einflussfaktoren 95
EOG s. Elektrookulographie
Epiphyse 45
Epithalamus 45
Erwartungspotenzial 158
Exterozeption 20

F

Fähigkeit
– komplexe 14
– konditionelle 132
– koordinative 132
– motorische 132
– ostdeutsche Systematik 133
– westdeutsche Systematik 135
– zur Koordination unter Druckbedingungen 135
Fertigkeit, motorische 14, 132
Fingerverwechslungstest 64
Fluss, optischer 66

Frequenzband im EEG-Signal 155
fTCD s. Funktionelle Transkranielle Ultraschall-Dopplersonographie
Funktionelle Transkranielle Ultraschall-Dopplersonographie 150
Funktionstest 138

G

Galenus 4
Galvani, Luigi 6
Gang, hemiparetischer 177
Gedächtnis
- motorisches 116
- primäres 116
- prozedurales 117
- sensorisches 116
Gehirn 43
Gehirnaktivität, diagnostische Bestimmung 150
Gelenkrezeptor 31
Gleichgewichtsfähigkeit 135
Gleichgewichtsstörung bei Parkinson 173
Gleichgewichtstest-Reha 144
Gliazelle 34, 38
Glutamat 40
Golgi-Sehnenorgan 31
Graphomotorik, Test 138
Großhirn 46
Gymnasion 4

H

Habituation 107
Händigkeit, Test 138
Helmholtz, Hermann Ludwig Ferdinand von 5
Hemiparese 176
Hemmung der Bewegungsinitiation 171
Hirnstamm 44
Humunkulus 46
Hypokinese 171
Hypometrie 173
Hypothalamus 45

I

Infarkt
- hämorrhagischer 175
- ischämischer 175
Inhaltsvalidität eines Tests 141

Integration 64
Interneuron 34
Interozeption 20

J

Jugendalter, Training im 136

K

Kälterezeptor 33
Kindesalter, Training im 136
Kleinhirn 48
Klemm, Otto 6
Knowledge-of-Results 109
Koffka, Kurt 6
Köhler, Wolfgang 6
Komplexitätsdruck 136
Konditionierung 107
Konsistenzanalyse 141
Konstruktvalidität eines Tests 141
Kontrolle, posturale 177
Konvergenz, Ausrichtung der Sehachsen 23
Kopfschmerz bei Infarkten 176
Kopplungsfähigkeit 134
Körperschema 62
Kortex
- motorischer 47
- somatosensorischer 49
Krüger, Felix 6
Kurzzeitgedächtnis 116

L

La Mettrie, Julien Offray de 5
Lähmung, bei Infarkten 176
Laufbandtraining als Infarkttherapie 178
Lebensabschnitt 90
Leistungsniveau, Verlauf 114
Leonardo da Vinci 5
Lernen
- differenzielles 123
- durch Modelloptimierung 111
- durch Transfer 110
- durch Verstärkung 108
- motorisches 88, 106
- Phasenmodell 122
- systemdynamischer Ansatz 121
- theoretische Ansätze 118
Lernfortschritt 112

M

Maculaorgan 29
Magnetoenzephalographie 150
Magnetresonanztomographie 150, 161
- funktionelle 161
Mark (Großhirn) 46
Mechanorezeptor 33
MEG s. Magnetoenzephalographie
Messplatztraining 110
Metathalamus 45
MODALIS-Studie 94
Modell
- internes 111
- inverses 111
Morbus Parkinson 170
- Bewegungsstörung 173
- Deautomatisierung 174
- Gleichgewichtsstörungen 173
- Therapie 174
Motologie 8
Motoneuron 34, 36
Motorik, willkürliche und unwillkürliche 40
Motorkortex s. Kortex, motorischer
MRT s. Magnetresonanztomographie
Muskellängenänderungsreflex 50
Muskellängensystem 30
Muskelrigidität 173
Muskelspindel 30
Mustergenerator, zentraler s. Central Pattern Generator
Myelin 38

N

Neglect bei Infarkten 176
Nervenfaser
- afferente 20, 61
- efferente s. Motoneuron
Nervensystem 33
- autonomes 37
- peripheres 36
- somatisches 37
- vegetatives 37
- zentrales 20, 36
Neurit 34
Neuron 33
- sensorisches 33
Neurotransmitter 35, 40
Noradrenalin 40
Normierung eines Tests 142
Nützlichkeit eines Tests 142

Sachverzeichnis

O

Objektivität eines Tests 140
Ökonomisierung der
  Bewegung 116
Organisationsdruck 136
Orientierungsfähigkeit,
  räumliche 135

P

P300-Welle 158
Paralleltestreliabilität 141
Parasympathikus 45
Parkinson-Syndrom 170
Patellarsehnenreflex 30
Pawlow, Iwan Petrowitsch 107
PET s. Positronen-Emissions-
  Tomographie
Phase
– regressive 114
– sensible 94
Phasenmodell des Lernens 122
Plateauphase 114
Platon 4
PNS s. Nervensystem, peripheres
Positronen-Emissions-
  Tomographie 150
Potenzial
– endogenes ereigniskorrelier-
  tes 158
– ereigniskorreliertes 156
– evoziertes 156
– postsynaptisches 152
Präzisionsdruck 135
Priming 69
Propriozeption 21
Psychomotorik 8
Pubeszenz, Training in der 137
Pyramidenbahn 38

R

Rautenhirn 48
Reaktionsfähigkeit 134
Reflex 41, 43
– bedingter 107
Regelkreis
– Modell der Koordination 131
– Umschalten von äußeren auf
  inneren 115
Rehearsal 62

Reifungsprozess 88
Reizdifferenzierung 115
Reliabilität eines Tests 140
Reorganisation, zerebrale 176
Rezeptor 20
Rhythmusfähigkeit 134
Rinde s. Kortex
Rotation, mentale 83
Rückenmark 37
Ruffini-Rezeptoren 31

S

Sacculus 29
Sakkade 23, 67
Schema-Theorie 120
Schlaganfall 175
Schluckstörung bei Infarkten 176
Schulkindalter, Training im 137
Schwindel bei Infarkten 176
Sehen
– foveales 27
– peripheres 26
– räumliches 27
– stereoskopisches 28
Sehschärfe, dynamische 26
Sehsinn 22
Sehstörung, bei Infarkten 176
Sensibilitätsdefizit, bei Infarkten 176
Sensomotorik 8
Sensor 20
Sensorik 114
Spannungsreflex 50
Spiegeltraining als Infarktthera-
  pie 179
Spontanbewegung 171
Sportbiomechanik 2
Sportmotorik (Definition) 7
Sprachstörung bei Infarkten 176
Streckreflex 50
Sturzrisiko im Alter 97
Stützmotorik 51
Subarachnoidalblutung 175
Subthalamus 45
Sympathikus 45
Synapse 35
Synthese 64
System
– limbisches 48
– pyramidales 41
– somatosensorisches 30
– visuelles 22, 66
Systematik

– ostdeutsche 133
– westdeutsche 135

T

Taubheitsgefühl bei Infarkten 176
Telencephalon 46
Test
– Graphomotorik 138
– Gütekriterien 140
– Händigkeit 138
– Normierung 142
– Nützlichkeit 142
– Objektivität 140
– Reliabilität 140
– sportmotorischer 138, 139
– Transparenz 142
– Unverfälschbarkeit 142
– Validität 141
  – Inhaltsvalidität 141
  – Konstruktvalidität 141
– Vergleichbarkeit 143
– Zumutbarkeit 142
Testfairness 142
Testhalbierungsmethode 141
Testökonomie 142
Test-Retest-Methode 141
Thalamus 45
Therapie bei Parkinson 174
Thermorezeptor 33
Tiefensehen 27
Tinnitus bei Infarkten 176
Titmus-Test 28
Training
– bilaterales als Infarkttherapie 178
– im Jugendalter 136
– im Kindesalter 136
– im Schulkindalter 137
– im Vorschulalter 136
– in der Adoleszenz 137
– in der Pubeszenz 137
– mentales 81
Trajektorie 122
Transparenz eines Tests 142
Tremor 173

U

Ultrakurzzeitgedächtnis 61
Umstellungsfähigkeit 134
Unverfälschbarkeit eines Tests 142
Utriculus 29

V

Validität eines Tests 141
Vergleichbarkeit eines Tests 143
Verhaltenstest 138
Vestibularapparat 29
Virtual Reality 70
Viszerozeption 21
Vitalfunktion 37
Vorschulalter, Training im 136
Vorwärtsmodell 111

W

Wachholder, Kurt 6
Wachstumsprozess 88
Wahrnehmung
– kinästhetische 21
– propriozeptive 21
Wahrnehmungsschwelle 115
Wärmerezeptor 33
Wertheimer, Max 6
Willkürbewegung 42

Z

Zeitdruck 135
Zeitraum, trainingsgünstiger 94
Zielmotorik 52
ZMG s. Central Pattern Generator
ZNS s. Nervensystem, zentrales
Zumutbarkeit eines Tests 142
Zweistufenmodell des Lernens 122
Zwischenhirn 45

MIX
Papier aus verantwortungsvollen Quellen
Paper from responsible sources
FSC® C105338

If you have any concerns about our products,
you can contact us on
ProductSafety@springernature.com

In case Publisher is established outside the EU,
the EU authorized representative is:
**Springer Nature Customer Service Center GmbH
Europaplatz 3, 69115 Heidelberg, Germany**

Printed by Libri Plureos GmbH
in Hamburg, Germany